KB132174

나를
사랑하기로
했습니다

크리스틴 네프 크리스토퍼 거머 지음

서광 효림 이규미 안희영 옮김

이너북스

◦ 감사의 글 ◦───────────────────────────

우리는 2010년에 MSC(Mindful self-Compassion) 프로그램 연구 개
발을 시작했지만, 지금은 전 세계에 있는 MSC 실무자들, 지도자들,
연구자들이 함께하는 공동체적 프로젝트가 되었다. 우리는 그들의
축적된 지혜를 모아 당신에게 꼭 필요한 도움을 주고자 한다. 자신
에 대한 친절에서 시작하여 전 세계에 연민을 전파하는 MSC가 지속
적으로 발전하기를 바란다. 또 이 책 곳곳에 담긴 무수히 많은 사람
들의 목소리에 감사한다.

우리는 연민수행과 과학이 더 이상 별개의 주제로 다뤄지지 않는,
동서양의 지혜가 융합된 시대에 살고 있다. 인류 역사상 전례가 없
는 일이다. 이러한 다리를 놓는 데 비전과 용기를 가졌던 선구자들
에게 마음 깊이 감사한다. 달라이 라마, 존 카밧진, 샤론 샐즈버그,
잭 콘필드, 리치 데이비슨, 사라 라자, 타니아 싱어, 페마 초드론, 툽
텐 진파, 타라 브랙, 다니엘 시겔, 릭 핸슨 그리고 폴 길버트 같은 사

람들이다. 그들은 우리가 자기연민 훈련을 주류 사회에 가져갈 수 있는 길을 열어주었다.

처음 시작할 때부터 자기연민의 가치를 인식하고 사심 없이 다양한 방식으로 우리를 도와준 가까운 동료들이 있었다. 미셸 베커, 스티브 힉맨, 크리스틴 브렐러, 수잔 폴락, 피트먼 맥기, 크리스티 아본, 린하드 발렌틴, 와이보 쿨, 힐데 스타인하우서, 주디스 숄스비, 바네사 호프, 하일란 구오, 서광스님, 마르타 알론소 메이나르, 돈 맥도널드, 미쉘린 세인트 힐레어가 그들이다. 특히 스티브와 미셸은 2014년 샌디에이고 캘리포니아 대학교에서 MSC 지도자훈련을 처음 계획했고, 이 책에 담긴 독특한 교수법, 즉 폭넓은 사람들을 위한 안전하고 효과적인 자기연민 훈련방법을 개발하는 데 협력해왔다. 이 워크북을 활용함으로 자신의 삶에 변화가 생긴 독자가 있다면, MSC 프로그램에 직접 참여하여 MSC의 생명줄 같은 재능 있는 지도자들과 교류하기를 바란다. (전 세계 프로그램 안내는 www.centerformsc.org. 한국에서는 MSC 한국지부 (사)한국명상심리상담연구원 www.IKMP.org을 통해 프로그램을 안내받을 수 있다.)

이 책은 지난 수십 년간 세상을 더 좋은 곳으로 만들기 위해 노력해온 길포드 출판사의 편집장 키티 무어의 열렬한 지지 덕분에 출간되었다. 또한 이 워크북을 독자들이 읽기 쉽고 편리하게 사용할 수 있도록 만들기 위해 모든 글을 읽어준 개발 편집자 크리스틴 벤턴에게 감사한다.

마지막으로, 크리스틴의 아들 로완 그리고 크리스의 인생 파트너 클레어의 관대함과 이해에 무한한 감사와 사랑을 보낸다. 이 책을 통해 독자들이 자신 안에 있는 친절한 마음을 발견할 수 있길 바란다.

차례

> 우리가 할 일은 사랑을 찾는 것이 아니고, 자신 안에 쌓아놓은 사랑을
> 가로막는 장벽을 발견하는 것이다.
>
> —루미(Rumi, 페르시아의 시인, 1207?~1273)

우리 모두는 사랑에 저항하는 장벽을 쌓았다. 우리는 인간으로 살아가는 가혹한 현실 속에서 자신을 보호하기 위해 노력해야만 했다. 하지만 안전하고 보호받을 수 있는 또 다른 방법이 있다. 우리가 마음챙김을 하고 힘든 시기에 연민과 친절과 지지로 자신에게 반응할 때 상황은 변하기 시작한다. 우리는 내적, 외적 결함에도 불구하고 우리 자신과 삶을 포용하는 법을 배울 수 있고, 성장하는 데 필요한 힘을 우리 자신에게 줄 수 있다. 지난 10년 동안 자기연민에 관한 연구가 폭발적으로 증가한 사실은 자기연민이 우리가 만족스러운 삶을 사는 데 도움이 된다는 증거다. 남들보다 더 자기연민적인 사람들은 더 행복해하고, 삶에 대해 만족하고, 동기 부여가 잘 되며, 더 나은 관계를 맺고, 육체적으로도 건강하며, 덜 불안하고 덜 우울한 경향이 있다. 또한 그들은 이혼, 건강상의 위기, 학업 실패, 심지어 전쟁 트라우마 같은 스트레스에 대처하는 데 필요한 탄력성을 가지

자신과 자신의 결점을 포용하는 방법을 배우면 성장에 필요한 탄력성이 생긴다.

고 있다.

그러나 우리가 고군분투하고 있을 때, 고통 속에 있거나 실패하거나 부족하다고 느낄 때 마음챙김을 하는 것은 쉽지 않다. 오히려 소리를 지르고 테이블을 주먹으로 내리치고 싶어진다. 현재 일어나고 있는 일이 마음에 들지 않을 뿐 아니라 그 일이 일어나고 있기 때문에 우리에게 뭔가 문제가 있다고 생각한다. 우리는 눈 깜짝할 사이에 '이 느낌이 싫어'에서 '이 느낌을 원치 않아'로, '이런 느낌은 갖지 말아야 해'로, '이런 느낌을 느끼는 것은 나에게 뭔가 문제가 있는 거야'로, '나는 나빠!'로 갈 수 있다. 그때가 바로 자기연민이 필요한 순간이다. 우리는 좀 더 마음챙김하면서 인간으로 살아가는 것이 얼마나 어려운지를 상기하고, 우리 자신을 진정시키고 위로해야 한다.

자기연민은 우리가 삶에서 고통을 만났을 때 마음챙김하는 가슴에서부터 일어난다. 마음챙김은 우리가 사랑과 넓은 자각을 갖고서 고통에 대해 개방적이 되도록 이끈다. 자기연민은 "고통 속에서도 스스로에게 친절하라"라고 덧붙인다.

자기연민은 고통을 경험하는 동안 마음챙김하는 가슴에서부터 일어난다.

마음챙김 자기연민

MSC는 한 개인이 자기연민을 향상시킬 수 있도록 특별히 고안된 첫 번째 훈련 프로그램이었다. 마음챙김기반 스트레스 감소(MBSR)와 마음챙김기반 인지치료(MBCT) 같은 마음챙김기반 훈련 프로그램은 좀 더 암묵적이며 마음챙김의 반가운 부산물로서 자기연민을 증가시키지만, MSC는 일상생활에서 자기연민적이 되는 데 필요한 일반적이고 대중적인 기술을 가르치기 위한 방편으로 만들어졌다. MSC는 훈련된 지도자들이 매주 2시간 45분 동안의 프로그램과 반나절 동안의 명상안거를 통해 8명에서 25명 사이의 참가자 집단을 이끄는 8주간의 과정이다. 연구에 따르면, 이 프로그램에 참가한 사람은 자기연민과 마음챙김이 지속되는 시간이 증가했고, 불안과 우울이 감소했고, 전반적인 삶의 질이 향상되었고, 심지어 당뇨병 환자의 경우 포도당 수치가 안정되었다.

MSC에 대한 생각은 2008년 저자들이 과학자를 위한 명상안거에서 만났을 때 시작되었다. 우리 중 한 명(크리스틴 네프, 이하 크리스틴)은 발달심리학자이며 자기연민 분야의 선구적인 연구자다. 또 다른 한 명(크리스토퍼 거머, 이하 크리스)은 1990년대 중반부터 마음챙김을 심리치료에 통합하는 데 앞장서온 임상심리학자다. 우리는 안거가 끝난 후 공항까지 함께 차를 타고 가는 도중 우리가 가진 기술을 결합하여 자기연민을 가르치기 위한 프로그램을 만들 수 있다는 것을 깨달았다.

나(크리스틴)는 대학원 마지막 해인 1997년, 내 삶이 엉망이었을 때 자기연민이라는 개념을 처음으로 접했다. 나는 막 이혼을 했고, 학교에서는 믿기 힘들 정도로 스트레스를 받고 있었다. 나는 스트레스를 다루기 위해 불교명상 수행을 배워야겠다고 생각했다. 놀랍게도 명상 수업을 담당하던 선생이 자기연민을 계발하는 것이 얼마나 중요한지에 대해 이야기했다. 불자들이 타인에게 연민을 갖는 것을 중요시한다는 것은 알고 있었지만, 나 자신을 위해 연민심을 갖는 것이 그렇게 중요하다고 생각해본 적은 없었다. 나의 첫 반응은 "나 자신에게 친절해지기를 허용하라니요? 그건 이기적인 것 아닌가요?"였다. 하지만 나는 마음의 평화를 간절히 원했기 때문에 자기연민을 시도해보았다. 곧 나는 자기연민이 얼마나 도움이 되는지 깨달았다. 나는 고군분투할 때마다 나 자신에게 좋은 친구, 지지적인 친구가 되는 법을 배웠다. 내가 나 자신에 대해 더 친절하고 덜 판단적이 되기 시작하면서 나의 삶이 바뀌었다.

박사 학위를 받은 후 나는 선도적인 자존감 연구자와 2년간 박사후 훈련을 하면서 자존감 운동의 부정적인 면에 대해 깨닫기 시작했다. 자신에 대해 좋은 느낌을 갖는 것이 이롭기는 하지만, '특별하고 평균 이상'이 되고자 하는 강박은 자기도취, 끊임없는 비교, 자아방어적인 분노, 편견 등을 초래하는 것으로 나타났다. 자존감의 또 다른 한계는 그것이 우발적인 경향이 있다는 것이다. 성공하는 시기에는 자존감이 우리를 위해 존재하지만, 실패하는 시기에는 가장 필요한 때임에도 불구하고 자존감은 우리를 저버린다. 하지만 자기연민은 다른 사람들보다 완벽하거나 더 나은 사람이 될 필요가 없는 자기가치감을 제공하기 때문에 자존감에 대한 완벽한 대안이 될 수 있다는 것을 알게되었다. 오스틴에 있는 텍사스 대학교에 조교수로 임용된 후 나는 자기연민에 대한 연구를 하기로 결심했다. 그 당시 아무도 학문적 관점에서 자기연민을 연구하지 않았기 때문에 나는 자기연민을 정의하고자 노력했으며 또 자기연민 측정도구를 만들었는데, 그것이 오늘날 엄청나게 방대해진 자기연민 연구의 시작이었다.

하지만 내가 자기연민의 효과에 대해 알게 된 진짜 이유는 내 개인적인 삶에서 실제로 자기연민의 이점을 보았기 때문이다. 내 아들 로완은 2007년 자폐증 진단을 받았고, 그 일은 내가 지금까지 겪

나를 사랑하기로 했습니다
마음챙김 자기연민 워크북

은 일 중에 가장 힘든 일이었다. 자기연민 수행을 하지 않았더라면 내가 어떻게 이겨냈을지 모르겠다. 진단명이 나오던 날, 나는 명상 안거에 참가하러 가던 중이었다. 나는 남편에게 안거를 취소하겠다고 말했고, 그는 "아니, 안거에 가서 자기연민을 하고 와서 나를 도와줘"라고 말했다. 그래서 안거 기간 동안 나는 연민에 푹 잠겨 있었다. 나는 판단 없이 내가 느끼는 모든 것, 심지어 내가 '가져서는 안 된다'고 생각했던 감정까지도 느끼도록 나 자신을 허용했다. 실망감, 비이성적인 수치심까지도. 어떻게 이 세상에서 가장 사랑하는 사람에게 이런 감정을 느낄 수 있단 말인가? 하지만 나는 가슴을 열어 모든 것을 허용해야 한다는 것을 알고 있었다. 나는 슬픔, 비탄, 두려움을 받아들였다. 그리고 곧 나는 내가 그것을 버틸 수 있는 안정감을 얻었다는 것을 깨달았다. 자기연민이라는 자원은 내가 이 상황을 이겨나가게 해줄 뿐 아니라 로완에게 가장 조건 없는 사랑을 주는 부모가 될 수 있도록 나를 도울 것이다. 그리고 그것은 실제로 엄청나게 큰 차이를 만들었다!

자폐증이 있는 아이들은 강렬한 감각을 느끼기 때문에 종종 격렬하게 짜증을 내곤 한다. 당신이 부모로서 할 수 있는 유일한 대응은 아이를 안전하게 지키면서 폭풍이 지나갈 때까지 기다리는 것이다. 아들이 식료품점에서 알 수 없는 이유로 비명을 지르며 팔다리를 휘젓는 동안 낯선 사람들이 내가 아이를 제대로 가르치지 못했다고 생각하며 못마땅한 표정을 지어 보일 때, 나는 자기연민을 실천할 것이다. 나는 그 순간 내게 간절히 필요한 정서적 지지를 스스로에게 제공하면서, 혼란스럽고, 부끄럽고, 스트레스 받고, 무력감을 느끼는 나 자신을 위로할 것이다. 자기연민은 필연적으로 올라오는 스트레스와 절망감에도 불구하고, 내가 인내할 수 있도록 그리고 로완을 향한 사랑을 잃지 않으면서 분노와 자기 동정에서 벗어날 수 있도록 도와주었다. 내가 인내나 사랑을 잃은 적이 없었다고 말하는 것이 아니다. 그런 적도 많았지만 자기연민을 통해 내 실수에서 훨씬 더 빨리 회복할 수 있었고, 로완을 지지하고 사랑하는 데 다시 집중할 수 있었다.

나(크리스) 역시 개인적인 이유로 인해 자기연민을 배웠다. 나는 70년대 후반부터 명상을 해왔고, 80년대 초 임상심리학자가 되었으며, 명상과 심리치료 연구 집단에 합류했다. 이렇게 명상과 심리치료 두 분야에 대한 열정으로 인해《마음챙김과 심리치료》를 출판하게 되었다. 마음챙김이 인기를 끌면서 나는 더 많은 대중강연에 초빙되었다. 그러나 문제는 내가 심각한 대중강연불안으로 고통받고 있다는 사실이었다. 성인이 된 이후 줄곧 규칙적인 명상수행을 해오고 있었고 불안감을 다스리기 위해 책에 있는 모든 임상적 묘책을 시도했음에도 불구하고, 대중강연이 있기 전이면 심장은 쿵쾅거리고 손에는 땀이 나기 시작했으며 생각을 명료하게 하는 것이 불가능했다. 그 한계점은 내가 하버드 의과대학 학술대회에서 연설하기로 예정되었을 때 찾아왔다. (나는 강연 섭외가 오면 거절하지 않고 응하고자 노력했다.) 그때까지 나는 임상전임강사로서 의과대학의 그늘에 안전하게 숨어 있었지만 이제는 연설을 해야 하고 모든 동료들 앞에서 내 수치스러운 비밀을 드러내야만 했다.

그 즈음에, 아주 경험이 많은 한 명상지도자가 나에게 명상의 초점을 자애명상으로 바꾸라고 권하면서 "내가 안전하기를" "내가 행복하기를" "내가 건강하기를" "내가 편히 살기를" 같은 간단한 문구를 반복하라고 조언해주었다. 그래서 그렇게 해보았다. 오랜 세월

나를 사랑하기로 했습니다
마음챙김 자기연민 워크북

명상을 해왔고 심리학자로서 내면에 대해 성찰해왔음에도 불구하고 나는 상냥하고 위로가 되는 방식으로 나 자신에게 말해본 적이 없었다. 그런데 저 문구를 반복하자 기분이 좋아지기 시작했고, 내 마음 또한 명료해졌다. 그후로 나는 자애명상을 나의 주요한 명상수행으로 채택했다. 다가오는 학술대회를 기다리면서 불안이 올라올 때마다, 나는 매일 그리고 매주에 걸쳐 나 자신에게 자애문구를 말했다. 특정하게 안정이 필요해서라기보다 단지 내가 할 수 있는 다른 것이 없었기 때문이었다. 마침내 학술대회 날이 왔다. 강연을 위해 단상에 올라갔을 때 보통 때와 마찬가지로 두려움이 커지기 시작했다. 그러나 이번에는 뭔가 새로운 것이 있었다. 희미한 속삭임이 들려왔다. "당신이 안전하기를. 당신이 행복하기를." 그 순간 처음으로 자기연민이 두려움을 대신하는 경험을 했다.

나중에 생각해보니, 대중연설에 대한 불안은 불안장애가 아니라 수치심장애였다. 수치심이 견딜 수 없을 정도로 너무 압도적이었기 때문에 나는 불안할 때 마음을 챙기며 받아들일 수 없었다는 것을 깨달았다. 불안으로 인해 마음챙김이라는 주제에 관해 말을 할 수 없는 상황을 상상해보라! 나는 사기, 무능함, 어리석음 같은 기분을 느꼈다. 그 운명적인 날, 내가 발견한 것은 때때로 수치심 같은 강렬한 감정에 휩싸일 때 우리는 매 순간 경험을 붙잡기 전에 우리 자신을 붙잡아야 한다는 것이다. 나는 자기연민을 배우기 시작했고, 그 힘을 직접 목격했다.

2009년에 나는 내가 개인적으로 자기연민의 도움을 받아 배우게 된 내용을 공유하여 나에게 찾아왔던 내담자들을 돕기 위해 《오늘부터 나에게 친절하기로 했다》를 출판했다. 이듬해 크리스틴은 자신의 개인사를 들려준 《러브 유어셀프》를 출판하여 자기연민에 관한 이론과 연구들을 소개하고, 자기연민을 발전시킬 수 있는 많은 기법들을 전해주었다. 2010년 우리는 함께 대중을 위한 첫 MSC 프로그램을 시작했다. 그 이후부터 우리는 전 세계 동료 지도자들 및 실무진 공동체와 함께 모든 사람들을 위해 안전하고 즐겁고 효과적인 프로그램을 만들기 위해 엄청난 시간과 에너지를 쏟아붓고 있다. 많은 학술연구를 통해 이 프로그램의 효과가 입증되었으며, 지금까지 전 세계 수만 명의 사람들이 MSC에 동참했다.

활용 방법

이 책에는 MSC 교육과정 대부분이 담겨 있다. 독자들이 자기연민을 갖는 데 곧바로 도움이 될 만큼 쉬운 형식으로 구성했다. 이 워크북을 사용하는 사람들 중에 일부는 현재 MSC 과정 중에 있거나 이전에 학습한 것을 되새기고 싶은 사람이겠지만, 대부분은 이 책으로 MSC를 처음 접할 것이다. 이 워크북은 당신이 혼자서도 일상생활에서 좀 더 자기연민을 가질 수 있게 필요한 기술을 배울 수 있도록 고안되었다. 이 책은 MSC 과정의 일반적인 구조를 따르고 있는데, 각 장은 MSC 기법들이 서로 상호작용하도록 세심하게 순서에 따라 배열되어 있다. 각 장은 독자들이 각 개념을 직접 경험할 수 있도록 수행 및 실습과 관련 있는 주제를 다루면서 그에 대한 기본 정보를 제공한다. 또한 대부분의 장에는 수행이 당신의 삶에서 어떻게 드러나는지 알 수 있도록 돕기 위해 MSC 과정 참가자가 경험한 사례들을 담았다. 각 예들은 특정 참가자의 사생활을 침해하지 않도록 각색되었으며, 이름 역시 가명이다.

이 책을 읽는 동안 당신이 시간을 내어 각 장에 수록된 과정에 따라 실습을 해본다면 큰 효과가 있을 것이다. 대략 하루 평균 약 30분씩 수행하고 일주일에 한두 장 정도를 하는 것이 좋다. 하지만 당신의 속도에 맞추기 바란다. 만약 당신이 좀 더 천천히 나아가야 한다고 느끼거나 특정한 주제에 더 많은 시간을 써야 한다고 생각한다면 그렇게 하라. 그리고 그 프로그램을 당신만의 것으로 만들어라. 만약 훈련된 MSC 지도자가 지도하는 MSC 과정을 직접 경험하고 싶다면, MSC 한국지부 (사)한국명상심리상담연구원 www.ikmp.org을 통해 프로그램을 찾을 수 있다. 내담자에게 자기연민을 가르치는 방법을 포함하여 MSC 이론, 연구, 수행에 관해 더 많은 것을 배우고자 하는 전문가들에게는 2019년 길포드에서 출판한《MSC 마음챙김 자기연민 프로그램 가르치기MSC Teaching the Mindful Self-Compassion Program(출간 준비중)》을 추천한다.

이 워크북에 담긴 아이디어와 수행법은 대부분 과학적 연구에 근거한다. 그러나 그 연구들은 더 자기연민적이 될 수 있도록 수천 명을 가르쳐온 우리의 경험에 근거한다. MSC 프로그램은 그 자체로 우리와 참여자들이 함께 배우고 성장하면서 계속 발전하고 있는 하나의 유기적인 독립체다.

또한 MSC는 치료법이 아니지만 매우 치료적이다. MSC는 우리가 살면서 불가피하게 겪게 되는 어려움에 직면하고 그 상황을 변형시키기 위해 당신이 자기연민이라는 자원에 접근할 수 있도록 도울 것이다. 그러나 자기연민 수행은 때때로 오래된 상처를 다시 불러일으킬 수 있으므로, 만약 당신이 트라우마를 갖고 있거나 현재 정신 건강에 문제가 있다면 치료사의 감독을 받아 이 워크북을 실행하도록 권한다.

실습을 위한 조언

이 워크북을 효과적으로 활용하기 위해 몇 가지 사항을 유념해야 중요합니다.

- MSC는 당신을 미지의 영역으로 데려가는 모험이 될 것이며, 당신은 예상치 못한 경험을 하게 될 것입니다. 이 워크북을 자기발견 및 자기변형을 해나가는 일종의 실험이라고 생각해봅니다. 당신은 자신의 경험이라는 실험실에서 작업하게 될 것입니다. 무슨 일이 일어나는지 살펴보기 바랍니다.
- 당신은 명상과 자기연민에 관한 수많은 기술과 원칙을 배우게 될 것입니다. 그것들을 당신에게 적합한 방식으로 맞추고 자유롭게 조정합니다. 목표는 당신 자신이 최고의 선생님이 되는 것입니다.
- 당신의 힘겨움을 새로운 방식으로 전환하는 방법을 배울 때 힘든 지점들이 나타날 것입니다. 당신은 힘든 감정이나 고통스러운 자기 판단과 맞닥뜨릴 가능성이 있습니다. 다행히도 이 책은 이러한 어려움을 다루기 위한 정서적인 자원, 기술, 강점 그리고 능력을 기르는 방법에 관한 것입니다.
- 자기연민 작업이 도전적일 수는 있지만, 결국 즐겁고 쉬운 수행 방법을 찾는 것이 목표입니다. 자기연민을 실행하는 것은 덜 스트레스 받고, 덜 애쓰고, 덜 노력하며, 많이 하지 않는 것을 포함합니다.
- '느린 학습자'가 되는 것이 좋습니다. 어떤 사람들은 너무 무리해서 자기연민적이 되려고 자신을 밀어 붙이는 바람에 자기연민의 목적을 해칩니다. 자신의 속도에 맞춰서 자연스럽게 배울 수 있도록 하십시오.

- 이 워크북은 자기연민을 위한 훈련의 장입니다. 당신이 이 과정에 접근하는 방법 역시 자기연민적이어야 합니다. 다시 말해, 수단과 목적이 같아야 합니다.

- 이 책으로 작업하면서 감정이 열리고 닫히는 과정을 따라가도록 스스로를 허용하는 것이 중요합니다. 우리의 폐가 확장하고 수축하는 것과 마찬가지로, 우리의 가슴과 마음 또한 자연적으로 열리고 닫힙니다. 필요할 때 우리 자신을 닫고, 열고자 할 때 다시 자연스럽게 여는 것이 자기연민입니다. 열림의 신호는 웃음이나 눈물 또는 그보다 생생한 생각과 감각일 수 있습니다. 닫힘의 신호는 산만함, 졸음, 짜증, 둔감함 또는 자기비난일 수 있습니다.

- 열림과 닫힘 사이에서 적절한 균형을 발견할 수 있는지 살펴봅니다. 마치 샤워기 수도꼭지로 물의 양을 조절하는 것처럼, 당신 또한 자신이 경험하는 열림의 정도를 조절할 수 있습니다. 그 정도는 상황에 따라 달라질 것입니다. 때때로 당신은 특정 수행을 하기에 적절하지 않은 공간에 있을 수도 있고, 어떤 때에는 당신에게 필요한 조건에 딱 맞을 수도 있습니다. 자신의 정서적 안전에 대해 책임감을 갖고서 만약 지금 기분이 좋지 않다면 자신을 무리하게 밀어붙이지 마십시오. 당신은 언제든지 나중에 되돌아올 수도 있고, 신뢰할 수 있는 친구나 치료사의 도움과 안내를 받으면서 실습할 수도 있습니다.

> '나는 무엇이 필요한가?'는 본질적인 자기연민 질문이다. 이 주제는 책 전반에 걸쳐 이어질 것이다.

이 책의 구성

이 워크북은 각기 다른 목적을 가진 요소들을 담고 있습니다. 각 장은 대체로 단순하게 읽고 이해할 수 있는 일반적인 정보와 개념으로 시작합니다.

이 워크북에 있는 실습들은 한 번만 실습하도록 고안되었지만, 추후에 변화를 관찰하기 위해 반복 실습해도 좋습니다. 일상 수행들은 예를 들어 식료품 가게에서 계산을 하기 위해 줄을 서야하는 상황처럼, 일상에서 필요한 때마다 자주 실습할수록 좋습니다. 실습일지 작성처럼 몇몇 실습은 특별히 시간을 따로 마련해야 합니다. 또 소개된 명상 실습들은 최대의 효과를 보기 위해 정기적으로 그리고 외부의 방해로부터 자유로울 수 있는 장소에서 이루어져야 하는 좀 더 공식적인 실습입니다.

이 책에는 수행 후에 당신의 경험을 받아들이고 소화시키는 것을 도와줄 '비추어 보기' 부분이 있습니다. 생각해볼 몇 가지 질문이 있을 수도 있고, 당신에게 어떤 것이 떠오르는지에 대한 간략한 논의가 있을 수도 있습니다. 감당하기 어려운 반응이 일어날 가능성도 있는데, 그런 당신의 반응을 적절하게 다룰 수 있는 방법도 담겨 있습니다. 어떤 사람들은 그저 조용히 자신이 성찰한 내용에 대해 생각해보기를 원할 수 있지만, 다른 사람들은 그것들을 노트에 적고 싶을 수도 있습니다. 이 노트는 이 책에서 연습 문제 아래 답을 적을 수 있도록 비워둔 여백이 모자랄 때도 또는 이 워크북에 작성한 내용을 다른 사람이 읽을까 봐 개인 노트를 사용하는 것을 선호하는 경우에도 유용할 것입니다. 가장 중요한 것은 가장 즐겁거나 유익하다고 여겨지는 수행을 하는 것입니다. 이러한 것들은 시간이 지나도

나를 사랑하기로 했습니다
마음챙김 자기연민 워크북

당신 곁에 머물 가능성이 매우 크기 때문입니다.

워크북 프로그램을 진행하는 동안, 당신의 목표는 매일 약 30분 동안 명상과 일상수행을 병행하는 것입니다. MSC에 관한 연구에 의하면, 수행시간이 늘어날수록 참가자들이 프로그램을 통해 얻는 유익도 그에 비례해 커졌지만 그것이 비공식수행이냐 공식수행이냐 하는 것은 상관이 없었습니다.

- ✏️ **실습**은 반복해서 할 수 있지만 일반적으로 한 번 합니다.
- 💟 **일상수행**은 일상생활 중에 자주 합니다.
- 🧘 **명상**은 때때로 명상을 목적으로 특별히 시간을 내어 규칙적으로 하는 공식수행입니다.

1

자기연민이란 무엇인가

What Is Self-Compassion?

●　●　●

자기 연민의 세 가지 필수 요소를 설명하는 또 다른 방법은 사랑(자기친절), 연결(보편적 인간경험), 현존(마음챙김)이다. 우리가 애정어리고, 연결된 현존의 마음 상태에 있을 때, 우리 자신과 타인, 세상과의 관계에 변화가 일어난다.

자기연민이란 당신의 친구가 실수를 했거나 부적절하다고 느끼거나 삶의 도전에 직면했을 때 그 힘든 시간을 보내고 있는 친구를 대하는 방식으로 당신 자신을 대하는 것이다. 서양 문화권 사람들은 친구와 가족과 이웃에게 친절히 대하는 것을 중요하게 여기지만, 정작 자기 자신에게는 그만큼 친절하지 않다. 자기연민은 우리가 가장 필요할 때 스스로에게 좋은 친구, 즉 내면의 적보다는 내면의 동지가 되는 것을 배우는 수행이다. 하지만 일반적으로 우리는 친구들을 대하는 것처럼 자신을 대하지 않는다.

> 우리는 자기연민을 통해서 내면의 적이 되는 대신 내면의 동지가 된다.

황금률은 "다른 사람에게 대접받고 싶은 대로 그들을 대접하라"라고 말한다. 하지만 당신은 자신을 대하듯 다른 사람들을 대하고 싶지 않을 것이다. 당신의 가장 친한 친구가 방금 자기 파트너에게 버림받은 후 전화를 걸었다고 상상해보라.

당신은 전화기를 들고, "어떻게 지내?"라고 말한다.

친구는 "끔찍해"라고 눈물을 참으며 말한다. "사실은, 너 내가 사귀고 있던 마이클이란 남자 알지? 그는 내가 이혼 후 처음으로 마음을 준 사람이거든. 그런데 어젯밤 그가 나보고 내가 너무 심하게 자기를 몰아세운다고 그냥 친구로 지내고 싶다는 거야. 나 충격 받았어."

그러자 당신이 한숨을 쉰 후 이렇게 말한다고 생각해보자. "음, 정말 솔직히 말해서, 그건 아마도 네가 가난하고 의존적일 뿐 아니라, 늙고, 못생기고, 지루하기 때문일 거야. 그리고 너는 10킬로그램 이상 과체중이야. 나라면 이젠 포기하겠어. 왜냐하면 널 사랑할 사람을 찾을 가망이 없으니까. 솔직히 너는 그럴 자격이 없어!"

당신과 친한 사람에게 이런 식으로 이야기해본 적이 있는가? 물론 없을 것이다. 그렇지만 이상하게도 이것은 정확하게 우리가 그런 상황이나 더 나쁜 상황에 처했을 때 우리 자신에게 말하는 방식이다. 자기연민을 통해 우리는 좋은 친구처럼 우리에게 말하는 법을 배운다. "정말 유감이구나. 너는 괜찮니? 정말 화났겠다. 내가 너를 위해 여기 있고, 너를 진심으로 높이 평가한다는 걸 기억해. 내가 도울 수 있는 일이 있을까?"

자기연민을 생각하는 간단한 방법은 좋은 친구를 대하듯 자신을 대하는 것이지만, 더 정확한 정의는 우리가 고통 속에 있을 때 견딜 수 있게 하는 세 가지 핵심 요소인 자기친절, 보편적 인간 경험 그리고 마음챙김을 포함한다.

자기친절   우리가 실수를 하거나 어떤 식으로든 실패했을 때, 우리는 우리 자신의 어깨를 지지적인 팔로 감싸기보다 때릴 가능성이 더 높다. 끊임없이 자신을 무너뜨리지만 타인에게는 너그럽고 배려심 많은 사람들(그 사람이 당신일 수도 있다)을 떠올려보라. 자기친절은 이러한 경향을 상쇄시켜 우리가 다른 사람들에게 하는 것과 마찬가지로 우리 자신을 대하게 한다. 개인적인 결점을 알아차렸을 때 혹독하게 비판하기보다는, 우리 자신을 지지하고 격려하며 해로움으로부터 보호하는 것이 자기연민이다. 부적절하다고 자신을 공격하고 꾸짖는 대신에, 우리 자신을 따뜻하게 대하고 무조건적으로 수용하는 것이다. 마찬가지로, 외적인 상황이 견딜 수 없을 정도로 힘겨울 때에도 우리는 적극적으로 스스로를 진정시키고 위로해야 한다.

나를 사랑하기로 했습니다
마음챙김 자기연민 워크북

테레사는 흥분했다. "그랬어요. 제가 그렇게 했다는 게 믿어지지 않아요. 지난주 회사 파티에서 제가 동료에게 무심코 적절치 않은 말을 내뱉은 거예요. 나 자신에게 끔찍한 욕을 하는 평소와는 달리 나는 나 자신을 친절하게 대하고 이해하려고 노력했어요. 나 자신에게 말했지요. '오, 세상이 끝난 건 아니야. 비록 최선의 방법으로 말하지 않았지만 나는 좋은 의미로 말한 거야.'"

보편적 인간경험 상호연결감은 자기연민의 핵심이다. 그것은 모든 인간들은 결함이 있고, 누구나 실패하고, 실수하고, 삶에서 어려움을 겪는다는 사실을 인정하는 것이다. 자기연민은 누구나 예외 없이 삶에서 고통을 겪게 된다는 피할 수 없는 사실을 받아들인다. 이것은 모두가 알고 있는 사실 같지만 매우 잊기 쉽다. 모든 일이 잘 진행될 것이라는 '근거 없는 믿음을 갖고서' 그 일이 잘 되지 않을 때 우리는 뭔가 잘못되었다고 믿는 함정에 빠진다. 사실 우리는 실수하거나 어려움을 겪을 가능성이 매우 높으며, 이는 사실상 불가피하다. 그것이 정상이며 자연스러운 일이다. 하지만 우리는 이런 문제들 앞에 합리적이지 않은 경향이 있다. 우리는 고통을 겪을 뿐 아니라, 고통 속에서 고립되고 외로움을 느낀다. 그러나 고통은 모든 인간이 공유하는 경험이라는 것을 기억하게 되면 고통을 느끼는 매 순간은 다른 사람들과 연결되는 순간으로 전환된다. 어려움을 겪을 때 내가 느끼는 고통은 당신이 어려움을 겪을 때 느끼는 고통과 같다. 상황이나 고통의 정도는 다르지만, 기본적으로 인간이 겪는 고통은 같다.

테레사는 이어서 말했다. "저는 모든 사람들이 가끔 말실수를 한다는 걸 기억했어요. 제가 언제나 옳은 말을 할 순 없어요. 이런 일이 일어나는 건 지극히 자연스러운 일이죠."

마음챙김 마음챙김은 명확하고 균형 잡힌 방식으로 매 순간 자신의 경험에 대해 알아차리는 것이다. 마음챙김은 저항이나 회피 없이 모든 생각과 감정과 감각이 인식될 수 있도록 허용하면서 지금 일어나는 순간적 현실을 향해 열려 있는 것을 의미한다. (6장에서 마음챙김에 대해 더 깊이 다룰 것이다.)

마음챙김은 왜 자기 연민을 위한 필수적인 요소일까? 왜냐하면 우리가 고통받고 있을 때 고통에 주의를 기울이고 그것을 인정하며 돌봄과 친절로 반응할 수 있을 만큼 충분히 오랫동안 고통과 '함께' 할 수 있어야 하기 때문이다. 언뜻 생각하기엔 고통은 아주 자명한 것으로 여겨질 수 있지만, 사실 많은 사람들은 자신이 얼마나 고통을 받고 있는지 잘 모르며, 특히 그 고통이 자기비난에서 비롯되었을 때는 그 고통에 대해 잘 인식하지 못한다. 또 인생의 어려움에 직면했을 경우 사람들은 종종 문제 해결에만 사로잡혀 그 순간 자신이 얼마나 큰 어려움에 처해 있는지 살펴보지 못한다. 마음챙김은 고통스러운 생각과 감정을 회피하는 경향과 반대되는 것으로, 심지어 그

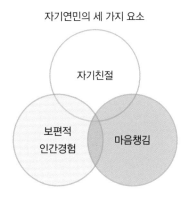

자기연민의 세 가지 요소

자기친절

보편적
인간경험

마음챙김

것이 불쾌할 때조차 자신이 경험한 진실을 받아들일 수 있게 한다. 동시에, 마음챙김은 우리가 부정적인 생각이나 느낌에 빠져들어 '과동일시'하는 것을 막고, 우리가 자기혐오적인 반응에 휘말리고 휩쓸려가는 것을 막는다. 반추는 우리의 초점을 좁히고 경험을 과장한다. "내가 실패했을 뿐 아니라, 내가 실패다." "나는 실망했을 뿐 아니라, 내 인생이 실망스럽다." 그러나 마음챙김으로 우리가 느끼는 고통을 관찰하면, 우리는 고통을 과장하지 않으면서 인정할 수 있고, 자신과 자신의 삶에 대해 더 지혜롭고 객관적인 관점을 가질 수 있다.

사실상 자기연민을 위한 첫 번째 단계가 마음챙김이다. 새로운 방식으로 반응하기 위해 마음의 현존이 필요하다. 예를 들어, 테레사는 회사 파티가 끝난 직후 초콜릿 상자로 슬픔을 달래는 대신, 벌어진 일에 직면하는 용기를 냈다.

테레사가 덧붙였다. "저는 그 순간 제가 얼마나 기분이 안 좋은지 그냥 인정했어요. 그 일이 안 일어났더라면 좋았겠지만, 그 일은 이미 일어난 거고요. 놀라웠던 것은 제가 자기 판단에 빠져들지 않고 당혹감, 얼굴 빨개짐, 머리에서 열이 나는 느낌을 그대로 느낄 수 있었다는 거죠. 그 감정들이 저를 죽이진 않을 거고, 그 감정들은 결국엔 지나갈 거라는 것을 알고 있었죠. 그리고 실제로 그 감정들은 지나갔어요. 저는 저 자신에게 격려와 용기를 주었고, 다음날 동료를 만나 사과를 하고 제 입장을 설명했어요. 모든 것이 괜찮았어요."

> 자애롭고 연결된 현재 상태를 구축하게 되면, 우리 자신과 우리 주변 세상과의 관계를 변화시킬 수 있다.

자기 연민의 세 가지 필수 요소를 설명하는 또 다른 방법은 '사랑'(자기친절), '연결'(보편적 인간경험), '현존'(마음챙김)이다. 우리가 애정어리고 연결된 현존의 마음 상태에 있을 때, 우리 자신과 타인, 세상과의 관계에 변화가 일어난다.

실습

나는 친구를 어떻게 대하는가?

• 눈을 감고 다음 질문에 대해 잠시 생각해봅니다.

  ▪ 친한 친구가 불행을 겪었거나 실패했거나 부적절하다고 느끼고 있거나 어떤 식으로든 힘들어했을 때, 당신이 그 친구를 잘 대해주어서 자신에 대해 좋은 느낌을 느꼈던 다양한 상황을 떠올려봅니다. 당신은 일반적으로 이런 상황에서 친구들에게 어떻게 반응합니까? 뭐라고 말하나요? 어떤 어조로 하나요? 당신의 태도는 어떤가요? 비언어적 몸짓은 어떤가요?

• 당신이 발견한 것에 대해 적어봅니다.

- 다시 눈을 감고 다음 질문에 대해 생각해봅니다.
  - 당신이 불행을 겪었거나 실패했거나 부적절하다고 느꼈거나 어떤 식으로든 고군분투했던 다양한 경우를 떠올려봅니다. 당신은 일반적으로 이런 상황에서 자신에 대해 어떻게 반응합니까? 뭐라고 말하나요? 어떤 어조로 하나요? 당신의 태도는 어떤가요? 비언어적 몸짓은 어떤가요?
- 당신이 발견한 것에 대해 적어봅니다.

- 마지막으로 당신의 가까운 친구들이 고군분투하고 있을 때 당신이 그들을 대하는 것과 당신이 고군분투하고 있을 때 당신 자신을 대하는 것 사이에 어떤 차이가 있는지 생각해봅니다. 어떤 패턴을 알아차렸나요?

비추어 보기

이 실습을 하면서 무엇을 알 수 있었나요?

이 실습을 할 때 많은 사람들은 친구들을 대할 때와 달리 자신을 얼마나 나쁘게 대하는지 깨닫고 충격을 받습니다. 만일 당신이 그러한 사람 중 한 명이라면 당신은 혼자가 아닙니다. 예비 자료에 의하면, 매우 많은 사람들이 자신보다 다른 사람들에게 더 연민적입니다. 우리 문화는 자신에 대한 친절을 장려하지 않기 때문에 우리는 그러한 습관에 맞서기 위해 의도적으로 자신과의 관계를 변화시키는 수행을 해야 합니다.

실습
자신을 자기연민으로 대하기

당신이 현재 겪고 있는 어려움 가운데 하나를 떠올려봅니다. 너무 심각하지 않은 것을 떠올립니다. 예를 들면, 당신은 당신의 파트너와 싸웠고 후회할 만한 말을 했을 수 있습니다. 또는 당신이 정말 일을 망쳐서 문책하기 위해 회의에 불려질까 봐 두려울 수 있습니다.

● 그 상황을 적어봅니다.

_____

_____

_____

_____

_____

_____

- 당신은 그 상황에서 무슨 일이 일어났는지에 대한 생각에 빠져 도망칠 생각만 할 수도 있습니다. 먼저 이런 경우에 그것이 당신이 생각할 수 있는 전부인지, 아니면 근거 없이 더 크게 과장하고 있는지 적어봅니다. 예를 들어, 실수는 그리 크지 않았는데도 당신은 해고당할까 봐 두려워하고 있지는 않나요?

- 이제 당신이 과장하거나 과도하게 극대화하지 않고 그 상황과 관련된 고통을 마음챙김으로 인정할 수 있는지 봅니다. 당신이 가진 고통스럽거나 힘든 감정을 비교적 객관적이고 안정된 어조로 적어봅니다. 당신이 느끼는 감정에 지나치게 얽매이지 않으려고 노력하면서 그 상황이 어렵다는 것을 인정합니다. (예: "이 일 이후 상사와 사이가 틀어질까 봐 정말 두렵다. 지금 당장 이런 느낌으로 인해 내가 힘든 것이다.")

- 이어서 그런 일이 일어나지 말았어야 했다든가, 당신만 이러한 상황에 처한 유일한 사람이라고 생각하면서 그 상황으로 인해 당신이 고립된 느낌을 느낄 수 있는 모든 방식에 대해 적어봅니다. 예를 들어, 당신은 당신이 작업적인 면에서 완벽해야 하고 실수를 하는 것이 비정상이라고 가정하고 있나요? 당신 직장에서 이런 실수를 저지르는 사람은 아무도 없나요?

- 이제 그 상황에 대한 보편적인 인간경험, 즉 이런 감정을 느끼는 게 얼마나 정상적인 것인지 그리고 많은 사람들이 당신과 유사한 감정을 경험하고 있다는 사실을 상기해봅니다. 예를 들어, "직장에서 실수한 후에 두려움을 느끼는 것은 자연스러운 일이다. 누구나 가끔 실수를 하고, 나와 비슷한 상황을 경험했을 것이다."

나를 사랑하기로 했습니다
마음챙김 자기연민 워크북

- 다음은 자신을 판단적으로 대하는 방식들을 적어봅니다. 예를 들어, 자신에게 심한 말("멍청이 바보")을 하거나 자신을 너무 가혹하게 대하는지 않나요?("넌 항상 엉망이야. 왜 배우지 못하는 거야?")

- 마지막으로, 당신이 느끼는 힘든 감정에 대한 친절한 반응을 적어봅니다. 당신이 돌봐주고 싶은 좋은 친구에게 사용하는 부드럽고 지지적인 말들을 적어봅니다. 예를 들면, "네가 지금 놀란 감정을 느끼고 있어서 안 됐구나. 좋아질 거라고 믿어. 그리고 무슨 일이 일어나도 나는 너를 도울 거야." 또는 "실수해도 괜찮아. 그리고 두려움을 느끼는 것도 괜찮아. 나는 네가 최선을 다했다는 걸 알고 있어."

비추어 보기

이 실습은 당신에게 어떠했나요? 잠시 시간을 갖고, 당신이 있는 그대로의 당신이기를 허용하면서, 지금 이 순간 자신이 어떻게 느끼든 그 감정을 완전히 받아들입니다. 어떤 사람들은 이런 글쓰기 실습을 하면서 마음챙김, 보편적 인간경험, 자기친절의 언어로 위로를 받고 안정감을 느낍니다. 만약 글쓰기가 당신에게 지지적으로 느껴졌다면, 당신은 이런 방식으로 자신을 보살피는 느낌을 가질 수 있습니다.

이런 글쓰기가 어색하고 편하지 않은 사람도 있습니다. 만일 당신이 그렇다면, 새로운 습관을 형성하는 데는 시간이 걸리므로 자신의 속도에 맞추어 배우도록 허용하십시오.

나를 사랑하기로 했습니다
마음챙김 자기연민 워크북

2

자기연민이 아닌 것

What Self-Compassion Is Not

●●●

자기비판은 자기 확신을 약화시키는 경향이 있고, 이는 실패에 대한 두려움으로 이어진다. 자기연민적일 때 우리는 여전히 목표에 도달하기 위한 동기를 갖게 될 것이다.

종 사람들은 자기연민적인 것이 과연 좋은 생각일지, 우리가 너무 자기연민적이 되는 건 아닌지에 대해 의구심을 갖는다. 서양 문화는 자기연민을 미덕으로 여기지 않으며, 많은 사람들은 자신에게 친절한 것에 대해 깊은 의심을 품고 있다. 이러한 의구심은 종종 자기연민적이 될 수 있는 우리의 능력을 방해하기 때문에 그에 대해 자세히 살펴보아야 한다.

실습
자기연민에 관한 나의 의구심

- 당신이 개인적으로 자기연민에 대해 갖고 있는 모든 의심과 그것의 단점, 그에 대한 두려움이나 걱정을 적어봅니다.

- 때때로 우리는 자기연민에 대해 주변사람들의 영향을 받기도 합니다. 다른 사람이나 우리 사회가 자기연민에 대해 갖고 있는 모든 의구심에 대해 적어봅니다.

만약 당신이 오해하고 있던 내용들을 발견했다면 잘된 일입니다. 사실상 이러한 오해는 자기연민적이 되는 당신의 능력을 가로막는 장벽으로, 그것을 알아차리는 것이 장벽을 제거하는 첫 번째 단계입니다.

다행히도, 지속적으로 증가하는 연구 결과들은 자기연민에 관한 가장 보편적인 오해가 실제적으로 잘못된 견해임을 보여주고 있습니다. 다시 말해서, 우리의 오해는 근거가 없는 것들입니다. 다음은 사람들이 우리의 교육 과정 중에 반복해서 표현하는 몇 가지 두려움과 그 반대 증거에 대한 간략한 설명입니다.

> 자기연민에 관한 의구심은 잘못된 개념에서 비롯된다.

"자기연민은 단지 불쌍한 나를 위해 열어준 자선 파티가 아닐까요?"

많은 사람들이 자기연민을 단지 자기동정의 한 형태로 여기고 두려워하지만, 사실상 자기연민은 자기동정에 대한 해독제다. 자기동정은 "불쌍한 나"라고 말하는 반면, 자기연민은 모두의 삶이 힘든 것임을 인식한다. 연구 결과에 의하면, 자기연민적인 사람들은 자신의 스트레스에 초점을 맞추기보다 균형감을 가질 가능성이 더 높았다. 또한 그들은 자신이 경험한 것이 얼마나 나쁜 일인지에 대해 덜 곱씹는 경향이 있는데, 이것이 자기연민적인 사람들이 정신건강상 더 좋은 상태에 있는 이유 중 하나다. 자기연민적일 때 우리는 모든 사람이 고통을 겪는다는 것을 기억하고(보편적 인간경험), 우리가 겪는 투쟁을 과장하지 않는다(마음챙김). 자기연민은 "슬프도다"라는 태도가 아니다.

"자기연민은 겁쟁이들을 위한 거예요. 나는 내 삶을 이겨내기 위해 굳세고 강해야만 해요."

또 다른 큰 두려움은 자기연민이 우리를 나약하고 상처받기 쉽게 만들 것이라는 생각이다. 사실, 자기연민은 우리가 어려움에 직면했을 때 용기를 주고 회복력을 향상시키는 내면적 힘에 대한 믿음의 원천이다. 연구 결과에 따르면, 자기연민적인 사람들은 이혼, 외상, 만성적인 고통 같은 힘든 상황에 더 잘 대처할 수 있는 것으로 나타났다.

"나 자신보다 다른 사람들에 대해 더 많이 생각해야 해요. 자기연민적이 되는 것은 너무 이기적이고 자기중심적이에요."

어떤 사람들은 타자에 대한 연민을 갖는 것이 아니라 자기연민적이 됨으로서 자신이 자기중심적이거나 이기적인 사람이 될까 봐 걱정한다. 하지만 자신에게 연민을 베풀면 실제로 다른 사람들에게 더 많은 연민을 베풀게 된다. 연구에 의하면, 자기연민적인 사람들이 로맨틱한 관계에서 더 자상하고 지지적인 경향이 있고, 관계적 갈등에서 더 타협적일 가능성이 높으며, 다른 사람들에 대해 더 연민적이고 관대한 것으로 나타났다.

"자기연민은 나를 게으르게 만들 거예요. 나는 게으름을 느끼고 싶을 때마다 초콜릿칩 쿠키를 먹으며 침대에서 빈둥거리고 있을 거예요!"

많은 사람들은 자기연민적인 것이 자기방종을 의미하는 것이라고 여기고 두려워하지만, 사실은 그 반대다. 연민은 우리에게 단기적인 즐거움이 아니라 장기적인 건강과 만족스러운 삶을 추구하게 한다(연민적인 엄마는 자녀에게 아이스크림을 원하는 대로 먹게 하지 않고, 대신 "채소를 먹으렴"이라고 말한다). 연구 결과에 의하면, 자기연민적인 사람들은 운동을 하고, 좋은 식생활을 가지며, 술을 덜 마시고, 규칙적으로 병원에 가는 등, 더 건강한 행동을 실천한다.

"만일 나 자신에게 연민적이라면, 나는 제멋대로 행동할 거예요. 나는 다른 사람들을 해치지 않기 위해 내가 엉망일 때 나 자신에 대해 엄격해야 해요."

또 다른 두려움은, 자기연민이 나쁜 행동에 대한 변명의 한 형태라고 생각하는 것이다. 사실, 자기연민은 누군가를 비난할 필요 없이 자신의 실수를 인정하는 데 필요한 안전감을 준다. 연구 결과, 자기연민적인 사람들은 자신의 행동에 대해 책임을 더 잘 지고, 만약 자신이 누군가를 불쾌하게 했다면 사과할 가능성이 더 큰 것으로 나타났다.

"한순간이라도 내가 가혹한 자기비평을 그만둔다면 나는 결코 내가 원하는 목표에 도달할 수 없을 거예요. 혹독한 비판은 내가 성공하도록 이끄는 원동력이죠. 어떤 사람들에게는 자기연민이 좋지만, 나는 내 인생에서 이루고 싶은 높은 기준과 목표가 있어요."

사람들이 가진 가장 일반적인 오해는 자기연민이 성취 동기를 약화시킬 거라는 생각이다. 많은 사람들은 자기비판이 효과적으로 동기부여를 한다고 믿는다. 하지만 사실 전혀 그렇지 않다. 자기비판은 자기 확신을 약화시키는 경향이 있고, 이는 실패에 대한 두려움으로 이어진다. 자기연민적일 때 우리는 여전히 목표에 도달하기 위한 동기를 갖게 될 것이다. 동기부여는 우리가 불충분하기 때문이아니라, 우리가 자신을 돌보고 자신의 완전한 잠재력을 개발하기 원하기 때문에 촉진되는 것이다(11장 참조). 연구에 따르면, 자기연민적인 사람들은 높은 개인적인 기준을 가지고 있으며, 그들은 실패했을 때 자신을 비난하지 않는다. 이것은 그들이 실패를 덜 두려워하고, 실패 후에도 다시 시도하고 노력할 가능성이 더 높다는 것을 의미한다.

거울아! 거울아!

사람들에게 자기연민에 대해 말할 때, 우리는 종종 이런 말을 듣는다.

"그것은 마치 거울을 보면서 '나는 충분히 훌륭하고, 충분히 똑똑하고, 그리고 세상에! 사람들은 날 좋아해. 안그래?'라고 말하는 것을 엄청 좋아하는 '토요일 밤 라이브'의 스튜어트 스말리 같아요."

자기연민이 무엇인지 진정으로 이해하기 위해서는 가까운 사촌 격인 자기존중감과 자기연민을 구별하는 것이 중요하다. 서양 문화에서 높은 자존감은 특별하거나 평균 이상이어서 군중 속에서 눈에 띄어야 가능하다. 다만 모든 사람들이 동시에 평균 이상이 되는 게 불가능하다는 것이 문제다. 우리가 몇 가지 분야에서는 더 뛰어날 수도 있지만, 항상 우리보다 더 매력적이고 더 성공적이고 더 지적인 누군가가 있기 때문에 자신을 '더 나은' 사람들과 비교할 때마다 실패한 기분이 든다.

우리 자신을 평균 이상으로 좋게 보고자 하는 욕망과, 도달하기 힘든 높은 자존감을 유지하려는 욕망은 고약한 행동으로 이어질 수 있다. 왜 청소년들은 다른 또래들을 괴롭힐까? 내가 방금 괴롭힌 나

> 자기연민을 자기존중감과 혼동
> 하지 않아야 한다.

약한 아이와 비교해서 내가 멋지고 힘
센 아이로 보여질 때 나의 자존감은
고양된다. 우리는 왜 그런 편견을 갖
고 있을까? 만약 내 인종, 성별, 국가 또는 정치 집단이 다른 사람보
다 낫다고 믿는다면 나의 자존감이 고양되기 때문이다.

하지만 자기연민은 자존감과 다르다. 둘 다 심리적인 행복도와 강
하게 연결되어 있지만, 중요한 차이점이 있다.

- 자존감은 자기가치에 대한 긍정적인 평가다. 자기연민은 판단
  이나 평가가 아니다. 자기연민은 특히 우리가 실패하거나 부족
  하다고 느낄 때 친절과 수용으로 우리 자신을 바라보는 방식과
  관련이 있다.
- 자존감은 다른 사람들보다 더 낫다는 느낌이다. 반면, 자기연민
  은 우리 모두가 불완전하다는 사실을 인정하는 것이다.
- 자존감은 우리가 성공했을 때는 친구지만, 우리가 실패했거나
  조롱거리가 되었을 때처럼 우리에게 가장 필요한 때는 가차 없
  이 우리를 떠나는 친구다. 자기연민은 항상 우리 곁에 있으며,
  우리의 세속적인 자산이 사라졌을 때조차 떠나지 않고 우리를
  지원해주는 원천이다. 우리는 자존심이 손상됐을 때 상처를 받
  지만, 우리 자신에게 친절할 수는 있다. "그건 정말 굴욕적이었
  어. 그래도 괜찮아. 이런 일은 일어나기 마련이니까."
- 자존감과 비교했을 때, 자기연민은 신체적 매력이나 성공 같은
  조건에 덜 의존하며 시간이 지남에 따라 더 안정된 자기가치감
  을 갖게 한다. 또한 자존감에 비해 사회적 비교나 자기애와도
  크게 관련되지 않는다.

자존감은 당신에게 어떻게 작용하는가?

● 당신이 관심을 기울이는 삶의 영역(일, 육아, 우정, 로맨스 등)에서 당신의 성과 가 평균적이라는 피드백을 받을 때 어떤 느낌이 듭니까?

● 어떤 사람이 당신이 정말로 신경쓰는 것(더 많은 판매 달성, 학교 파티를 위해 더 맛있는 과자를 굽는 것, 더 나은 농구 선수가 되는 것, 수영복 맵시가 더 좋은 것 등)을 당신보다 더 잘할 때 어떤 느낌이 듭니까?

- 당신이 신경쓰고 있는 어떤 것에 실패했을 때(당신이 가르친 수업 평가가 낮은 것, 아이가 당신을 형편없는 아빠라고 말하는 것, 두 번째 데이트 신청을 못 받은 것) 그것은 당신에게 어떤 영향을 미칩니까?

비추어 보기

만약 당신이 대부분의 사람들과 같다면, 평균적이라는 것이 괜찮게 느껴지지 않고, 사람들이 당신보다 더 많은 성취를 하면 기쁘지 않을 것이며, 실패를 형편없게 여긴다는 것을 깨닫게 될 것입니다. 우리는 인간이기에 그런 감정을 느낍니다. 그러나 이러한 감정들은 모두 자존감의 한계임을 기억해야 합니다. 자존감은 우리자신을 다른 사람들과 끊임없이 비교하게 하고, 자기 가치를 성공과 실패에 따라 탁구공처럼 오르내리게 합니다. 높은 자존감을 유지하려는 것이 우리에게 문제를 일으킨다는 것을 알게 되면, 그때가 바로 자기연민을 실천해야 할 때입니다.

3

자기연민의 이점

The Benefits of Self-Compassion

● ● ●

사람들마다 자기연민의 정도는 당연히 다를 수 있겠지만, 자기연민은 학습이 가
능하다. 연구에 따르면, MSC 과정(이 워크북에 기초한 프로그램)에 참여한 사
람들은 자기연민 수준이 평균 43퍼센트 증가했다.

우리 프로그램에 참가한 첫날 밤, 매리언은 꽤 회의적이었다. "자기연민이 어떻게 나를 도울 수 있을까요? 나는 정말 나 자신을 힘들게 하는 습관이 있어요. 마치 악마 같아요. 그 악마가 나를 여기에 오게 한 거예요. 왜 내가 바뀌어야만 하죠? 내가 바뀔 수 있을까요? 그것이 안전하다고 어떻게 확신할 수 있나요?"

다행히 매리언은 우리의 설명만 들어야 하는 것은 아니다. 천 가지 이상의 연구들이 자기연민의 정신적, 육체적 건강에 기여하는 이점을 입증해왔다. 자기연민적인 사람일수록 더 만족스러운 삶을 살고 있다.

덜 자기연민적일 때	더 자기연민적일 때
우울	행복
불안	삶의 만족
스트레스	자기확신
수치심	신체적 건강

사람들마다 자기연민의 정도는 당연히 다를 수 있겠지만, 자기연민은 학습이 가능하다. 연구에 따르면, MSC 과정(이 워크북에 기초한 프로그램)에 참여한 사람들은 자기연민 수준이 평균 43퍼센트 증가했다. 과정에 참여한 사람들은 다른 사람들을 대할 때 더 마음을 챙기고 더 연민적이 되었으며, 사회적 연결감과 삶의 만족감과 행복을 더 느끼고, 우울과 불안과 스트레스는 더 줄어들었다. 또한 참가자

들은 MSC를 공부한 후 힘든 감정을 회피할 가능성이 줄어들었다.

이러한 장점들은 좀 더 자기연민적이 되는 방법을 배운 것과 직접적인 관련이 있다. 더욱이 자기연민이 증가한 상태와 MSC로 인해 얻게 된 다른 이점들은 1년 후에도 여전히 유지되었다. 이러한 자기연민의 이득은 참여자가 자기연민 수행을 얼마나 많이 했는가(매주 며칠간 명상을 하거나 혹은 매일 몇 시간 동안 일상수행을 하는 것 둘 다)와 관련이 있었다. 이 연구는 이 책에 수록된 다양한

> MSC 수행은 당신이 자신과 관계 맺는 방식을 바꿀 수 있으며, 당신의 삶까지 바꿀 수 있다.

실습을 수행함으로써 당신이 자신과 관계 맺는 방식에 근본적인 변화를 가져오고, 그렇게 함으로써 당신의 삶을 근본적으로 바꾸어놓을 수 있다는 사실을 시사한다.

매리언은 남편과 아이들과 함께 행복한 가정을 꾸리면서 직업적인 면에서도 성취를 이룬 여성으로, 겉보기에는 남부러울 것 없는 삶을 살았다. 하지만 그녀는 거의 매일 밤 자신이 누군가의 기분을 해친 것 같아 걱정하거나 엄마 노릇을 잘 못했다고 자책했고, 자신이 가진 높은 기대치에 부응하지 못했다는 실망감을 느끼며 신경과민 상태에서 잠자리에 들었다. 아무리 안심해보려고 해도 달라질 것 같지 않았다. 매리언은 때에 맞는 적절한 말을 하고, 모든 사람들에게 친절하고 힘이 되어줄 수 있는 사람이었지만, 정작 자신에게는 그렇게 대하지 못했다. 매리언은 자기 내면에서 뭔가 변화가 일어나야 한다는 것을 알고 있었다. 그러나 어떻게 해야 할지는 몰랐다.

그녀는 자기연민이 답을 줄 것 같아서 MSC 프로그램에 등록했다. 프로그램 시작에 앞서 매리언은 자기연민척도(다음 페이지 참조)를 작성

했고, 자기가 자신의 가장 나쁜 적일 수 있음을 깨달았다. 그리고 MSC 첫 시간에는 자신이 혼자가 아니라는 것을 발견했다. 사실, 자신을 비난하고, 자신을 고립시키고, 일이 잘못되었을 때 그 상황에 갇혀 계속 그 일을 곱씹는 것은 우리 모두의 본능에 가깝다.

자기연민을 향한 다음 단계인, 자기비난으로 인한 아픔을 인식하는 과정은 매리언에게 쉽게 와 닿았다. 인정받고자 하는 그녀의 욕구는 친구들과 가족들을 지치게 했다. 매리언 역시 완벽하고자 하는 자신의 필사적인 소망에 대해 매우 잘 알고 있었다. 그 갈망은 매리언의 어린 시절에 깊은 뿌리를 두고 있었다. 그녀는 경제적으로는 성공했지만 정서적으로는 전혀 교류가 없는 아버지 그리고 전업주부가 되는 것을 끔찍하게 싫어했던 미인대회 출신 어머니 밑에서 자랐다. 매리언은 부모와 따뜻하고 친밀한 관계를 맺길 갈망했지만, 그것은 항상 손이 닿지 않는 꿈처럼 보였다. 매리언은 커가면서 자기가 한 일에서 성공을 거둠으로써 주목을 받을 수 있었다. 그러나 이 또한 대가를 치러야 했다. 성공은 결코 그녀가 원하는 방식으로 느끼게 만들어주지 않았기 때문이다.

매리언은 자신이 아이들을 얼마나 많이, 얼마나 무조건적으로 사랑했는지 깨닫게 되었고, '나는 왜 그러한 사랑을 받을 수 없다고 생각하는 걸까?'라는 의구심이 들었다. 매리언은 가끔 하루를 마치고 아이들과 함께 잠자리에 드는 것처럼 자신이 그런 좋은 기분을 느낄 수 없는 것인지 궁금했다. 친구들에게 상냥하게 말하는 것처럼 자신에게 말할 수 없는 걸까? 매리언은 '어쨌든 나는 다른 사람들처럼 사랑을 받아야 해!'라고 생각했다.

매리언이 자신을 사랑할 수 있도록 허락했을 때, 그녀는 조금씩 어린 시절의 오랜 갈망과 외로움이 느껴지기 시작했다. 그러나 그때는 이미 자신 또한 누구 못지않게 연민을 받을 자격이 있다는 사실을 알고 있었다. 매리언은 심지어 가슴의 구멍을 채우기 위해 다른 사람들의 인정을 얻으려 애썼던 오랜 세월에 대해 슬픈 마음이 들기 시작했다. 자기연민 수행이 어려웠지만 멈추지 않고 계속했다. 그녀는 이러한 오래된 감정들이 드러나야 한다는 것을 알았고, 그러한 감정들을 만나기 위해 필요한 자원인 마음챙김과 자기연민을 배우고 있었다. 그리고 이제 다른 사람들에게 받고 싶었던 것을 스스로에게 줄 수 있게 되었다.

친구들과 가족들은 매리언에게 변화가 생겼다는 것을 알아차리기 시작했다. 그러한 변화는 처음에는 자신이 지쳤을 때 친구들과 시간을 보내지 않기로 결정하는 것같이 작은 것이었다. 또 매리언은 더 쉽게 잠들 수 있게 됐는데, 낮 시간 동안 자신이 한 실수를 추궁하지 않게 되었기 때문이다. 여전히 가끔은 직장에서 발표를 해야 하는데 아무 내용도 기억나지 않는 악몽을 꾸며 깨어났지만, 그럴 때는 그냥 손을 가슴에 얹고 자신을 위로하고는 바로 다시 잠들었다. 남편은 농담으로 매리언이 "위자료를 덜" 요구한다고 말했다. 8주간의 MSC 과정이 끝날 무렵, 매리언과 가족들은 매리언이 좀 더 행복한 사람이 되었다는 것에 동의했다. 무엇보다 가장 놀라운 것은 실수를 했다고 자신을 질책하는 것을 멈추고, 완벽해야 한다는 강박도 내려놓고, 자신을 있는 그대로 사랑하고 받아들이기 시작했다는 사실이다.

나는 얼마나 자기연민적인가?

자기연민으로 가는 길은 우리가 자기연민적인지 아닌지에 대한 객관적인 평가와 함께 시작합니다. 자기연민척도는 사람들이 자기친절 또는 엄격한 자기판단을 보이는 정도, 자신의 불완전함을 보편적 인간경험이라고 인식하는 감각을 가지고 있거나 또는 그로 인해 고립감을 느끼는 정도 그리고 자신의 고통에 대해 마음챙김하거나 과동일시하는 정도를 측정합니다. 대부분의 연구는 자기연민을 측정하고 삶의 질이 향상되는 정도를 가늠하기 위해 이 척도를 사용합니다. 당신이 얼마나 자기연민적인지 알아보기 위해 테스트를 할 수 있습니다.

이것은 간단형 자기연민척도의 수정판입니다. 만일 완전형 자기연민척도를 실시하고 그 결과를 알아보고 싶다면 www.self-compassion.org/test-how-self-compassionate-you-are를 방문하기 바랍니다.

다음 문항은 당신이 힘들 때 자신을 향해 어떻게 행동하는지에 대해 기술한 것입니다. 응답 전 각 문항을 주의 깊게 읽고, 당신이 얼마나 자주 그러한 방식으로 행동하는지 각 문항 왼쪽에 1에서 5 척도로 표시합니다.

다음 각 문항에 해당하는 번호를 적어 넣으세요.

거의 그렇지 않다				거의 항상 그렇다
1	2	3	4	5

_____ 나는 내 성격 중 내가 싫어하는 측면에 대해 이해하고 인내심을 가지려고 노력한다.

_____ 고통스러운 일이 일어날 때 나는 그 상황에 대해 균형 잡힌 시각을 갖고자 노력한다.

_____ 나는 나의 결점을 보편적인 인간 상태의 일부로 보려고 노력한다.

_____ 매우 힘든 시간을 보낼때 나는 나 자신을 돌보고 나에게 필요한 친절을 베푼다.

_____ 어떤 일로 화가 났을 때 나는 내 감정을 균형 있게 유지하려고 노력한다.

_____ 내가 어떤 면에서 부족하다고 느낄 때 그러한 부족감은 대부분의 사람들이 모두 느끼는 것임을 상기하고자 노력한다.

다음 문항들에 해당하는 번호를 적어 넣으세요. 양 끝점이 앞의 척도와 반대인 것에 유의하십시오.

거의 항상 그렇다				거의 그렇지 않다
1	2	3	4	5

_____ 중요한 일에 실패했을 때 부족감에 휩싸이게 된다.

_____ 기분이 울적할 때 다른 사람들은 나보다 더 행복할 거라고 느끼곤 한다.

_____ 중요한 일에 실패했을 때 혼자라고 느끼곤 한다.

_____ 기분이 울적할 때 잘못된 모든 것에 집착하며 헤어 나오지 못하곤 한다.

_____ 나는 내 결함과 부족함에 대해 못마땅해하고 비판적이다.

_____ 나는 내가 싫어하는 내 성격의 측면들에 대해 너그럽지 못하고 못견뎌한다.

채점 방법:

총점(12문항 합계) _____

평균 점수 = 총점/12 _____

자기연민의 전체 평균 점수는 1~5점 척도상에서 3.0 정도 되기 때문에 그에 따라 전체 점수를 해석할 수 있습니다. 대략적으로, 1~2.5 점은 낮은 수준의 자기연민을 나타내고, 2.5~3.5점은 보통 수준, 3.5~5.0점은 높은 수준의 자기연민을 의미합니다.

비추어 보기

만약 당신이 원하는 것보다 낮은 자기연민 점수를 받았다 해도 걱정하지 마십시오. 자기연민의 아름다운 점은 그것이 배울 수 있는 기술이라는 것입니다. 그러기 위해 시간을 내야만 하겠지만 결국에는 자기연민을 높일 수 있을 것입니다.

나를 사랑하기로 했습니다
마음챙김 자기연민 워크북

일상수행
자기연민 일지 쓰기

일주일 동안(원한다면 더 길게) 매일 자기연민 일지를 작성해봅니다. 일지 작성은 감정을 표현하는 효과적인 방법이며, 정신적, 육체적 만족도 모두를 증진시키는 것으로 밝혀졌습니다.

하루를 돌아볼 수 있는 저녁 시간에 조용히 그날 겪은 일들을 살펴봅니다. 일지에 기분이 나빴던 일, 그 때문에 자신을 평가했던 일 또는 당신을 고통스럽게 한 경험을 적어봅니다. 예를 들어, 당신은 레스토랑에서 종업원이 계산서를 가져오는 데 시간이 오래 걸렸기 때문에 화가 났을 수 있습니다. 당신은 무례한 말을 했고, 팁을 주지 않은 채 나와버렸습니다. 그후 당신은 부끄러운 마음과 당혹감을 느꼈습니다. 낮에 있었던 힘들었던 사건 하나하나에 대해 자기연민적인 방식으로 그 사건과 연결되도록 마음챙김을 하고, 보편적인 인간성에 대해 생각하며 자신을 친절하게 대해봅니다. 그 방법은 다음과 같습니다.

마음챙김

마음챙김이란 자기판단을 하거나 어려운 상황으로 인해 고통스러운 감정을 느낄 때 균형 잡힌 자각을 하는 것입니다. 슬프고, 부끄럽고, 두렵고, 스트레스를 받은 것 등 당신의 느낌을 적습니다. 글을 쓰면서 당신이 경험한 것을 약화시키거나 혹은 과도하게 극적으로 만들지 않도록 주의하고 판단하지 않도록 노력합니다. 예를 들어, "나는 그 종업원이 너무 느려서 불만스러웠고, 화가 나서 과민반응을 보였고, 그후 바보 같은 느낌이 들었다"와 같이 적습니다.

보편적 인간경험

당신이 경험한 일은 인간이 존재하는 방식의 일부임을 적어봅니다. 이것은 인간이 불완전한 존재이며, 모든 사람들이 이런 식으로 고통스러운 경험을 한다는 것을 인정하는 과정입니다. "누구나 때때로 과민반응을 한다. 그것이 인간이다." "내가 경험한 일은 사람들이 그와 같은 상황에서 보편적으로 어떻게 느낄 수 있는가를 보여주는 것이다." 또한 당신은 고통스러운 사건 아래 깔린 독특한 원인과 상황에 대해 생각해보고 싶을 것입니다. "내 좌절감은 내가 병원 예약 시간에 30분이나 늦었고 그날 교통체증이 심했기 때문에 더 가중되었다. 상황이 달랐더라면 내 반응도 달랐을 것이다."

자기친절

당신이 좋아하는 친구에게 쓰는 말처럼, 당신 자신에게 친절하고 사려 깊은 말을 써봅니다. 당신이 자신의 행복과 만족에 마음을 기울이면서 부드럽고 안심시키는 어조를 사용하고 있다는 것을 당신 자신이 알게 합니다. "괜찮아. 실수를 하긴 했지만 그것으로 세상이 끝난 건 아니야. 나는 네가 너무 좌절한 나머지, 그 순간 참지 못한 것을 이해해. 이번 주에는 어떤 종업원을 만나든 더 인내심을 갖고 관대하게 대할 수 있을 거야."

비추어 보기

최소 일주일 동안 자기연민 일지를 작성한 후 내면의 대화에 변화가 있는지 살펴봅니다. 스스로에게 좀 더 자기연민적인 방식으로 글을 쓰는 것이 어떻게 느껴졌나요? 그것이 어려움에 대처하는 데 도움이 되었나요?

자기연민 일지를 쓰는 것은 수행을 지원하는 데 도움이 되는 훌륭한 방법이지만, 어떤 사람들에게는 성가신 일일 수도 있습니다. 일주일 정도 시도해볼 만한 가치가 있지만, 만약 일지 작성이 당신에게 맞지 않는다면 글쓰기를 건너뛸 수도 있습니다. 중요한 것은 우리가 자기연민의 세 단계, 즉 우리의 고통에 대한 마음챙김, 불완전함이란 인간 경험의 일부라는 것을 기억하는 것, 힘든 상황에 처해 있기 때문에 우리 자신에게 친절하게 대하고 자신을 지지하는 것입니다.

자기비난의 생리학과 자기연민

The Physiology of Self-Criticism and Self-Compassion

● ● ●

자기연민을 포함하여 연민은 포유류의 돌봄체계와 연결되어 있다. 우리가 부적
절감을 느낄 때 연민적으로 우리 자신을 대하면 어린아이가 따뜻한 품에 안겨
있는 것같이 안전하고 돌봄을 받는 느낌을 갖게 만든다.

자기연민초점치료(compassion-focused therapy, CFT)를 창안한 폴 길버트에 따르면, 자신을 비난할 때 우리는 파충류두뇌라고도 일컬어지는 신체의 위협방어체계를 가동시킨다. 우리가 감지한 위험에 대응할 수 있는 많은 방법 중에서 위협방어체계는 가장 빠르고 쉽게 촉발된다. 이것은 뭔가 잘못되었을 때 종종 자기비난을 하는 것이 우리의 첫 번째 반응이라는 것을 의미한다.

위협방어체계는 위협을 감지했을 때 두뇌에서 위험을 감지하는 편도체가 활성화되면서 코티졸과 아드레날린을 분비하고, 싸우거나 도망치거나 얼어붙을 준비를 하도록 진화해왔다. 이 시스템은 물리적 신체가 위협을 당할 때 자신을 보호하는 데는 효과적이다. 하지만 오늘날 우리가 겪는 대부분의 위협은 우리가 가진 자기 이미지나 자기개념에 대한 도전이다.

> 부적절감을 느낄 때, 우리의 자기개념이 위협을 받게 되고, 그 결과 우리는 자신을 문제로 보고 공격하게 된다!

위협을 느끼면 몸과 마음에 스트레스가 생기며, 만성적인 스트레스는 불안과 우울증으로 이어질 수 있다. 습관적인 자기비난이 정서적, 신체적 건강에 매우 나쁜 이유가 그 때문이다. 자기비난을 하는 우리는 공격자인 동시에 공격을 당하는 자가 된다.

다행히도 우리는 파충류가 아니라 포유류다. 포유류의 아기는 매우 미성숙하게 태어나서 환경에 적응하기 위해 긴 발달 기간을 거친다. 이 취약한 기간 동안 유아들을 안전하게 지키기 위해 부모가 자식들과 가까이 있게 만드는 포유류 돌봄체계가 진화했다.

돌봄체계가 활성화되면 옥시토신(사랑의 호르몬)과 엔돌핀(좋은 느낌의 자연적인 아편)이 분비되는데, 스트레스를 줄이고 안정감을 높이는 데 도움이 된다. 돌봄체계를 활성화시키는 두 가지 방법은 부드러운 접촉과 온화한 목소리다(새끼고양이를 핥고 기분 좋은 소리를 내는 어미고양이를 떠올려보라).

자기연민을 포함하여 연민은 포유류의 돌봄체계와 연결되어 있다. 우리가 부적절감을 느낄 때 연민적으로 우리 자신을 대하면 어린아이가 따뜻한 품에 안겨 있는 것같이 안전하고 돌봄을 받는 느낌을 갖게 된다.

> 우리가 안전하지 못하다고 느낄 때 자신에게 연민을 베푸는 것은 부모에게 위안을 얻는 것과 동일하다.

자기연민은 위협반응을 제어하는 데도 도움이 된다. 자기개념이 위협을 당함으로써 스트레스 반응(투쟁-도피-얼어붙음)이 촉발될 때 우리는 위험한 세 가지 반응으로 우리 자신을 부추길 가능성이 크다. 우리는 자신과 싸우고(자기비난), 다른 사람들에게서 도망치거나(고립) 또는 얼어붙는다(반추). 이 세 가지 반응은 자기연민의 세 가지 요소, 즉 자기친절, 보편적 인간경험 그리고 마음챙김과 정확히 반대되는 것이다. 다음 표는 스트레스 반응과 자기연민의 관계를 보여준다.

스트레스 반응	내적인 스트레스 반응	자기연민
투쟁	자기비난	자기친절
회피	고립	보편적 인간경험
얼어붙음	반추	마음챙김

자기연민 수행을 할 때 우리는 위협방어체계를 비활성화하고, 돌봄체계를 활성화한다. 한 연구에서는 참가자들에게 연민을 받고 있다고 상상하면서 그들의 몸 안에서 그것을 느껴보라고 요청했다. 매 순간 그들은 "자신을 엄청난 연민을 받고 있는 사람처럼 느끼도록 하라. 당신을 위해 존재하는 애정어린 친절을 느낄 수 있도록 자신을 허용하라"와 같은 말을 들었다. 이러한 지시를 받아 심상화 작업을 한 참가자는 대조군보다 코티솔 수치가 더 낮은 것으로 밝혀졌다. 또한 참가자들은 심박수도 증가했다. 사람들은 더 안전하게 느낄수록 더 개방적이고 유연하게 환경을 받아들이게 된다. 그 결과 자극에 반응하는 동안 심박수에도 영향을 미친다. 자신에게 연민심을 갖게 되었을 때 참가자들의 심장은 덜 방어적이 되었다.

토머스는 교회에서 봉사를 하고, 항상 다른 사람들에게 도움을 주는 선량하고 양심적인 사람이지만 동시에 가차 없는 자기비평가였다. 그는 자신이 충분한 성공을 거둔 것도 아니고, 과히 똑똑하지도 못하며, 베푸는 것도 충분하지 못하다며 자신의 거의 모든 것에 대해 비난을 했다. 토머스는 마음에 들지 않는 일을 할 때마다 스스로를 모욕했다. "왕재수. 바보. 실패자." 끊임없는 자기비난이 그를 지치게 했고, 우울하게 만들었다.

자기비난이 위협을 느끼는 것과 관련이 있다는 것을 배운 후 토머스는 자신을 그토록 비판적으로 만든 두려움의 원인이 무엇인지 궁금했다. 곰곰이 생각해본 결과, 자신이 거절당할까 봐 두려워했다는 사실이 분명해졌다. 어렸을 때 토머스는 학습 차이 때문에 심한 괴롭힘을 당했고, 사람들 사이에서 자신이 잘 어울린다고 느껴본 적이 없었다. 그가 스스로를 괴롭히고 공격하면, 다른 사람들이 자기를 받아들이는 동시에 그가 그러한 자기평가로 인해 왠지 기적적으로 자신이 더 잘하도록 동기부여를 얻게 될 것이라고 믿었다. 그러나 그러한 자기비난은 통하지 않았고, 그를 우울하게 만들었을 뿐이다.

또한 토머스는 돌봄체계를 활성화함으로써 자신이 안전하다고 느낄 수 있다는 것을 배웠다. 친근하게 공감하는 방식으로 자신에게 말하기 같은 간단한 것들이었다. 그는 그것을 실천했다. 수없이 많은 모욕적인 말이 튀어나오려 할 때마다 그는 "나는 네가 두려움을 느끼고서 자신을 보호하려고 노력하는 것으로 보여"라고 스스로에게 말하면서 하던 말을 멈추었다. 드디어 그는 "괜찮아. 완전하지는 않지만 너는 최선을 다하고 있어"와 같은 말들을 덧붙이기 시작했다. 비록 자기비난의 습관은 여전히 강했지만, 그것이 어디에서 왔는지 이해함으로써 그는 그것에 휘말리지 않게 되었고, 시간이 흐르면서 친절과 수용으로 자신을 대하는 방법을 배울 수 있었다.

일상수행
위로의 손길

처음에는 다소 '오글거리는' 것처럼 느껴질 수도 있지만, 이것은 자기연민 반응을 촉발하기 위해 신체적 접촉의 힘을 이용하는 유용한 방법입니다. 한 손 또는 두 손을 따뜻하고 다정하며 부드럽게 우리 몸 위에 올려놓음으로서 우리 자신을 안전하고 편안하게 느끼게 할 수 있습니다. 여러 가지 신체적 동작들은 사람에 따라 각기 다른 정서반응을 불러일으킵니다. 따라서 스트레스를 받을 때마다 자신을 돌볼 수 있고 진정으로 지지받는 느낌을 받을 수 있는 적절한 접촉 방법을 찾아야 합니다.

> 내가 안전하고 편안함을 느끼려면 어떤 손길이 필요할까?

누군가 당신을 쳐다볼까 봐 걱정할 필요 없는 사적인 공간을 찾습니다. 다음은 사람들이 신체 접촉으로 스스로를 위로하는 여러 가지 방법입니다. 하나하나 시도해보고, 자신에게 맞는지 편안하게 실험해보십시오. 자신에게 가장 잘 맞는 느낌에 집중할 수 있도록 눈을 감고 탐구해볼 수도 있습니다.

◇ 한 손을 가슴 위에 올려놓기

◇ 두 손을 가슴 위에 올려놓기

◇ 부드럽게 가슴을 토닥거리기

◇ 한 손을 주먹 쥐어 가슴 위에 올려놓고 다른 손으로 감싸기

◇ 한 손은 가슴 위에, 다른 손은 배 위에 올려놓기

◇ 두 손을 배 위에 올려놓기

◇ 한 손을 뺨에 대기

◇ 두 손으로 얼굴을 부드럽게 감싸기

◇ 두 팔을 부드럽게 토닥거리기

◇ 두 팔을 교차하여 자신을 부드럽게 안아주기

◇ 한 손으로 다른 손을 부드럽게 잡기

◇ 두 손을 포개어 무릎에 놓기

모든 사람이 각기 다르기 때문에 정말로 위로가 되는 접촉 방식을 찾을 때까지 탐구를 계속해봅니다.

비추어 보기

이 실습은 당신에게 어땠는지요? 당신에게 위로와 지지를 느끼게 하는 동작이 있었습니까?

만약 당신이 자신에게 도움이 되는 신체적 접촉을 발견했다면 일상생활에서 스트레스나 정서적인 아픔을 느낄 때마다 이 동작을 해보십시오. 당신의 몸이 돌봄을 받고 있고 안전하다고 느끼게 되면서, 당신은 좀 더 쉽게 당신의 마음과 가슴을

따를 수 있게 될 것입니다.

자신에게 위로의 손길을 줄 때 때때로 어색하거나 불편할 수도 있습니다. 8장에서 더 자세하게 논의하게 될 개념인, '역류'가 종종 발생합니다. 자신에게 친절을 베풀 때 우리가 스스로를 친절하게 대하지 않았을 때를 떠올리는 것과 같이, 오래된 고통이 떠오르는 것이 역류입니다. 이것이 위로의 손길이 위로로 느껴지지 않는 이유입니다. 만약 그런 일이 일어난다면, 당신은 개나 고양이를 쓰다듬거나 베개를 껴안는 것과 같이 따뜻하고 부드러운 외부 물체를 만질 수도 있습니다. 아니면 가슴을 가볍게 두드리거나 주먹으로 치는 것과 같이 더 강한 동작이 더 좋은 느낌을 줄 수도 있습니다. 요점은 자신의 욕구를 충족시키는 방식으로 돌봄과 친절을 표현하는 것입니다.

일상수행
자기연민 브레이크

본 수행은 삶에서 어려움이 생겼을 때 자기연민의 세 가지 핵심 요소, 즉 마음챙김, 보편적 인간경험, 친절을 우리 자신에게 베풀도록 상기하는 데 도움이 되는 방법입니다. 또한 우리가 안전하고 보살핌을 받고 있다고 느낄 수 있도록 위로하는 손길의 힘을 이용하는 것입니다. 당신은 개인적으로 자신에게 효과적인 언어, 즉 그것이 말이 되는 것인지에 대해 내적인 논쟁을 하고 싶지 않은 언어를 발견하는 것이 중요합니다. 예를 들어, 어떤 사람들은 고통이라는 단어보다 투쟁이라는 단어를 선호하고, 친절이라는 단어보다 지지 또는 보호라는 단어를 선호합니다. 몇 가지 다른 변형들을 시도해본 후 당신에게 잘 맞는 언어로 실습하기 바랍니다.

이 지시문을 읽은 후에, 당신이 더 깊은 내면으로 들어갈 수 있도록 눈을 감고 시도해볼 수 있습니다. 또한 이 수행에 대해 안내하는 녹음 자료를 온라인에서 찾을 수도 있습니다(녹음파일은 www.ikmp.org에 올려질 예정입니다.).

■ 자신의 삶에서 건강 문제, 관계 문제, 직장 문제 또는 다른 스트레스를 선택해 떠

올려봅니다. 우리는 자기연민이라는 자원을 점진적으로 구축할 것이기 때문에 너무 힘겨운 문제가 아니라 가벼운 것에서부터 중간 정도 수준의 문제를 선택하기 바랍니다.

■ 그 상황을 마음의 눈으로 분명하게 떠올려봅니다. 어디서 일어난 일인지, 누가 누구에게 무슨 말을 하고 있는지, 무슨 일이 일어나고 있는지, 무슨 일이 일어날 것인지 떠올립니다. 이런 어려움을 마음으로 가져올 때, 당신의 몸에서 불편함을 느낄 수 있습니까? 만일 그렇지 않다면 약간 더 힘든 문제를 선택합니다.

■ 당신 자신에게 이렇게 말합니다. "이것은 고통의 순간이다."

 ○ 그것이 마음챙김입니다. 어쩌면 다른 단어로 말하는 것이 당신에게 더 좋을 수도 있습니다. 그 외에 가능한 선택은:

  • 아프다.

  • 아야!

  • 이건 스트레스야.

■ 이제, 당신 자신에게 이렇게 말합니다. "고통은 삶의 일부다."

 ○ 그것이 보편적 인간경험입니다. 그 외에 가능한 선택은:

  • 나는 혼자가 아니야.

  • 누구나 나처럼 이런 고통을 경험해.

  • 다른 사람들도 이런 식으로 고군분투하면서 이런 감정을 느껴.

■ 이제, 앞의 실습에서 당신이 발견한 위로의 손길을 자신에게 내밉니다.

■ 그리고 당신 자신에게 말합니다. "내가 나 자신에게 친절하기를." "내가 필요로 하는 것을 나 자신에게 줄 수 있기를."

아마도 이 힘든 상황에서 지금 당장 당신이 들어야 하는, 친절과 지지를 담은 특별한 말이 있을 것입니다. 그 외에 가능한 선택은:

 ○ 내가 나를 있는 그대로 받아들일 수 있기를.

 ○ 내가 나를 있는 그대로 받아들이기 시작하기를.

○ 내가 나 자신을 용서하기를.

○ 내가 강해지기를.

○ 내가 인내할 수 있기를.

■ 만일 적절한 말을 찾기 어렵다면, 소중한 친구나 사랑하는 사람이 당신과 똑같은 어려움을 겪고 있다고 상상해봅니다. 그 사람에게 당신은 어떤 말을 할까요? 당신은 진심을 다해 그 친구에게 어떤 메시지를 전하고 싶은가요? 이제 똑같은 메시지를 당신 자신에게 전해줄 수 있는지 살펴봅니다.

비추어 보기

이 실습이 당신에게 어떤 경험이었는지 잠시 살펴봅니다. 첫 번째 구절인, "이것은 고통의 순간이다"라고 하면서 마음챙김을 한 후 당신은 무엇인가를 알아차렸습니까? 어떤 변화가 있었습니까?

보편적 인간경험을 상기시키는 두 번째 구절이나, 자기친절로 안내하는 세 번째 구절은 어땠습니까? 친구에게 하고 싶은 친절한 말을 찾을 수 있었는지, 만약 그렇다면 자신에게 같은 말을 하는 것은 어땠는지요? 쉽거나 혹은 더 어려웠습니까?

때로는 개인적으로 효과가 있고 진정성을 느낄 수 있는 언어를 찾는 데 다소 시간이 걸립니다. 천천히 배우도록 자신을 허용하십시오. 결국 당신은 적합한 말을 찾게 될 것입니다.

자기연민 브레이크는 일종의 짧은 명상처럼 천천히 할 수도 있고, 일상생활 속에서 어려움과 마주쳤을 때 3부에서처럼 만트라(명상주문)로 사용할 수도 있습니다.

일상수행

연민어린 움직임

이 일상수행은 당신에게 스트레칭 휴식이 필요할 때마다 언제든지 사용할 수 있습니다. 눈을 뜨거나 감고서 할 수 있습니다. 주요 아이디어는 내면에서부터 밖으로 연민어리게 움직이는 것이지만, 반드시 정해진 방법으로만 해야 하는 것은 아닙니다.

닻 내리기

- 일어서서 바닥에 닿아 있는 발바닥을 느껴봅니다. 앞뒤로 그리고 좌우로 살짝 흔들어봅니다. 발바닥 감각의 변화를 느끼면서 무릎으로 작은 원을 그립니다. 당신의 자각을 발에 고정시킵니다.

개방하기

- 이제 자각의 장을 개방하여 편안한 부위뿐 아니라 긴장된 부위를 알아차리며 온몸을 훑어봅니다.

연민으로 반응하기

- 이제 잠시 동안 불편한 부위에 집중합니다.
  - 자신에게 연민을 베풀면서 서서히 당신이 정말 기분 좋게 느끼는 방식으로 몸을 움직이기 시작합니다. 예를 들어, 어깨를 부드럽게 비틀고, 머리를 돌리고, 허리를 비틀고, 앞으로 구부리는 식으로 당신에게 적절하게 느껴지는 자세라면 무엇이든 가능합니다.
  - 당신의 몸이 이끄는 대로, 당신의 몸에 필요한 움직임을 줍니다.
  - 때때로 우리 몸은 우리를 실망시키기도 하고 모습이나 느낌, 움직임 때문에 우리를 행복하지 않게 만듭니다. 만일 당신이 그런 경우라면, 잠시 당신 자신 그리고 당신의 부드러운 마음과 함께합니다. 당신의 몸은 최선을 다하고 있습니다. 지금 당장 당신에겐 무엇이 필요할까요?

고요함으로 돌아오기

- 마지막으로 고요함으로 돌아옵니다. 다시 서서 어떤 변화가 있는지 주목하면서

온몸을 느껴봅니다.

- 이 순간 있는 그대로의 당신 자신을 허용합니다.

비추어 보기

잠시 시간을 내어 이 실습이 당신에게 어땠는지 되돌아보기 바랍니다. 불편함에 대해 의도적으로 보살피는 반응을 하면서 스트레칭을 하는 것이 다르게 느껴졌습니까? 당신의 몸이 필요로 하는 것을 따라 움직이는 방식을 발견할 수 있었습니까?

이 실습은 하루 종일 여러 번 할 수 있습니다. 당신의 몸 어느 부위가 긴장을 하고 있는지 주의를 기울이고 돌보는 방식으로 반응하려는 의도가 스트레칭 후 당신의 몸이 더 좋게 느끼는지 아닌지보다 더 중요합니다. 우리는 종종 우리 몸이 괴로울 때 보내는 미세한 신호를 무시하는데, 우리에게 필요한 것을 확인하고 우리 자신에게 의도적으로 베푸는 습관을 들이는 것은 더 건강하고 더 지지적인 '자기 대 자기 관계'를 발전시키는 데 크게 도움이 됩니다.

5

자기연민의 음과 양

The Yin and Yang of Self-Compassion

● ● ●

자기연민적인 보살핌은 가끔 어려운 감정을 위로하고 그 감정에 부드럽게 마음을 기울이는 형태를 취하고(위로하기), 때로는 엄중 하게 "안 돼!"라고 말하며 위험으로부터 돌아서는(보호하기) 형태를 취한다. 때로는 온기와 부드러움을 담아 괜찮다는 것을 우리 몸이 알게 하기(부드럽게 하기)도 하고, 때로는 우리에게 필요한 것을 알아내고 그것을 자신에게 주기(제공하기)도 한다.

얼핏 보기에 연민은 단지 위로하고 진정시키는 것하고만 관련된 부드러운 자질로 보일지도 모른다. 또한 타인에 대한 연민은 양육, 특히 아이를 돌보는 것의 한부분이기 때문에, 우리는 그것을 반사적으로 전통적인 여성적 성 역할 규범과 연관시킬 수도 있다. 이것은 자기연민이 우리 모두를 위한 것이 아니라는 것을 의미하는가? 스스로 질문해보라. 실내에 갇혀 있는 사람을 구하기 위해 불타는 건물로 들어가는 것이나, 가족을 위해 오랜 시간 일하는 것, 즉 더 남성적이고 행동지향적인 성 역할 규범과 관련이 있으면서 부드러운 것으로 특징짓기 어려운 행동들은 덜 연민적인 것일까? 우리는 우리가 가진 문화적 이해의 폭을 넓혀 연민과 자기연민에 대해 이해해야 한다.

자기연민에 작용하는 특성을 탐구해보면, 모든 사람이 여성성과 남성성을 모두 가진 것처럼 자기 연민과 관련 있는 특성에서도 여성성과 남성성을 모두 발견할 수 있다. 중국 전통철학에서 이러한 이중성은 음과 양으로 표현된다. 음과 양은 여성–남성, 어둠–빛, 수동성–능동성과 같이 겉보기에는 반대되는 모든 속성들이 상호보완적이고 상호의존적이라는 가정에 근거한다. 이는 여성 또는 남성으로 구분되는 사람들이 조화를 이루기 위해서는 반대의 성질이 필요함을 의미한다. 그러한 의미로 음과 양의 기호 각 면 안에는 반대 색상의 점이 포함되어 있다.

- 자기연민의 음은 위로하고, 부드럽게 하고, 받아들이는 연민어린 방법으로 자신과 '함께하는' 속성을 포함한다.
- 자기연민의 양은 '이 세상에서 행동'하는 것, 즉 자신을 보호하고, 자신에게 동기부여를 하는 것이다.

    모니크는 자기연민에 대해 확신하지 않았다. 그녀는 거친 환경에서 자랐고, 자신이 어떻게 어린 나이에 담력을 키우고 세상 물정에 밝게 자랐는지 자랑스럽게 말하곤 했다. 그녀는 도전에 직면할 때마다 주저하지 않고 맞서곤 했다. 또한 최근 다발성 경화증 진단을 받았는데, 평소에 자신이 문제를 해결해오던 방법은 별 도움이 되지 않았다. 가족, 친구들 그리고 심지어 의사들까지도 그녀가 자신의 병 때문에 그리고 그로 인해 휴식과 이완이 필요하다고 처방받은 사실 때문에 취약함과 두려움을 느낄 때마다 그녀가 쏟아내는 독설을 견뎌야만 했다. 그러한 광적인 활동은 모니크가 자신의 감정과 마주하는 것을 막아주었지만, 그것은 사실 자기연민에 대한 애처로운 방어였다. 자신에게 온정적이고 친절하라는 자기연민적인 생각은, 자신을 엄격하고 금욕적이라고 생각하는 모니크에게 저주나 다름이 없었다.

    사비에르는 정반대였다. 그의 어린 시절도 편치 않았다. 의붓아버지는 항상 어머니에게 소리를 질러댔는데 그럴 때마다 그는 폭풍이 지나갈 때까지 가능한 한 조용히 있으면서 책 속으로 피신하곤 했다. 사비에르는 대립은 상황만 더 악화시킬 뿐이라는 것을 깨달았다. 그는 20대 초반이었고, 대학 공부는 뒷전이었다. 그는 우선 어머니와 같이 사는 지하실에서 빠져나올 수 있을 정도의 돈을 버는 것에서부터 시작해서 자신의 삶을 꾸려나가야 했다. 하지만 사비에르는 자신이 그렇게 할 수 있을지 확신하지 못했다. 그는 일단 집 밖으로 나가기 위해 병원에서 환자이동요원 일자리를 구했지만 몹시 불만족스러웠다. 사비에르는 자신을 믿어주고 그가 할 수 있는 것을 성취하도록 격려해줄 누군가가 필요했다.

MSC는 각 개인에 따라 어떤 방법이 가장 효과적인지 찾아내기 위해 탐색할 수 있는 매우 다양한 수행과 실습을 보유하고 있다. 대부분 양면을 모두 갖고 있지만, 어떤 수행방법들은 '음'의 범주에, 어떤 것은 '양'의 범주에 더 잘 들어맞는다. 아래 표에는 일반적으로 자기연민의 음 또는 양의 속성에 부합하는, 이 책 안에 담긴 수행방법들이 예시되어 있다. 물론 이런 속성들 자체가 상호작용하며 상호의존적이다. 예를 들어, 우리가 우리의 욕구를 인정해줄때 우리는 종종 우리 삶에서 그것들을 충족시킬 동기를 찾고자 한다.

자기연민의 음과 양 배양하기

	특징	수행방법
음	위로하기	자기연민 브레이크 (4장)
		일상생활에서의 자기연민 (8장)
		우리 자신을 위한 자애명상 (10장)
	부드럽게 하기	위로의 손길 (4장)
		애정어린 호흡명상 (6장)
		부드럽게 하기-위로하기-허용하기 (16장)
	인정해주기	연민어린 혼란에 머물기 (13장)
		감정에 꼬리표 붙이기 (16장)
		자기감사 (23장)

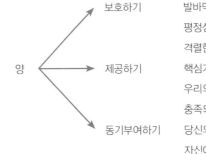

	보호하기	발바닥 느끼기 (8장)
		평정심과 함께하는 연민 (19장)
		격렬한 연민(20장)
양	제공하기	핵심가치 발견하기 (14장)
		우리의 정서적 욕구 충족하기 (18장)
		충족되지 않은 욕구와 만나기 (20장)
	동기부여하기	당신의 연민 목소리 발견하기 (11장)
		자신에게 보내는 연민어린 편지 (11장)
		서원과 함께 살아가기 (14장)

　　여기에 있는 수행은 공통점이 있는데 모두 친절하고 배려하는 태도다. 자기연민적인 보살핌은 어려운 감정을 위로하고 그 감정에 부드럽게 마음을 기울이는 형태를 취하기도 하고(위로하기), 때로는 엄중하게 "안 돼!"라고 말하며 위험으로부터 돌아서는(보호하기) 형태를 취하기도 한다. 때로는 온기와 부드러움을 담아 괜찮다는 것을 우리 몸이 알게 하기(부드럽게 하기)도 하고, 때로는 우리에게 필요한 것을 알아내고 그것을 자신에게 주기(제공하기)도 한다. 자기연민은 무엇인가에 대해 수용하고 개방적이 되기(받아들임)를 요구하기도 하고, 우리가 그것에 뛰어들어서 무엇인가를 해야 한다고(동기부여) 요구하기도 한다.

　　모니크는 자신의 안전과 행복을 지키기 위한 힘, 실행력, 결정력 같은 '양'적인 자질에 능숙했다. 그녀는 자신을 보호하는 방법을 알고 있었다. 그러나 상대적으로 '음', 즉 좀 더 수용적인 면은 발달하지 않았는데, 아마도 어렸을 때 '무엇'인가를 받아들이는 것이 안전하지 않았기 때문일 것이다. 이러한 모니크에게 내려진 마음챙김-자기연민적 진단은 자신을 이겨내기 위해 새로운 기술을 배워야 함을 의미했다. 모니크의 친구는

나를 사랑하기로 했습니다
마음챙김 자기연민 워크북

모니크에게 자기연민 브레이크(4장)에 대해 알려주었는데, 그것은 자기연민이 가진 각기 다른 요소들의 조합으로, 특히 모니크가 자신의 상황을 받아들이기('마음챙김-자기연민 진단을 받아들이는 것이 너무 두렵다'), 자신이 혼자가 아니라는 것을 깨닫기('큰 병을 앓는 것은 대부분의 사람을 약하고 외롭게 만든다'), 그러고 나서 '괜찮아질 거야. 하루에 하나씩만 해보자'라고 자신에게 위로의 말을 해주기에 관한 것이었다. 자기연민 브레이크는 모니크에게 자기연민으로 가는 문을 열어주었다. 어렸을 때부터 취약했던 초기 관계에서 오는 고통으로 인해 자기연민으로 가는 길은 쉽지 않았지만, 모니크는 용감했으므로 희망이 있었다. 모니크는 자신의 상태를 받아들여야 했기 때문에 불가능할 것만 같았던 수용과 함께 내면의 평화를 경험하기 시작했다.

한편, 사비에르는 추진력은 별로 없었지만 부드러운 마음씨를 갖고 있었다. 그의 추진력은 항상 막말을 하는 의붓아버지 때문에 짓눌렸고, 그는 그림자처럼 지내면서 갈등을 피하는 데 능숙해졌지만, 이제 세상으로 나오는 발을 딛기 위해 힘과 용기가 필요했다. 아주 우연히 사비에르는 병원에서 의료 종사자를 위한 단기 자기연민 훈련에 관한 전단지를 보았다. 이 과정에서 사비에르는 집에서 눈에 띄지 않게 머물면서 안전하게 지내라고 말했던 그 내면의 목소리가 이제 밖으로 나오라고 말하는 것을 듣게 되었다. 사비에르에게 가장 좋은 자기연민 수행은, 그가 비슷한 상황에 처한 소중한 친구에게 쓸 수 있는 것과 똑같이, 친절을 담아 자신에게 동기를 부여하는 연민어린 편지를 쓰는 것(11장)이었다. 그는 어떤 도전을 마주하든 그것에 초점을 맞춰서 자신에게 매주 한 통씩 편지를 썼다. 조금씩 새로운 목소리가 사비에르의 내면에서 울려 퍼졌고, 옆에서는 내면의 코치가 그를 응원했다. 시간이 흐르면서 사비에르는 자신이 의미 있는 삶을 살기 위해 필요한 것, 즉 그의 핵심 가치를 주장할 수 있었고, 삶에서 그것들을 실현하기 위해 실제적인 조치를 취했다.

지금 나는 어떤 측면의 자기연민이 필요한가?

자기연민은 아마도 당신이 원래 생각했던 것보다 더 많은 측면들을 가지고 있을
것입니다. 자기연민의 음과 양의 속성들을 아래에 열거했습니다. 그것들을 살펴보
고, 당신은 지금 어떤 속성이 필요한지 생각해봅니다. 이 실습은 당신이 이 책을
살펴보는 과정에서 자기연민이 얼마나 도움이 될 수 있을지 이해하는 데 도움이
될 것입니다.

음

- 위로하기 위로하기는 우리가 고군분투하는 소중한 친구를 위해 할 수 있는 어
  떤 일입니다. 특히 자기연민은 감정적 필요를 지지함으로써, 고통받는 사람이
  더 나은 기분을 느끼도록 돕는 것입니다. 이것이 지금 당신에게 필요한 것인가
  요? 마음이 상했을 때 자신에게 위안을 주는 방법을 배우는 것이 당신에게 도
  움이 될까요?

- 부드럽게 하기 부드럽게 하기 또한 기분을 나아지게 하는 방법이고, 특히 이 방
  법은 신체적으로 더 평온한 감정을 느끼도록 돕습니다. 당신에게 부드럽게 하기
  가 필요한가요? 당신은 더 편안하고 이완된 몸 상태를 느끼고 싶은가요?

- 인정해주기 또한 우리는 모니크가 겪은 일을 명확하게 이해하고 그것에 대해 친절하고 부드러운 방식으로 말함으로써, 한 사람의 기분이 나아지도록 도울 수 있습니다. 당신은 외롭다고 느끼거나 오해받고 있다는 느끼고 있기 때문에 이런 식의 인정이 필요한가요? 당신은 자신의 감정에 대해 인정해주는 것을 배우는 것이 도움이 될 것이라고 생각하나요?

양

- 보호하기 자기연민을 향한 첫걸음은 해로움으로부터 안전을 느끼는 것입니다. 보호하기는 우리에게 해를 입히는 다른 사람들 또는 우리가 종종 무의식적으로 스스로에게 가하는 해로움을 거부하는 것입니다. 당신이 해를 입게 되는 방식에는 어떤 것이 있나요? 그리고 당신은 그것을 막을 내적인 힘을 발견하고 싶은가요?

- 제공하기 제공하기는 우리에게 정말 필요한 것을 우리 자신에게 주는 것입니다. 우선 우리에게 필요한 것을 알아야 하고, 그 다음으로 욕구를 충족시켜주는 것을 받을 만한 자격이 우리에게 있다는 확신이 필요하며, 그리고 나서 우리의 필요를 충족시키기 위해 계속 노력해야 합니다. 우리를 위해 이것을 대신 해줄 수 있는 사람은 아무도 없습니다. 오직 우리 자신만이 스스로를 위해 할 수 있습니다. 당신은 당신 자신의 필요를 효과적으로 제공하는 방법에 대해 배우기를 원하나요?

- 동기부여 우리 대부분은 이번 생애에서 이루고 싶은 꿈과 포부가 있습니다. 또한 좀 더 작고 단기적인 목표도 있습니다. 자기연민은 가혹한 비평이 아니라 좋은 코치처럼 친절, 지지, 이해로 동기부여를 합니다. 당신은 두려움 대신 사랑으로 당신에게 동기를 부여하는 방법에 대해 배우는 것이 도움이 될 것이라고 생각하나요?

_____

_____

비추어 보기

"지금 나는 무엇이 필요한가"라는 질문은 이 책을 따라 작업하는 동안 계속해서 당신의 마음에서 일어날 것입니다. 비록 그때 당신이 답을 발견하지 못하거나 당신에게 필요한 것을 충족시킬 능력이 없을지라도, 단순히 그런 질문을 던지는 것만으로도 당신은 자신에게 자기연민을 제공하는 것입니다.

마음챙김

Mindfulness

● ● ●

마음챙김은 단순한 기술이다. 왜냐하면 그것은 무엇이 일어나는 동안 단지 일어
나고 있는 것이 무엇인지 알아차리면 되기 때문이다. 예를 들어, 당신의 감각의
문을 통해 하나씩 들어오는 것이 무엇인지에 집중하는 시간을 갖는 것이다.

마음챙김은 자기연민의 기초다. 우리가 겪는 고통에 대해 친절로 반응하려면 우선 고통의 드라마에서 벗어나 마음챙김으로 방향을 바꿔야 한다. 마음챙김은 "현재 순간의 경험에 대한 수용적인 알아차림"으로 정의될 수 있다. 그러나 마음챙김에는 언어 이전의 알아차림이 포함되기 때문에, 어떤 정의도 마음챙김의 본질을 적절하게 포착하지 못한다. 다시 말해서, 마음챙김을 할 때 우리는 생각의 렌즈를 거치지 않고 세상을 직접 경험하는 것이다.

> 우리가 우리자신의 고통을 마음챙김으로 향하기 전에는 우리의 고통에 대해 연민으로 반응할 수 없다.

생각은 표상이다. 즉, 현실 그 자체가 아니라 현실을 나타내는 상징이다. 당신은 사과라는 단어의 냄새를 맡거나, 맛보거나, 먹을 수 없다. 생각의 수준 아래로 내려가 경험과 직접 접촉할 때, 우리는 끊임없이 변화하는 현실의 본질과 접촉할 수 있다. 우리는 우리가 생각하는 현실이 어떠해야만 한다는 고정관념을 버리고, 있는 그대로에 대해 개방할 수 있다. 이것은 우리가 고통 중에 있을 때, 현재 일어나고 있는 일에 대한 이야기를 놓아버리고 용기와 현존으로 단순히 그 고통과 함께 '머무르는' 것을 의미한다.

테렐은 손을 들었고, 집에서 명상수행을 할 때 자신에게 있었던 일에 대해 이야기했다. "최근 우리 고양이를 안락사시켜야 했는데 가슴이 무너졌어요. 내 파트너인 라마와 나는 12년 전에 그 고양이를 얻었고, 그

애는 우리의 사랑하는 아이나 다름이 없었어요. 동물병원에서 돌아온 후 나는 충격에 휩싸여 있었지만, 고통을 인정하고 내 몸속에서 어떤 일이 일어나고 있는지 알아차리려고 노력하라는 지시가 생각났어요. 저 자신에게 '지금 이 상황은 너무 힘들어'라고 말했어요. 마치 발로 걷어차인 것처럼 배에서 깊은 통증이 느껴졌어요. 슬픔은 압도적이었지만 나는 그 감각에 머무르려고 노력했어요. 사실 나는 지금도 그 감각을 느끼고 있지만, 고통에 휩싸이지는 않아요. 견딜 만해요."

여러 면에서 마음챙김은 단순한 기술이다. 왜냐하면 그것은 무엇이 일어나는 동안 단지 일어나고 있는 것이 무엇인지 알아차리면 되기 때문이다. 예를 들어, 감각의 문을 통해 하나씩 들어오는 것이 무엇인지에 집중하는 시간을 갖는 것이다.

◇ **청각**: 눈을 감고 잠시 주변 소리를 들어봅니다. 소리들이 당신에게 오게 합니다. 하나의 소리에 이어서 또 다른 소리를 인식할 때마다 그 소리가 무엇인지 알아차려봅니다. 당신이 들은 소리에 이름을 붙일 필요는 없습니다.

◇ **시각**: 눈을 뜨고서 당신의 눈이 부드럽게 넓은 각도로 바라볼 수 있게 합니다. 그리고 하나 또 다른 하나, 당신이 바라보는 모든 것이 주는 각기 다른 시각적 인상에 주의를 기울입니다.

◇ **촉각**: 다시 눈을 감고 당신의 몸이 의자와 맞닿거나 발이 바닥에 닿는 촉감을 알아차립니다.

◇ **후각**: 당신의 코에 손을 대고 당신의 피부에서 올라오는 냄새를 알아차립니다.

◇ **미각**: 지금 당장 당신의 입 안에서 어떤 맛이 느껴지는지 알아차

려봅니다. 어쩌면 당신이 마지막으로 먹었거나 마신 것의 잔 맛일 수도 있습니다.

잠깐 동안의 마음챙김은 쉽지만, 그렇게 하는 것은 뇌의 자연적 경향성에 반하는 것이기 때문에 그 상태를 유지하는 것은 쉽지 않다. 신경과학자들은 마음이 쉬고 있을 때 활성화되고, 마음이 과제에 몰입해 있을 때 비활성화되는 두뇌 영역들의 네트워크를 확인했다. 디폴트 모드 네트워크(default mode network)는 두뇌의 앞에서 뒷부분까지 중간선 바로 아래에 위치한 구조들이다. 그 부분들은 특별히 우리의 주의를 끄는 것이 아무것도 없을 때 매우 활성화되기 때문에 마음이 떠도는 것이다.

디폴트 모드 네트워크는 다음과 같은 세 가지 기본적인 일을 한다. ① 자아감각을 창출한다. ② 자아를 과거나 미래에 투사한다. ③ 문제를 찾는다. 예를 들어, 당신은 식사를 하기 위해 앉았고, 그것을 알기도 전에 음식 한 접시가 모두 없어진 경험이 있는가? 당신의 마음은 어디에 있었는가? 당신의 몸이 먹는 동안 당신의 마음은 어디엔가 있었다. 즉, 디폴트 모드 네트워크에서 길을 잃었다. 뇌는 해결이 필요한 잠재적인 문제들에 초점을 맞추기 위해 '여분의' 시간을 사용한다. 이것은 우리가 생존을 위해 위협을 예측할 수 있다는 진화적 관점에서는 이로운 것이지만, 살아가는 데는 오히려 불쾌한 방법이다.

> 일반적으로 말해서, 우리는 행복이 아니고 생존을 위해 프로그램화되어 있다.

디폴트 모드가 작동하면, 우리는 고군분투하고 있지만 고군분투하고 있는 것을 아는 마음이 현존하지 않는다. 마음챙김을 할 때 우리는 내면의 이야기를 알아차리게 되므로 그 안에서 길을 잃지 않는다. 흔히 쓰이는 비유는 영화관에서 주인공이 낭떠러지로 떠밀리고 있을 때 우리가 의자 팔걸이를 움켜쥐며 극에 몰입하는 경우다. 갑자기 옆 사람이 재채기를 하면, '아 그렇지, 영화를 보고 있는 중이었어!'라고 깨닫는다.

마음챙김은 우리에게 정신적인 공간을 주고, 정신적인 공간과 함께 어떤 상황에 대해 어떻게 반응할지 선택할 자유가 생겨나게 한다. 마음챙김은 자기연민훈련을 위해 매우 중요한데, 우리가 고통을 겪고 있을 때 마음챙김이 연민을 향해 문을 열기 때문이다. 예를 들어, 우리는 스스로에게 '지금 나는 무엇이 필요한가?'라고 물어보고, 우리 자신이 직접 좋은 친구가 되어 스스로를 위로하고 지지하기 위해 노력할 수 있다.

연구에 따르면, 규칙적으로 마음챙김 수행을 할 때 이점 중 하나는 우리가 명상을 하거나 일상적인 활동을 할 때 두 경우 모두 디폴트 모드 네트워크를 비활성화하는 경향이 있다는 것이다. 이것은 우리가 마음챙김 수행을 많이 할수록, 자기연민 수행을 선택하는 것을 포함해 우리 자신을 위해 더 나은 선택을 할 기회가 더 많아진다는 것을 의미한다.

명상
애정어린 호흡

다음의 명상은 마음을 더욱 집중하고 고요해지도록 훈련하는 것으로, 그 과정에서 애정을 가져오는 제안을 덧붙여 마음챙김 명상을 하는 일반적인 형태의 호흡명상입니다. (녹음파일은 www.ikmp.org에 올려질 예정입니다.)

이 책에 나오는 명상은 눈을 감고 하게 되어 있지만, 눈을 감은 채 지시문을 읽는 것은 어려울 것입니다. 따라서 당신이 녹음 안내를 사용하지 않을 경우, 명상수

나를 사랑하기로 했습니다
마음챙김 자기연민 워크북

행에 앞서 미리 몇 차례 지시문을 읽을 수도 있습니다. 또는 우선 읽기 위해 눈을 뜨고, 몇 분간 눈을 감은 채 실습하고, 다시 읽기 위해 눈을 뜰 수도 있습니다. 당신의 방식이 무엇이든지 완벽해야 하는 것은 아님을 기억하면서(특히 그것이 자기연민의 목적이므로) 가능한 가벼운 마음으로 명상수행을 하도록 노력합니다.

- 명상하는 동안 몸이 편안하고 지지를 느낄 수 있는 자세를 찾습니다. 그런 다음, 눈을 부드럽게 감습니다. 부분적으로 또는 완전히. 몸에 불필요한 긴장감을 풀어주면서 천천히 편안하게 숨을 쉽니다.
- 우리가 단순한 자각이 아닌 애정어린 자각을 우리의 호흡과 우리 자신에게 가져오고 있다는 것을 상기하면서, 만일 당신이 원한다면 한 손을 가슴 위나 다른 위안이 되는 곳에 올려놓습니다. 손을 그대로 두어도 되고, 언제든지 내려놓아도 좋습니다.
- 당신의 몸이 숨을 들이쉬고 내쉬는 것을 느끼면서 호흡을 알아차리기 시작합니다.
- 당신의 몸이 어떻게 들숨으로 수축되고 날숨으로 이완되는지 알아차립니다.
- 그저 몸이 당신을 호흡하도록 합니다. 당신이 해야 할 것은 아무것도 없습니다.
- 이제 흘러들어오고 흘러나가는 호흡의 리듬을 알아차리기 시작합니다. 잠시 호흡의 자연스러운 리듬을 느끼기 위해 시간을 갖습니다.
- 마치 바다의 움직임처럼 몸 전체가 호흡과 함께 미세하게 움직이는 것을 느낍니다.
- 당신의 마음은 호기심 많은 어린아이나 작은 강아지처럼 자연스럽게 떠돌 것입니다. 그럴 때 그저 호흡의 리듬으로 부드럽게 돌아옵니다.
- 호흡에 의해 당신의 몸 전체가 부드럽게 흔들리고 안으로부터 어루만져지도록 허용합니다.

- 만일 원한다면, 호흡에 당신 자신을 맡겨서 호흡 그 자체만이 남도록 합니다. 그저 호흡합니다. 호흡이 됩니다.

- 그리고 이제 호흡에 대한 주의를 부드럽게 내려놓고, 자신의 경험 속에 고요히 앉습니다. 그리고 당신이 느끼는 것이 무엇이든 느끼도록 허용하고, 그저 있는 그대로의 당신이 되도록 허용합니다. 천천히 그리고 부드럽게 눈을 뜹니다.

비추어 보기

방금 경험한 것에 대해 잠시 성찰해보는 시간을 갖습니다. '내가 무엇을 알아차렸는가?' '내가 무엇을 느꼈는가?' '내가 지금 어떻게 느끼고 있는가?'

만약 당신이 호흡명상에 익숙하다면, 호흡에 의해 당신이 위로받는 것을 허용하기 위해 어떻게 애정과 감사를 실습에 가져왔습니까?

당신이 호흡을 즐길 때 당신의 주의가 높아진 것을 알아차렸습니까?

호흡이 되는 것과 호흡에 집중하려고 노력하는 것 사이에 차이가 있었습니까?

당신은 명상하는 동안 당신의 마음이 많이 떠돌았다는 것을 알아차렸을지도 모릅니다. 모든 사람들의 마음이 그렇습니다. 그것이 디폴트 모드 네트워크의 활성화입니다. 부디 자신이 집중하지 못한다고 판단하지 않기 바랍니다. 만약 당신이 자신을 판단한다면 당신에게 그러한 인간의 경향성에 대한 연민을 제공할 수도 있습니다.

때때로 사람들은 호흡명상을 할 때, 예를 들면 호흡이 코로 들어오고 나가는 것과 같은 특정 부위에서의 호흡 감각에 초점을 맞춥니다. 그러나 그렇게 하는 것이 어떤 사람들에게는 마음의 위축을 가져옵니다. 만약 당신에게 이런 일이 일어났다면, 호흡하면서 몸의 움직임에 더 집중할 수 있는지 살펴봅니다. 호흡 그 자체에 초점을 맞추기보다 호흡하면서 만들어진 부드러운 흔들림 동작에 더 집중합니다.

이것은 MSC 프로그램의 세 가지 핵심 명상 중 하나이므로, 익숙해질 때까지 머칠 동안 연속해서 20분 정도 실습하는 것이 좋습니다. 만일 그것이 당신을 부드럽게 하고 안정시키는 데 도움이 된다면, 그것은 규칙적인 명상수행의 일부가 될 수 있습니다. 우리는 당신에게 하루에 약 30분 동안 공식수행(명상)과 비공식 수행(일상수행)을 조합해서 하기를 권한다는 것을 기억하십시오.

일상수행
지금-여기-돌멩이

특별히 마음에 드는 작은 돌을 발견해서 다음 실습을 해봅니다.

- 그 돌멩이를 주의 깊게 살펴보는 것에서부터 시작합니다. 돌멩이 표면의 색깔, 각도 그리고 표면에 따른 빛의 굴절에 주목합니다. 눈으로 돌의 생김새를 즐겨봅니다.

- 이제 당신의 촉각으로 돌을 탐색해봅니다. 부드러운가요, 아니면 거친가요? 온도는 어떤가요?

- 이 아름다운 돌멩이를 만지는 경험에 몰입해서 당신의 돌멩이에 흠뻑 빠져봅니다.

- 당신의 모든 감각으로 그 독특함을 음미하면서 당신의 돌멩이를 경험해봅니다.

- 당신이 음미하면서 돌멩이에 집중할 때 과거에 대한 후회나 미래에 대한 걱정의 여지가 거의 없다는 것을 알아차립니다. 당신은 현재 이 순간 '집'에 있습니다.

비추어 보기

여기-지금 돌멩이에 자각의 닻을 내렸을 때 당신은 무엇을 알아차렸나요?

돌멩이에 몰입했을 때 당신의 디폴트 모드 활동(떠도는 마음)이 다소 느슨해졌나요? 만일 그랬다면, 이 돌멩이가 당신의 디폴트 모드 네트워크를 끌 수 있기 때문에 이 돌멩이를 당신의 '마법의 돌'이라고 생각할 수 있습니다.

앞으로, 당신은 주머니에 이 돌멩이를 갖고 다닐 수도 있습니다. 당신이 감정에 휩쓸릴 때마다 그냥 손가락으로 돌을 문지릅니다. 돌멩이에 닿는 촉감을 느껴봅니다. 그것을 즐깁니다. 지금 이 순간 집으로 돌아옵니다.

 일상수행
일상 속 마음챙김

- 마음챙김은 하루 중 매 순간 실습할 수 있습니다. 양치질을 하는 동안, 주차장에서 직장까지 걸어가는 동안, 아침을 먹을 때 또는 휴대전화가 울릴 때마다 실습할 수 있습니다.
  - 일상적인 활동을 선택합니다. 아침에 커피를 마시는 것, 샤워하는 것, 옷 입는 것 등을 선택할 수 있습니다. 당신이 원한다면 주의가 다방면으로 분산되기 전인 하루 중 이른 시간에 이루어지는 활동을 선택합니다.
  - 커피를 마실 때 맛의 느낌이나 샤워를 할 때 몸에 닿는 물의 느낌 같이 그 활동에서 감각적 경험을 탐구할 수 있는 것을 선택합니다.
  - 그 경험을 최대한 음미하면서 몰입합니다. 마음이 방황하는 것을 알아차릴 때마다 반복해서 당신의 마음을 그 감각으로 되돌려옵니다.
  - 활동이 끝날 때까지 그 활동에 대해 부드럽고 친절한 자각을 가져옵니다.
- 일주일간 매일 이 활동에 마음챙김 자각을 가져옵니다.

비추어 보기

당신은 일상생활 속으로 마음챙김을 가져온 것이 당신을 변화시킨 것을 알아차렸습니까?

만약 규칙적인 명상수행이 힘들다면, 매일 몇 분간 비공식적 마음챙김을 수행하기만 해도 지금 이 순간을 자각하는 습관을 구축하는 데 도움이 됩니다. 이것은 덜 중요한 실습이 아닙니다. 왜냐하면 사실상 우리의 목표는 우리 삶에서 가능한 한 많은 순간들에 대해 우리의 자각을 일깨우는 것이기 때문입니다.

7

저항 내려놓기

Letting Go of Resistance

● ● ●

마음챙김은 단순한 기술이다. 왜냐하면 그것은 무엇이 일어나는 동안 단지 일어나고 있는 것이 무엇인지 알아차리면 되기 때문이다. 예를 들어, 당신의 감각의 문을 통해 하나씩 들어오는 것이 무엇인지에 집중하는 시간을 갖는 것이다.

마음챙김은 현재 일어나는 일에 주의를 기울이는 것뿐 아니라 '좋다, 나쁘다'라는 판단에 빠져들지 않고, 일어나는 경험을 그대로 수용하는 주의력도 포함한다. 이러한 태도를 무저항이라고 말한다. 저항은 우리가 순간순간 경험하는 것이 잘못되었다고 생각할 때 일어나는 내면의 분투다.

예를 들어, 출퇴근 시간 교통혼잡에 저항한다면 이런 모습일 것이다. '젠장! 고속도로가 꽉 막혔군! 저녁 약속에 또 늦겠어! 이럴 수가, 저 빌어먹을 얼간이가 진입 차선에서 내 앞에 끼어들려고 하잖아. 정말 지긋지긋해. 비명이라도 지르고 싶어!'

수용은 비록 우리가 지금 일어나는 일을 좋아하지 않더라도, 그 일이 지금 일어나고 있음을 인정하고, 상황이 우리가 원하는 대로 굴러가지 않는다는 사실을 받아들인다는 뜻이다.

수용은 이런 모습에 더 가까울 것이다. '또 막히는군. 음, 좀 있으면 퇴근 시간이니까 당연한 일이지. 막힌다고 화내봤자 집에 빨리 갈 수 없는 건 확실해.'

우리가 저항하고 있다는 것을 어떻게 알 수 있는가? 주의가 산만해지거나, 몸이 긴장하거나, 걱정이나 반추에 빠져들거나, 과로 또는 과식을 하거나, 분노나 짜증을 느끼거나 또는 무감각해진다면 저항한다는 신호다. 그것들은 우리가 원치 않는 경험에 저항하려고 시도하는 방법들이다. 저항이 꼭 나쁜 것만은 아니다. 저항이 없다면 우리는 삶의 격렬함에 압도될 것이다. 저항은 우리가 단기간 동안 잘 기능하는 데 도움이 된다. 하지만 장기적으로는 부정적인 결과를 가져올 수 있다.

우리가 저항하는 것은 지속된다.

불행하게도, 우리가 불쾌한 경험에 저항할 때 그것은 대개 사라지지 않고 더 악화될 뿐이다. 당신은 다음날 중요한 회의가 있어서 푹 쉬어야 하는 걸 알면서도 밤에 잠이 오지 않아 애먹은 적이 있는가? 그럴 때 무슨 일이 일어나는가? 불면과 싸우면 곧바로 평화로운 잠이 찾아오는가? 힘겨운 감정과 싸우면 오히려 그 감정의 불에 기름을 붓는 것과 같다. 저항은 헛되다.

> 라파엘라는 끊임없이 불안과 싸웠고, 불안하다는 이유로 자신을 미워했다. 그녀는 불안을 느낄 때마다, "어린애처럼 굴지 마. 철 좀 들어!"라고 자신에게 말하면서, 그 경험을 이겨내라고 자신을 몰아붙였다. 제아무리 힘들게 싸워도 잠시 후면 그녀의 몸은 불안으로 압도당했고, 공황발작을 일으키기 시작했다.

명상 지도자 신젠 영(Shinzen Young)은 이러한 현상을 공식으로 설명했다.

고통 = 아픔 × 저항

달리 말하면, 상실, 걱정, 비통함, 고난 같은 아픔은 삶에서 피할 수 없지만, 우리가 그 아픔에 저항하면 대개는 그 아픔을 더 강렬하게 만들 뿐이다. 아픔에 저항이 덧붙여진 것이 바로 고통이다. 우리는 그 순간 아프기 때문에 고통스럽기도 하지만, 일어난 현실을 받아들이지 못하고 다른 그 무엇이어야 한다는 생각으로 좌절하면서 현실이라는 벽에 머리를 찧기 때문에 더 고통스럽다.

저항의 또 다른 공통적인 형태는 부정이다. 우리는 문제에 관해 생각하지 않으면 그 문제가 사라질 것이라고 기대한다. 그러나 연구에 따르면, 원치 않는 생각이나 감정을 억압하려고 시도하면 그것들은 더 강력해질 뿐이다. 게다가 아프게 느껴지는 생각과 감정을 회피하거나 억압한다면 우리는 그것들을 분명하게 직시하고서 연민으로 대할 수 없다.

느낄 수 있는 것은 치유할 수 있다.

마음챙김과 자기연민은 우리가 덜 저항하면서 힘든 경험을 만나는 데 필요한 안전함을 제공해주는 자원이다. 당신이 압도된 상황에서 한 친구가 방으로 들어와 당신을 안아주고 당신 옆에 앉아 당신이 왜 스트레스를 받는지 들어주고, 그런 다음 당신이 계획한 행동을 실천하도록 도와준다면 어떤 기분일지 상상해보라. 다행스럽게도, 그 주의 깊고 연민어린 친구가 당신 자신일 수 있다. 저항하지 않고, 있는 그대로의 상황에 자신을 열 때 마음챙김과 자기연민이 시작된다.

마음챙김이 자기연민의 핵심 요소라면, "마음챙김과 자기연민은 서로 어떤 관련이 있는가?"라는 의문이 들 것이다. 그것들은 서로 같은가, 아니면 다른가?

우리의 관점으로 볼 때, 그 둘은 밀접한 관련이 있으면서도 몇 가지 다른 점이 있다.

- 마음챙김은 주로 경험을 수용하는 데 초점을 맞춘다. 자기연민은 경험하는 자를 돌보는 데 좀 더 집중한다.
- 마음챙김은 "지금 이 순간 나는 무엇을 경험하고 있는가?"라고 질문한다. 자기연민은 "지금 이 순간 나는 무엇이 필요한가?"라고 질문한다.
- 마음챙김은 "여유로운 자각으로 당신의 고통을 느끼세요"라고 말한다. 자기연민은 "당신이 고통을 겪을 때 당신 자신에게 친절하세요"라고 말한다.

위와 같은 차이점에도 불구하고, 마음챙김과 자기연민 둘 다 우리가 우리 자신과 우리 삶에 더 적게 저항하면서 살게 해준다. 마음챙김 자기연민 훈련의 중심이 되는 역설은 이렇게 요약될 수 있다.

우리가 분투하고 있을 때, 우리는 기분이 더 좋아지기 위해서가 아니라 기분이 나쁘기 때문에 우리 자신에게 연민을 제공한다.

다시 말해서, 고통을 없애기 위한 방편으로 자기연민을 아무렇게나 우리 자신에게 내던져서는 안 된다. 그렇게 한다면 우리는 감춰진 형태의 저항을 하는 것이고, 결국 상황은 더 나빠질 뿐이다. 그러나 우리가 상황이 고통스럽다는 사실을 온전히 받아들이고, 지금 고통스럽기 때문에 자신에게 친절할 수 있다면, 더욱 편안하게 고통과 함께할 수 있다. 자기연민이 저항하는 데 쓰이지 않게 하기 위해서는 마음챙김이 필요하며, 우리가 마음을 챙겨 힘든 경험에 자신을 열 수 있을 만큼 안전감을 느끼기 위해서는 자기연민이 필요하다. 이 둘은 함께 아름다운 춤을 만들어낸다.

몇 달간 자신에게 연민적으로 말하는 수련을 하고 난 후, 라파엘라는 경험과 싸우는 대신 마음챙김과 자기연민으로 자신과 자신이 느끼는 불안을 감싸 안는 법을 배웠다. 라파엘라가 불안해지거나 가벼운 공황을 느낄 때조차도, 자신의 연민적 부분이 말하는 내면의 대화는 이런 식으로 진행되었다. "네가 지금 정말 무서워하는 걸 알아. 상황이 힘들지 않다면 좋겠지만, 지금은 힘겨운 게 사실이야. 넌 지금 목구멍이 조여오고, 머리가 좀 어지럽지. 그래도 나는 너를 아끼고, 너를 위해 여기 있어. 넌 혼자가 아니야. 우리는 이 일을 이겨낼 수 있어." 새롭고 더 연민에 찬 내면의 목소리와 함께. 라파엘라의 공황 발작은 줄어들었고, 그녀는 자신이 생각보다 훨씬 더 불안을 잘 다룰 수 있다는 것을 알게 되었다.

실습
얼음 조각

이 실습은 실시간으로 저항을 경험할 뿐 아니라, 우리가 저항이라는 경험에 마음챙김과 자기연민을 적용할 때 어떤 일이 일어나는지 경험하는 기회입니다. 지침을 끝까지 읽고 지금이 이 실습을 해볼 적절한 때인지 판단합니다.

- 이 연습은 야외나 방수 처리된 바닥에서 해야 합니다. (레이노병*을 앓고 있다면 이 실습을 하지 않는 것이 좋습니다.)
- 냉동고에서 얼음 조각 한두 개를 꺼내어 가능한 한 오랜 시간 동안 손에 쥡니다. 얼음 조각을 계속해서 쥐고 있습니다.
- 몇 분 뒤 당신 마음에 무슨 생각이 찾아오는지(예를 들어, 계속 버티면 나에게

---

* 추운 곳에 나가거나 찬물을 만졌을 때 정신적 스트레스 등에 의해 발작적으로 손, 발, 코, 귀 등의 끝부분에 있는 혈관이 수축되어 혈액순환장애를 일으키는 병이다.

해로울 거야, 견딜 수 없어. 이 수행을 만든 사람들은 잔인해!) 알아차려봅니다. 그것이 저항입니다.

■ 이제 순간에서 순간으로, 당신이 지금 경험하고 있는 것에 세심하게 주의를 기울여봅니다. 예를 들어, 차가운 감각을 단지 차갑다고 느낍니다. 통증 감각이 팔에서 고동친다면, 그 진동을 단지 진동으로 느낍니다. 두려움을 단지 두려움으로 알아차리듯이, 당신의 감정들을 알아차립니다. 얼음을 내려놓고 손바닥을 펴서 차가운 감각을 완화하고 싶은 어떤 충동이 일어난다면, 그 충동을 알아차립니다. 당신 자신이 충동을 단지 충동으로 알도록 그대로 둡니다. 그것이 마음챙김입니다.

■ 이제 여기에 약간의 친절함을 더해봅니다. 예를 들어, 이 실습이 아프긴 하지만 해로운 건 아니라는 생각을 하면서 당신 자신이 위안을 느끼도록 돕니다. 당신은 안도하는 긴 숨을 하… 하고 내뱉을 수도 있습니다. 손에서 어떤 불편감을 알아차린다면, 아아… 하고 다정한 소리를 더해볼 수 있습니다. 당신이 통증 감각을 의식하도록 해준 손에게 고마워합니다. 또한 새로운 것을 배우기 위해 이 실습을 잘 견딘 당신 자신에게 존경이나 감탄의 뜻으로 고개를 끄덕여줍니다. 그렇게 하기 위해 용기가 필요했습니다.

■ 이제 얼음 조각을 내려놓아도 됩니다.

비추어 보기

당신은 이 실습을 하는 동안 무엇을 알아차렸습니까? 당신에게 어떤 일이 일어났습니까? 마음챙김이나 자기연민이 어떤 식으로든 당신의 경험을 달라지게 했습니까?

많은 사람에게 이 실습은 저항이 고통을 얼마나 증폭시킬 수 있는지 강렬하게 경험하는 기회가 됩니다. 또한 마음을 챙겨 우리의 아픔을 수용하고, 그저 아프기 때문에 우리 자신에게 친절을 보낼 때, 고통이 얼마나 줄어들 수 있는지를 분명히 보여줍니다. 그렇지만 당신이 얼음 조각의 차가움에 대해 자연스럽게 일어나는 저항을 내려놓을 수 없었다 해도, 당신 자신을 비난하지 마십시오. 당신이 느낀 저항은 안전하고자 하는 자연스러운 욕구에서 생겨난 것입니다. 또한 당신 안에는 당신 자신의 돌봄, 지지, 위로를 통해 안전하다고 느끼는 능력이 있습니다. 단지 당신이 자동 반응을 누그러뜨리고자 할 때 조금 인내심이 필요할 수 있습니다.

 실습
나는 어떻게 불필요한 고통을 초래하는가?

- 당신이 아픔을 느끼는 현실에 저항하기 때문에 불필요한 고통을 야기해서 필요 이상으로 상황을 악화시키고 있다고 느끼는 상황을 떠올려봅니다(예를 들어, 중요한 과제를 차일피일 미루고 있거나, 지금 작업 하는 일에 관해 저항하고 있거나, 이웃집 개가 짖는다고 분노를 품고 있는 등). 그것을 적어봅니다.

- 당신이 저항하고 있다는 것을 어떻게 알 수 있습니까? 몸이나 마음에서 어떤 불편함이 느껴지나요? 당신은 그것을 말로 표현할 수 있나요?

- 저항의 결과는 무엇입니까? 예를 들어, 당신이 저항하기를 그만두거나 조금 덜 저항한다면 당신의 삶은 얼마나 더 쉬워질 수 있을까요?

- 어떤 면에서는 저항이 당신에게 도움이 될 수도 있다는 사실을 알 수 있나요? 어쩌면 저항은 당신이 압도될 수 있는 어떤 감정을 느끼지 않게 돕고 있는지도 모릅니다. 힘겨운 감정이 일어나면 당신 자신에게 친절하십시오. 때로는 저항이 당신을 이 세상에서 제대로 기능하게 한다는 사실을 생각하면서 당신이 느끼는 저항을 존중합니다.

나를 사랑하기로 했습니다
마음챙김 자기연민 워크북

- 이제 이런 상황에서 마음챙김이나 자기연민이 저항을 줄이는 데 어떤 식으로 도움을 줄 수 있을지 생각해봅니다. 아픔을 인정하고("이것은 힘들다"), 그것이 당신의 삶에 존재하도록 놔두었을 때("두려움으로 꽉 쥔 손을 펴고") 상황이 더 수월해지는지, 힘들어지는지 봅니다. 또는 당신 자신에게 약간의 이해를 허락하거나("그것은 네 잘못이 아니야"), 보편적 인간경험("이런 상황에서 사람들은 이렇게 느끼지")을 기억하면 고통이 조금 누그러지는지 봅니다.

비추어 보기

어떤 사람들은 이 실습을 하고 나서 약간의 취약함을 느낍니다. 저항을 내려놓는다는 것은 아픔에 자신을 개방한다는 뜻이고, 아픔에 자신을 개방하기는 쉬운 일이 아닙니다. 우리는 삶에서 일어나는 사건들을 종종 우리가 원하는 만큼 통제할 수 없다는 사실을 인정해야 할 수도 있습니다. 이때 우리는 자신에게 한없는 친절과 연민을 베풀어야 합니다. 당신이 이 실습을 하고 난 후에도 기분이 나아지지 않는다면, 한 손을 가슴에 대거나 당신이 위로받는다고 느끼는 다른 부위에 올려놓고 당신 자신에게 지지가 되는 말을 해봅니다. 지금 당신처럼 느끼는 친구가 있다면 당신은 그 친구에게 어떤 말을 해줄까요? 그와 비슷한 말을 당신 자신에게 해줄 수 있는지 봅니다.

일상수행
저항 알아차리기

아픔에 저항하는 것은 아주 자연스럽고 자동적(아메바조차도 페트리 접시에 독소를 떨어뜨리면 도망갑니다)이기 때문에 우리는 대부분 저항을 알아차리지 못합니다. 그러므로 우리가 저항하는 순간을 알아차리고, 저항이 일어날 때 그것에 이름을 붙이는 수행은 매우 유용합니다.

다음 한 주 동안, 당신이 불쾌한 무언가에 저항하는(화요일 저녁 에어로빅 수업에 가기 싫거나, 직장에서 승강기가 고장나서 또 다시 계단을 올라가야 하거나, 당신의 10대 아들이 더러운 접시를 부엌 조리대에 두고 가서 당신이 설거지해야 하거나 등등) 아주 사소한 순간이라도 알아차릴 수 있는지 봅니다. 저항이 일어나는 것을 감지할 때, 중립적이고 감정이 실리지 않은 어조로 "저항" "지금이 저항하는 순간이야"라고 그것에 이름을 붙여줍니다.

저항하는 순간을 우리가 더 잘 알아차릴수록, 우리가 삶에 허용하는 불필요한 긴장과 스트레스가 줄어들고, 우리는 힘겨운 상황에서 현명하게 행동할 더 나은 기회를 가질 것입니다.

역류

Backdraft

● ● ●

역류라는 감정에 우리 자신이 압도당하도록 놔두는 것이 아니라, 우리 자신이 천천히 마음의 문을 열도록 허용한다는 점이 중요하다. 언제든지 역류가 일어나면, 당신이 자신의 속도대로 갈 수 있도록 허용하면서 자기 연민을 가져야 한다.

역류(backdraft)는 우리가 우리 자신에게 친절과 연민을 줄 때 일어날 수 있는 고통인데, 대개는 매우 오래된 고통과 관련이 있다. 어떤 사람들은 역류를 경험하면서 혼란스러워하지만, 역류는 변형과정에서 핵심 요소이며, 성장통과 같다.

역류는 불이 가용 산소를 다 써버린 후 열린 창문이나 문을 통해 신선한 산소가 들어올 때 일어나는 현상을 설명하기 위해 소방관들이 사용하는 용어다. 공기가 갑작스레 들이닥치면 불길이 순식간에 문밖으로 크게 솟아오른다. 우리가 자기연민으로써 우리 마음의 문을 열 때도 비슷한 상황이 벌어질 수 있다. 우리 가슴은 일생에 걸쳐 쌓인 고통으로 대부분 뜨거운 상태다. 우리는 자신을 보호하기 위해 고통스럽거나 스트레스를 주는 경험을 차단해야 했다. 이것은 우리가 마음 문을 열어서 자기연민이라는 신선한 공기가 흘러들어오면, 오래된 고통과 두려움이 튀어나올 가능성이 있다는 뜻이다. 그것이 역류다.

차드는 자기연민 수업을 2회기까지 듣고 고무되었지만, 그런 다음에는 자기가 제대로 하고 있는지 의심이 들기 시작했다. 손을 가슴에 얹고 자신에게 친절하게 말하려고 할 때마다 메스꺼움과 불안을 느꼈고 숨이 짧아졌다. "뭐가 잘못된 거지?" 차드는 궁금했다. "이렇게 하면 기분이 나아져야 하는 것 아닌가?"

역류로 인한 불편함은 자기연민수 [역류는 치유 과정이 시작되었다 는 신호다.

행 때문에 일어난 것이 아니다. 역류를 경험할 때 우리가 잘못하고 있는 것은 아무것도 없다. 실제로, 역류는 우리가 제대로 하고 있고 마음의 문을 열기 시작했다는 신호다. 처음에는 오래된 고통이 풀려나기 시작하면서 그 고통을 재경험할 수도 있다. 그러나 이것은 자연스러운 과정이고, 걱정할 일이 아니다.

어떻게 역류를 인식할 수 있을까?

역류는 모든 형태의 정서적, 정신적, 신체적 불편함으로 나타날 수 있다.

예를 들어,

- 정서적으로: 수치심, 비통함, 두려움, 슬픔.
- 정신적으로: "나는 완전히 외톨이야" "나는 실패자야" "나는 쓸모없어"라는 생각들.
- 신체적으로: 신체 부위에 각인된 기억, 아픔, 통증.

종종 이런 불편함이 난데없이 나타나고, 우리는 그런 일이 일어난 이유를 이해하지 못할 수 있다. 명상 도중에 눈물이 나거나 분노, 두려움, 취약한 기분을 느낄 수도 있다. 그리고 우리가 역류를 느끼지 않으려고 발버둥치면 반응의 연쇄 사슬이 작동하기 시작한다. 예를 들어, 우리는 머릿속으로 들어가고(논리적으로 분석하기), 불안해하고, 뒤로 물러나고, 멍해지고, 우리 자신과 다른 사람들을 비난할 수도 있다. 이러한 모든 반응은 결국 친절과 연민으로 이어지게 되고 그래야만 한다. 역류라는 감정에 우리 자신이 압도당하도록 놔두는

나를 사랑하기로 했습니다
마음챙김 자기연민 워크북

것이 아니라, 우리 자신이 천천히 마음의 문을 열도록 허용한다는 점이 중요하다.

언제든지 역류가 일어나면, 당신이 자신의 속도대로 갈 수 있도록 허용하면서 자기 연민을 가져야 한다.

역류가 일어날 때 우리는 무엇을 할 수 있는가?

역류가 일어날 때 자신에게 질문을 던져보자. "지금 이 순간 나에게 무엇이 필요한가?" "지금 이 순간 안전하다고 느끼려면 나에게 무엇이 필요한가?" 그런 후에 다음 전략 중에서 당신에게 적합하다고 느껴지는 것을 선택해 수행할 수 있다.

> 당신 자신에게 질문해 봅니다.
> "지금 이 순간 안전하다고 느끼려면 나는 무엇이 필요한가?"

주의조절을 위한 마음챙김 수행

◇ 사랑하는 친구에게 말하는 어조로, 역류의 경험에 이름표를 붙입니다. "아, 이것은 '역류'다."

◇ 가장 강렬한 감정에 이름을 붙이고, 연민어린 태도로 당신 자신을 위해 그것을 인정합니다. "아, 그것은 비통함이야".

◇ 그 감정이 당신의 몸 어디에 있는지 탐색합니다. 어쩌면 위의 긴장감이나 가슴이 텅 빈 느낌일 수도 있습니다. 그 부위에 위로와 지지의 손길을 보냅니다.

◇ 이번에는 당신 몸 안에서 중립적인 초점(호흡 등) 또는 외부 세

계의 감각 대상(주위의 소리 또는 지금 여기 돌멩이 등-6장 참조)에 주의를 기울입니다. 주의를 몸에서 더 멀리 떨어뜨릴수록 더 편안해질 것입니다.

◇ 발바닥을 느껴봅니다(다음 페이지를 보십시오).

일상적인 활동에서 위안 찾기

- 설거지, 산책, 샤워, 운동 같은 몇 가지 일상적인 활동에 자각의 닻을 내리는 것도 좋습니다. 당신의 감각(후각, 미각, 촉각, 청각, 시각)이 즐거워하거나 만족스러워하는 활동을 발견하게 되면, 당신 자신이 그 활동을 음미하도록 허용합니다(6장에 나온 '일상에서의 마음챙김' 참조).
- 차를 마시거나, 따뜻한 물로 목욕을 하거나, 음악을 듣거나, 강아지를 쓰다듬어주는 등, 실제적이고 동적인 방식으로 당신 자신을 위로하고, 달래주고, 지지해주는 것도 좋습니다(다음으로 이어지는 내용인 '일상에서의 자기연민' 참조).
- 더 큰 도움이 필요하다면, 당신의 욕구를 채워줄 '지인 찬스'(친구, 가족, 치료사, 스승)를 활용해봅니다.

　　역류에 대해 이해하고 나자 차드는 역류가 일어날 때도 그렇게 힘들지 않게 되었다. 불안이 일어났을 때 그는 "아, 이것은 역류이고, 자연스러운 일이야"라고 자신에게 말했다. 그는 역류의 근원도 알고 있었다. 그가 자랄 때 어머니는 술을 너무 많이 마셨고, 대체로 그를 다정하게 보살폈지만, 가끔 그에게 소리를 지르고 이유 없이 화를 내곤 했다. 그는 어렸을 때 어머니의 사랑과 지지를 완전하게 확신할 수 없다는 사실을 알게 되었다. 차드는 자기 자신에게 사랑과 지지를 줄 때 오래된 불안감이 올라올 수 있다는 사실을 깨달았다. 그런 후에는 단지 그러한 자신의 감정에 이름을 붙이기만 해도 불안해지거나 호흡이 빨라지지 않았다. 또 다른 때에는 역류가 더 거세질 때도 있었는데, 그럴 때 자신이 할 수 있는 가장 친절한 일은 물러나는 것임을 알았다. "그냥 발바닥을 느껴보자. 그러면 안정감을 느끼는 데 도움이 될 거야." 가끔 차드는 공포와 혐오 같은 더 강렬한 감정들에 압도되었고, 그럴 때는 일단 수행을 멈추고 해변을 따라 자전거 타기 같은 일상적이고 즐거운 활동을 했다. 나중에 기분이 나아졌을 때, 그는 어떤 특정한 방식으로 느끼기를 기대하지 않고 호기심을 가지고 탐색하는 방식으로, 손을 가슴에 얹기와 같은 의도적인 자기연민 수행을 했다.

일상수행
발바닥 느끼기

이 수행은 당신이 압도적인 감정이나 역류를 경험할 때 당신을 안정시키고 지지를 느끼게 하려는 의도로 만들어졌습니다. 연구에 따르면, 이 수행은 분노 같은 강렬한 감정을 조절하는 데 도움이 됩니다.

- 선 자세에서 바닥에 닿은 발바닥을 느껴봅니다. 신발은 신거나 벗어도 됩니다.
- 바닥에 놓인 발에서 느껴지는 감각들, 접촉한 느낌을 알아차립니다.
- 발바닥의 감각을 더 잘 느끼기 위해, 몸을 앞뒤 양옆으로 부드럽게 흔들어봅니다. 무릎으로 작은 원을 그리듯 움직이면서 발바닥 감각이 어떻게 달라지는지 느껴봅니다.
- 마음이 떠돌면, 그저 다시 발바닥의 감각을 느낍니다.
- 이제 천천히 걷기 시작하면서 발바닥의 감각이 달라지는 것을 알아차립니

다. 발을 들어올리고 앞으로 나아가면서 다시 바닥에 내려놓는 움직임의 감각을 알아차립니다. 이제 다른 발도 똑같이 합니다. 한 발씩 번갈아가며 반복합니다.

■ 걸으면서 두 발의 표면적이 얼마나 작은지, 어떻게 당신의 발이 몸 전체를 지탱하는지 알아차려봅니다. 원한다면, 우리가 평소 당연하게 여기는 발이 하는 수고에 감사하는 순간을 가져봅니다.

■ 계속해서 천천히 발바닥을 느끼면서 걷습니다.

■ 이제 다시 선 자세로 돌아와서 당신의 자각을 몸 전체로 확장합니다. 지금 무엇을 느끼든지, 자신이 느끼는 대로 두고, 있는 그대로의 자신이 되어봅니다.

비추어 보기

이 수행을 하는 동안 무엇을 알아차렸습니까? 당신에게 어떤 일이 일어났습니까?

당신이 감정적으로 압도당한다고 느낄 때 이 수행이 효과적인 데는 여러 가지 이유가 있습니다. 무엇보다도, 어떤 일이 일어나고 있는지에 관한 이야기가 만들어지는 머리에서 가장 멀리 떨어진 부위인 발바닥에 주의가 집중됩니다. 또한 지면과 닿는 지점을 느끼면 문자 그대로 당신이 땅에 발을 딛고 지지받는다고 느끼는 데 도움이 됩니다. 가능하다면, 신발을 벗고 잔디밭 위에서 이 수행을 해볼 수도 있는데, 그러면 땅과 연결된 감정을 훨씬 더 분명하게 느낄 수 있습니다. 공항 보안 검색대 앞에서나 직장에서 복도를 걸을 때 등등 어디에서든지 힘겨운 감정이 일어날 때는 자유롭게 '발바닥' 수행을 할 수 있습니다.

일상수행
일상생활에서의 자기 연민

● 중요한 것은 당신이 어떻게 해야 자신을 연민으로 대할 수 있는지 이미 알고 있다는 사실을 기억하는 것입니다. 당신이 자신을 돌볼 수 없었다면 여태까지 살

아 있지 못했을 것입니다. 힘든 가운데 자신을 돌보는 것이 바로 자기연민, 즉 고통에 친절하게 반응하기입니다. 그러므로 누구든지 자기 연민을 배울 수 있습니다.

- 자기연민은 마음 훈련의 차원을 훨씬 넘어서는 것입니다. 행동적인 자기연민이 자기연민을 수행하는 안전하고 효과적인 방법입니다. 그것은 일상생활 속 평범한 활동에서 자기연민 수행의 닻을 내리게 합니다.

- 분명하게 드러나는 방식(당신 자신에게 위로가 되는 손길을 주는 것 같은)으로 자기연민을 수행할 때 역류를 자주 경험한다면, 좀 더 안전하게 느껴지는 일상적인 자기연민 수행 방법을 찾아볼 수 있습니다.

- 이미 자신을 돌보고 있는 방법들을 적어보십시오. 그 목록에 추가할 수 있는 새로운 방법들도 고려해봅니다.

- 목록에 적은 활동 중 어떤 것이든 힘겨운 순간에 당신 자신에게 친절을 베푸는 방식으로 시도해봅니다.

신체적으로—몸을 부드럽게 하기

당신은 자신을 신체적으로 어떻게 돌보나요(예를 들어, 운동, 마사지, 따뜻한 목욕, 차 한 잔)?

몸에 쌓인 긴장과 스트레스를 풀기 위한 새로운 방법은 어떤 게 있을까요?

_____

_____

_____

_____

_____

정신적으로—불안 줄이기

스트레스를 받을 때 당신은 어떻게 마음을 돌보나요(예를 들어, 명상하기, 재미있는 영화 보기, 영감을 주는 책 읽기)?

_____

_____

_____

_____

생각이 더 쉽게 오고가도록 하기 위해 당신이 시도해보고 싶은 새로운 전략이 있나요?

_____

_____

_____

_____

_____

_____

나를 사랑하기로 했습니다
마음챙김 자기연민 워크북

정서적으로—당신 자신을 진정시키고 위로하기

당신은 자신을 정서적으로 어떻게 돌보나요(예를 들어, 강아지 쓰다듬기, 일기 쓰기, 요리하기)?

새롭게 시도해보고 싶은 것이 있나요?

관계적으로—다른 사람들과 연결하기

당신은 언제 어떻게 당신에게 진정한 행복을 가져오는 방식으로 다른 사람들과 관계를 맺나요(예를 들어, 친구 만나기, 생일축하 카드 보내기, 함께 게임하기)?

이러한 관계 맺기를 더 풍요롭게 하기 위해 시도하고 싶은 방법이 있나요?

_____

_____

_____

_____

영적으로—당신의 가치에 전념하기

당신은 자신을 영적으로 돌보기 위해 무엇을 하나요(예를 들어, 기도하기, 숲속 걷기, 다른 사람 돕기)?

_____

_____

_____

_____

_____

영적인 면을 더 키우기 위해 시도하고 싶은 다른 방법이 있나요?

_____

_____

_____

_____

_____

_____

자애 계발하기

Developing Loving-Kindness

● ● ●

자애명상으로 함양된 좋은 의도는 더 지지적인 자기 대화와 더 좋은 기분으로 이어진다. 연구에 따르면, 자애 명상은 '투여량 의존적'이어서 더 많이 수행할수록 효과는 더욱 더 강력해진다.

자기연민수행을 심화하는 방법에 더해서 좀 더 일반적으로 우리 자신을 향한 자애의 느낌을 계발하는 것도 중요하다. 자애란 빨리어 '메타'(metta)를 영어로 옮긴 말인데, '친절'로도 번역된다.

연민과 자애는 어떻게 다른가? 연민은 '다른 사람의 아픔과 고통을 완화시켜주고자 하는 깊은 바람과 결부된, 다른 사람의 아픔이나 고통에 대한 민감성'으로 정의될 수 있다. 자기연민은 말 그대로 자기 자신을 향한 연민, 즉 내적 연민이다. 자애는 자신과 다른 사람들을 향한 일반적인 친절의 감정으로, 반드시 고통을 포함하는 것은 아니다. 삶이 순조롭게 진행되는 순간에도 전반적으로 자신에 대해 친절한 태도를 계발하는 것은 중요하다.

> 자애가 고통을 만나서 사랑으로 머물면, 연민이 된다. 모두 선한 의도의 표현이다.

달라이 라마(Dalai Lama)에 따르면, 자애는 "일체중생이 행복하기를 바라는 소망"이다. 연민은 "일체 중생이 고통에서 벗어나기를 바라는 소망"이다. 미얀마의 명상 지도자는 이렇게 설명한다. "자애의 빛이 고통의 눈물을 만날 때, 연민이라는 무지개가 떠오른다."

메타는 자애명상이라고 불리는 수행을 통해 계발될 수 있다. 이 수행에서 명상하는 사람은 특정한 한 사람을 떠올리고, 그 사람의 모습을 시각화하고, 그 사람을 향해 선한 의도를 가진 자신의 느낌을 떠올리도록 만들어진 일련의 문구를 소리 없이 되풀이한다. 흔히 쓰이는 문구의 예는 다음과 같다. "당신이 행복하기를." "당신이 평화롭기를." "당신이 건강하기를." "당신이 편안하게 살기를." 그 문구들은 친절한 바람 또는 선한 의도로 생각할 수 있다.

전형적으로, 명상가들은 그 문구들을 자신에게 향하게 하는 것으로 시작하고, 그런 다음 멘토나 은인에게 향하게 하고, 그 다음은 그들이 중립적인 느낌을 갖는 사람에게 향하게 하다가, 다음은 그들이 힘든 감정을 느끼는 사람에게 그리고 결국 자애의 원을 계속 확장해서 모든 존재들을 에워싸는 것이다. 자애명상으로 함양된 좋은 의도는 더 지지적인 자기 대화와 더 좋은 기분으로 이어진다. 연구에 따르면, 자애명상은 '투여량 의존적'이어서 더 많이 수행할수록 효과는 더욱 더 강력해진다. 자애명상의 주된 이점은 불안이나 우울 같은 부정적인 감정이 줄어들고, 행복이나 기쁨처럼 긍정적인 감정이 늘어나는 것이다.

어떤 사람들은 자애명상 수행을 힘들어하는데, 문구를 반복하는 과정을 어색하고 불편하게 느끼거나, 문구가 로봇 같거나 진실하지 않게 느껴진다는 이유로 수행을 그만두기 때문이다. 만일 당신이 이런 경험을 하더라도, 걱정하지 말라. 이 수행이 어떻게 효과를 발휘하는지 생생하게 설명하는 유대 전통의 이야기가 있다.

한 제자가 랍비에게 물었다. "율법은 왜 우리에게 '이 문구들을 네 가슴 위에 두라'라고 하나요? 왜 이 신성한 문구들을 가슴 안에 두라고 하지 않는 거죠?"

랍비가 대답했다. "왜냐하면 우리가 그렇듯이, 우리의 가슴이 닫혀 있어서 신성한 문구들을 가슴 안으로 들일 수 없기 때문이다. 그래서 그것을 가슴 위에 두는 것이다. 그 문구들은 가슴 위에 머물러 있다가 어느 날 가슴이 무너지면 안으로 떨어져 들어올 것이다."

나를 사랑하기로 했습니다
마음챙김 자기연민 워크북

명상
사랑하는 사람을 위한 자애

전통적으로, 자애명상은 자기 자신을 향한 친절로 시작합니다. "너 자신을 사랑하듯이 네 이웃을 사랑하라." 이 말을 현대에는 그 순서를 바꿔서, 우리가 자연스럽게 사랑을 느끼는 대상에서 시작하고, 그런 다음 살며시 우리 자신을 끼워 넣습니다. 많은 사람이 이 변형된 자애명상을 주요 명상수행으로 활용합니다(녹음파일은 www.ikmp.org에 올려질 예정입니다.).

● 편안한 자세로 앉거나 눕습니다. 원한다면 한 손을 가슴 또는 위안을 주는 부위에 올려놓습니다. 이 손길은 당신의 경험과 당신 자신에게 단순한 자각이 아니라 애정어린 자각을 가져온다는 것을 상기시켜줍니다.

당신을 미소 짓게 하는 살아 있는 존재

● 자연스럽게 당신을 미소 짓게 하는 사람 또는 다른 살아 있는 존재를 마음에 떠올려봅니다. 편안하고 복잡하지 않은 관계에 있는 대상이 좋습니다. 그 대상은 당신의 아이, 할머니, 강아지나 고양이 등 당신에게 자연스럽게 행복을 가져다주는 존재입니다. 마음에 떠오르는 존재가 너무 많다면, 한 대상만 선택합니다.
● 이 존재와 함께 있는 것이 어떤지 느껴봅니다. 함께 하는 즐거움을 즐기도록 자신을 허용합니다. 이 존재의 생생한 이미지를 마음의 눈으로 그려냅니다.

당신이 …하기를

● 이제, 당신과 다른 모든 살아 있는 존재가 그러하듯이, 이 존재 또한 고통에서 벗어나 얼마나 행복하기를 원하는지 인식합니다. 문구의 중요성을 느끼면서, 마음속으로 반복합니다.
　■ 당신이 행복하기를.

- 당신이 평화롭기를.

- 당신이 건강하기를.

- 당신이 편안하게 살기를.

  (천천히 부드럽게 몇 번 반복합니다.)

- 당신이 평소에 즐겨 쓰는 문구가 있다면, 자신만의 문구를 사용해도 좋습니다. 그렇지 않다면 이 문구들을 계속해서 반복합니다.

- 마음이 떠도는 것을 알아차리면, 문구와 당신 마음속에 떠올린 사랑하는 사람의 이미지로 돌아옵니다. 마음에서 솟아오르는 따뜻한 느낌을 음미합니다. 서두르지 않고 천천히 합니다.

당신과 내가(우리가) …하기를

- 이제 당신이 만든 선한 의지의 원 안에 당신 자신을 포함시킵니다. 사랑하는 사람과 함께 있는 당신 자신의 이미지를 그려봅니다.

- 당신과 내가(우리가) 행복하기를.

- 당신과 내가(우리가) 평화롭기를.

- 당신과 내가(우리가) 건강하기를.

- 당신과 내가(우리가) 편안하게 살기를.

  (원한다면 '당신과 나' 대신에 '우리'를 사용해서 몇 번 반복합니다.)

- 이제 사랑하는 사람의 이미지를 내려놓습니다. 그 사람이 떠나기 전에 그에게 감사를 표현합니다. 그런 다음, 모든 주의의 초점을 당신 자신에게 향하게 합니다.

내가 …하기를

- 손을 가슴이나 다른 부위에 얹고, 따뜻하고 부드러운 접촉을 느껴봅니다. 마음의 눈으로 당신의 몸 전체를 그려보면서, 어떤 스트레스나 불편감이 당신 안에

머물고 있다면 알아차려봅니다. 당신 자신에게 다음의 문구들을 들려줍니다.

- 내가 행복하기를.
- 내가 평화롭기를.
- 내가 건강하기를.
- 내가 편안하게 살기를.

  (따뜻하게 몇 번 반복합니다.)

● 마지막으로, 몇 차례 호흡하고 몸 안에서 그냥 고요하게 휴식합니다. 지금 무엇을 경험하든지 있는 그대로 수용합니다.

비추어 보기

당신은 이 명상을 하는 동안 무엇을 알아차렸습니까? 당신에게 어떤 일이 일어났습니까? 자신보다 사랑하는 사람을 향한 자애를 느끼기가 더 쉬웠습니까? 당신을 미소 짓게 하는 사람과 당신 자신에게 동시에 자애의 느낌을 향하게 하는 것이 어떠했습니까? 이 명상이 힘들게 느껴지는 어떤 측면이 있었습니까? 그것을 연민으로 감싸 안을 수 있었습니까?

자기 자신보다 사랑하는 사람에게 자애를 느끼기가 훨씬 쉽다는 것은 흔한 일입니다. 이 명상에서 우리는 자애의 에너지를 활성화하기 쉬운 사람을 대상으로 시작하고, 그런 다음 자애의 흐름이 더 어려운 사람, 즉 우리 자신을 향해 흐르도록 '우리 자신을 끼워 넣습니다.'

그렇지만 여전히 많은 사람들이 자애명상을 힘들어합니다. 그저 문구들이 진실하게 들리지 않거나, "내가 …하기를"과 같은 말이 낯설게 들리거나 어색하게 느끼기도 합니다. 우리는 다음 장에서, 당신이 더 의미 있고 진솔하다고 느낄 수 있는 당신만의 자애문구를 발견하도록 도울 것입니다.

일상수행
자애 안에서 걷기

우리는 우리 자신 또는 우리가 만나는 모든 사람을 향해 선한 의도를 담은 문구를 전함으로써 온종일 자애의 태도를 실천할 수 있습니다. 이 비공식 수행은 자각의 닻을 내리기 위해 걷는 동작을 활용하지만, 휠체어나 다른 장치를 사용해서 움직이는 경우, 걷는 감각 대신 몸의 어느 부위든 신체적 접촉감을 활용할 수도 있습니다.

- 당신이 밖에서 길을 걷거나 쇼핑센터처럼 붐비는 곳에 있을 때마다 이 수행을 해볼 수 있습니다.
- 먼저, 걸을 때 발에 주의를 기울이면서 발과 다리의 감각을 알아차립니다. (천천히 걸을 필요는 없습니다.)
- 걸으면서 말없이 문구를 반복합니다. "내가 고통에서 벗어나 행복하기를."
- 그런 다음, 다른 사람이 눈에 들어오거나 그 사람 곁을 지나갈 때, "당신이 고통에서 벗어나 행복하기를" 같은 친절한 문구를 소리 없이 그 사람에게 전합니다. 또한 그 사람을 향해 약간의 따뜻함과 선한 의도를 연결할 수 있는지 봅니다.
- 당신이 안전하고 적절하다고 느낀다면, "당신이 고통에서 벗어나 행복하기를"이라고 속으로 반복하면서, 당신이 마주친 그 사람에게 고개를 끄덕이거나 가벼운 미소를 보내볼 수도 있습니다.
- 당신의 주의가 산만해지거나 불편하게 느껴질 때마다, 곧바로 주의를 발과 다리의 감각으로 되돌리고 자신에게 말합니다. "내가 고통에서 벗어나 행복하기를." 그리고 적절한 때에 주의를 다른 사람에게 돌립니다.
- 마지막으로, 시야에 들어오는 모든 사람, 즉 모든 살아 있는 존재들을 포함하도록 친절한 소망을 확장시킬 수 있는지 보고, 당신 자신도 잊지 않습니다. 소

나를 사랑하기로 했습니다
마음챙김 자기연민 워크북

리 없이 반복합니다. "모든 존재가 고통에서 벗어나 행복하기를."

비추어 보기

이 수행을 하는 동안 무엇을 알아차렸습니까? 다른 사람에 대한 당신의 지각이 달라졌나요? 당신을 대하는 그들의 반응이 달라졌나요?

이 수행은 모든 존재와의 연결감을 일으키는 데 매우 효과적일 수 있습니다. 이 수행을 상점이나 음식점에서 혹은 차나 지하철을 타고 출퇴근하면서, 어디든지 다른 사람이 있는 장소에 갈 때마다 활용할 수 있습니다.

만일 "내가/당신이 고통에서 벗어나 행복하기를"이라는 문구가 당신 안에서 친절과 연민의 진실한 감정을 일으키지 않는다면, 다음 장에서 당신만의 진정성 있는 문구를 찾고 난 후 이 수행을 합니다.

○ **메모** ○─────────────────────────────

나를 사랑하기로 했습니다
마음챙김 자기연민 워크북

10

우리 자신을 위한 자애

Loving-Kindness for Ourselves

● ● ●

우리가 정말로 무엇이 필요한지 발견하는 것은 우리 자신에게 진정으로 의미
있는 자애문구를 찾는 기초다.

자애명상의 유익함을 경험하기 위해, 때로는 수행을 개인의 필요에 맞추어야 한다. 그래서 이 장의 목적은 당신의 마음 문을 여는 고유한 열쇠, 즉 당신에게 정말로 와 닿는 자애문구를 찾도록 돕는 것이다.

우시는 헌신적인 명상 지도사였고, 집중수행에서 존경하는 선생님에게 자애명상을 배운 이래로, 여러 해 동안 수행을 하고 있었다. 그런데 그녀에게는 비밀이 하나 있었다. 그녀는 자애문구를 말할 때마다, 아무런 느낌 없이 로봇처럼 그 말을 기계적으로 반복하면서 아무것도 느끼지 못했다. 그녀는 자신에게 자애를 느끼는 기질이 없는 것 같다고 의심했다.

명상에 쓰이는 전통적인 자애문구들은 대부분 수세기 동안 선해내려온 것으로, 우리가 그것들에 연결되기 좀 어렵다 해도 놀라운 일이 아니다. 그러한 이유로, 당신과 공명하는 자애문구를 찾는 것이 중요하다. 우리 자신을 위해 자애의 느낌을 일으키고 싶을 때 특히 그렇다. 문구들이 영향력을 가지려면 자신에게 그것이 진솔하게 느껴져야 한다.

> 자애 명상의 유익함은 우리가 수행을 개인의 필요에 맞출 때 찾아온다.

문구를 찾는 것은 시를 쓰는 것과 같다. 말 속에 담을 수 없는 어떤 것을 표현할 수 있는 말을 찾는 작업이라고 이해해도 좋을 것이다. 우리의 목표는 자애와 연민의 에너지나 그런 태도를 불러일으키는 언어를 찾는 것이다.

호흡이 명상의 닻이 될 수 있는 것처럼, 자애문구 역시 알아차림의 닻으로 작용할 수 있다. 명상의 고요한 측면은 집중에서 나오기 때문에, 당신이 계속해서 반복하고 싶은 두 개에서 네 개의 문구에 머물 수 있다면, 그것은 명상에서 집중의 측면을 지원할 것이다. 그렇지만 우리가 '자애 속에서 걷기 수행'(9장 참조)에서 보았듯이, 자애문구는 일상생활 중에도 사용할 수 있다. 일상에서 사용하는 문구에는 그 순간에 맞다고 느끼는 대로 변화를 주면서 융통성을 더할 수 있다.

당신에게 깊은 의미가 있는 자애문구를 발견하기 위한 몇 가지 지침들을 소개한다.

- 문구는 단순하고, 명료하고, 진실되고, 친절해야 한다. 우리가 자신에게 자애의 문구를 전할 때 마음속에서 논쟁이 일어나서는 안 되며, 오직 "오, 감사하다! 감사하다!"라는 감사한 마음만 일어나야 한다.
- "내가 …하기를"이라는 말이 어색하거나 지나치게 애원하듯이 느껴진다면 사용하지 않아도 된다. 자애문구는 바람이다. "내가 …하기를"은 단지 가슴이 긍정적인 방향으로 기울어지도록 하라는 초대다. 그 뜻은 "그러하기를" 또는 "모든 조건이 허락한다면 그러하기를…"이다. 자애문구는 축복과 같다.
- 문구는 긍정적인 단언(예를 들어, "나는 매일 어제보다 더 건강해지고 있다")이 아니다. 우리는 단지 선한 의도를 기르는 것이지, 상황이 지금과 다르다고 가장하는 것이 아니다.
- 문구는 좋은 느낌이 아니라, 선한 의도를 일으키도록 만들어져야

나를 사랑하기로 했습니다
마음챙김 자기연민 워크북

한다. 자애명상이 어렵다고 느끼는 대부분의 이유는 우리가 어떻게 느껴야만 하는지에 대해 기대감을 갖기 때문이다. 자애수행은 우리의 정서를 직접 변화시키지는 않는다. 그렇지만 좋은 느낌은 선한 의도에 필연적으로 따라오는 결과다.

- 문구는 일반적이어야 한다. 예를 들어, "내가 당뇨병에서 벗어나기를"이 아니라, "내가 건강하기를"이 좋다.
- 문구는 천천히 말해야 한다. 서두를 필요가 없다. 문구를 빨리 말한다고 해서 경주에서 이기는 것이 아니다.
- 문구는 당신이 진정으로 사랑하는 사람의 귀에 대고 속삭이듯이 따뜻하게 말해야 한다. 가장 중요한 것은 문구 이면에 담긴 태도다.
- 마지막으로, 당신 자신을 '나' '당신' 또는 당신의 고유한 이름('조지')으로 부를 수도 있다. 또한 '사랑하는' '친애하는'처럼 애정을 담은 말을 사용할 수도 있다. 이런 식으로 당신 자신을 부르는 것은 친절과 연민의 태도에 힘을 실어준다.

나에게 필요한 것은 무엇인가?

진실하고 의미 있는 문구를 찾는 하나의 방법 중 하나는 자기연민훈련의 핵심 질문인 "나는 무엇이 필요한가?"에 초점을 맞추는 것이다.

필요란 무엇이며, 필요(needs)와 원함(wants)은 서로 어떻게 다를까? 원함은 사람마다 다르며, 목 위쪽인 머리에서 생겨난다. 고급 브랜드의 커피나 값비싼 차를 원하는 것처럼 원함은 끝이 없다. 필요는 더욱 보편적이며, 목 아래에서 일어난다. 인간으로서 가지는 필요는 받아들여지고, 인정받고, 보이고, 들려지고, 보호받고, 사랑받고, 알려지고, 소중하게 여겨지고, 연결되고, 존중받고자 하는 욕구다. 건강, 성장, 자유, 유머, 진실성 또는 안전에 대한 욕구처럼 여전히 보편적이지만, 덜 관계적인 것들도 있다. 우리가 정말로 무엇이 필요한지 발견하는 것은 우리 자신에게 진정으로 의미 있는 자애문구를 찾기 위한 기초다.

우시가 마침내 자신만의 자애문구를 만들어서 자신의 가장 깊은 필요를 대변하는 소망을 자신에게 보내자 모든 것이 달라졌다. 그녀가 정한 세 가지 문구는 "내가 용감하기를. 내가 진정한 나 자신으로 보이기를. 내가 사랑 안에 살기를"이었다. 로봇처럼 문구를 단순하게 반복하는 대신에, 각 문구가 그녀를 위한 의미로 가득 찼다. 이제 우시는 자애 명상을 수행할 때 거의 매번, 마치 자신에게 소중한 선물을 주고 감사하는 가슴을 활짝 열어 그것을 받는 것처럼 느낀다.

 실습
자애문구 찾기

이 실습은 당신이 당신에게 깊은 의미가 있는 자애와 연민의 문구를 발견할 수 있게 하기 위해 만들어졌습니다. 만일 이미 그런 문구가 있고, 그것을 계속 사용하고 싶다면, 이 실습을 하나의 실험으로 시도해보고, 그것을 바꿔야 한다고 여기지는 않기 바랍니다(녹음파일은 www.ikmp.org에 올려질 예정입니다.).

나에게 필요한 것은 무엇인가?

- 시작하기 위해, 한 손을 당신의 가슴 위 또는 다른 곳에 올려놓고, 당신의 몸이 호흡하는 것을 느껴봅니다.

- 이제 잠시 시간을 가지고, 꽃이 따뜻한 햇살 아래 피어나듯이 당신의 가슴이 부드럽게 열리도록—수용적이 되도록—허용합니다.

- 그런 다음, 당신 자신에게 이 질문을 던지면서 내면에서 자연스럽게 대답이 떠오르도록 허용합니다.

  - 나에게 필요한 것은 무엇인가? 진정으로 나에게 필요한 것은 무엇인가?

  - 특정한 날에 만일 이러한 필요가 충족되지 않으면, 당신의 하루는 완성되지 않습니다.

  - 연결되고, 사랑받고, 평화롭고, 자유로울 필요와 같이 보편적으로 인간에게 필요한 것이 그 대답이 되게 합니다.

- 준비가 되었을 때 당신에게 떠오른 것을 적어보십시오.

- 당신이 발견한 말들은 지금 그대로 만트라처럼 명상에 활용할 수도 있습니다. 또는 그것들을 다음과 같이 당신 자신을 위한 바람으로 다시 쓸 수도 있습니다.

  - 내가 나 자신에게 친절하기를.

  - 내가 나 자신에게 친절해지기 시작하기를.

  - 내가 소속되어 있음을 알기를.

  - 내가 평화롭게 살기를.

  - 내가 사랑 안에 머물기를.

내가 들을 필요가 있는 것은 무엇인가?

- 이제 두 번째 질문을 생각해봅니다.

  - 내가 다른 사람에게 들어야 하는 말은 무엇입니까? 내가 한 인간으로서 정말로 들을 필요가 있고, 간절하게 듣고 싶은 말이 무엇인가요? 당신 가슴의 문

을 열고 그 말이 오기를 기다려봅니다.

- ■ 만일 그럴 수 있다면, 남은 생애 동안 매일 내 귓가에 속삭여지기를 바라는 말들, 그 말을 들을 때마다 내가 "오, 감사하다! 감사하다!"고 말하게 하는 말들이 무엇인가요? 당신이 연약할 수 있음을 허용하고 용기를 내어 이러한 가능성에 자신을 개방합니다. 귀를 기울여봅니다.

- 준비가 되었다면, 당신이 들은 것을 적어봅니다.

_____

_____

_____

_____

_____

_____

- 만일 많은 말들을 들었다면, 그 말들을 짧은 문구, 즉 당신 자신을 향한 메시지로 만들 수 있는지 봅니다.

_____

_____

_____

_____

_____

_____

_____

나를 사랑하기로 했습니다
마음챙김 자기연민 워크북

- 당신이 적은 말들 역시 지금 그대로 자애명상에 사용할 수 있습니다. 또는 그것들을 당신 자신을 위한 바람으로 다시 쓸 수도 있습니다. 사실, 우리가 타인들에게 되풀이해서 듣고 싶은 말은 우리가 우리 자신의 삶에서 실현하고 싶은 자질들입니다. 예를 들어, "나는 너를 사랑해"라는 말을 간절히 듣고 싶다면, 우리가 정말로 사랑스러운지 알고 싶다는 뜻일 것입니다. 그것이 우리가 그 말을 몇 번이고 되풀이해서 듣고 싶은 이유입니다.

당신이 확실하게 알고 싶은 것은 무엇인가요?

- 원한다면, 당신의 말들을 당신 자신을 위한 바람으로 다시 작성할 수 있습니다. 예를 들어,
  - "나는 너를 사랑해"는 "내가 나 자신을 있는 그대로 사랑하기를"이라는 바람이 될 수 있습니다.
  - "내가 너를 위해 여기 있어"는 "내가 안전하고 안심할 수 있기를"이라는 바람이 될 수 있습니다.
  - "너는 좋은 사람이야"는 "내가 나 자신의 선함에 대해 알기를" 이라는 바람이 될 수 있습니다.

- 이제 잠시 당신이 쓴 것을 다시 살펴보면서 명상에 사용할 단어나 문구들을 두 개에서 네 개 정한 다음, 그것들을 적어봅니다. 이 단어나 문구들은 당신이 당신 자신에게 몇 번이고 되풀이해서 줄 선물입니다.

- 이 단어나 문구들을 기억하기 위해 잠시 시간을 갖습니다.
- 마지막으로, 그 단어나 문구를 들려주면서 그것이 당신 가슴에 어떻게 내려앉는 지 봅니다. 마치 사랑하는 사람의 귀에 속삭이듯이 당신 자신의 귓가에 문구를 속삭이면서, 당신의 문구를 천천히 부드럽게 되풀이해서 말하기 시작합니다. 내 면에서 들려오는 말들을 들으면서, 그 말들이 당신 안에 울려 퍼지도록 허용합 니다. 그 말들이 자리를 잡고 당신 존재를 채우도록 허용합니다.
- 그런 다음, 부드럽게 문구를 내려놓고 당신 자신이 이 경험 안에서 휴식하게끔 허용합니다. 이 수행이 어떠했든지 그대로 두고, 있는 그대로의 당신 자신이 됩니다.
- 이 실습을 당신에게 꼭 맞는 문구들을 탐색하는 과정의 시작일 뿐이라고 생각 하기 바랍니다. 자애문구 찾기는 영적이고 시적인 여정입니다. 자애명상을 수행 하면서 당신 스스로 이 과정(내가 필요로 하는 것은 무엇인가? 내가 간절히 듣 고 싶은 말은 무엇인가?)으로 되돌아오기를 기대합니다.

이 실습을 하는 동안 무엇을 알아차렸습니까? 당신에게 필요했던 것이 무엇인지 알고 놀라움을 느꼈나요? 떠오른 문구들에 대해 어떤 느낌이 들었나요?

좋은 문구를 찾았다는 것을 어떻게 알았나요? 감사! 감사가 있는 곳에 더 이상 갈망은 없습니다. 우리는 완전합니다. 그러한 가슴은 휴식합니다. 당신을 위해 그와 같은 효력을 지닌 문구를 찾기까지 시간이 걸릴 수도 있지만, 그만큼 노력할 만한 가치가 있습니다.

명상
우리 자신을 위한 자애

이 명상에서는, 당신이 자애문구 찾기 실습에서 발견한 문구들을 사용할 것입니다. 명상시간에 새로운 문구를 찾지 말고, 당신의 문구를 다시 살펴보고 어떤 것을 사용할지 결정합니다.

자애명상을 할 때 사람들은 모든걸 제대로 하기 위해 너무 애쓰는 경향이 있습니다. 그렇게 되지 않도록 명상할 때 특정한 경험을 하고 싶어 하는 바람을 포기할 수 있는지 살펴봅니다. 따뜻한 욕조에 미끄러지듯 들어가 물의 마법에 몸을 맡기듯이, 그저 문구가 모든 일을 하게 허용합니다.

■ 편안한 자세로 앉거나 누워봅니다. 눈을 완전히 감거나 또는 반쯤 감습니다. 몸에 안주하고 현재의 순간에 집중하도록 깊은 호흡을 몇 번 합니다.
■ 손을 당신 가슴 또는 당신을 위로하고 달래주는 곳에 둡니다. 이 손길은 당신의 경험과 당신 자신에게 단순한 자각뿐 아니라 애정어린 자각을 가져오라고 상기시켜줍니다.
■ 잠시 후, 호흡의 움직임을 당신 몸에서 느껴봅니다. 어디든 가장 쉽게 알아차릴 수 있는 곳에서 호흡의 부드러운 흐름을 느껴봅니다. 그러다가 주의가 배

회하면, 다시 한 번 호흡의 부드러운 움직임을 알아차려봅니다.

■ 이제 호흡에 초점을 두었던 주의를 내려놓고, 호흡을 자각의 배경에 둡니다. 그리고 당신에게 가장 의미 있는 문구들을 자신에게 들려줍니다.

■ 문구를 거듭해서 되풀이하면서, 그 말들이 당신을 둘러싸게 합니다. 사랑과 연민의 말들이 당신 자신을 감싸 안게 합니다.

■ 당신이 괜찮다고 느낀다면, 그 말들에 흠뻑 빠져서 그 문구들이 당신의 존재를 채우도록 둡니다. 문구가 당신 몸의 모든 세포 안에서 공명하도록 허용합니다.

■ 해야 할 것도, 가야 할 곳도 없습니다. 그저 친절한 문구에 당신 자신을 푹 담그고, 당신이 들어야 하는 그 말 속에 흠뻑 젖어듭니다.

■ 당신의 마음이 배회하고 있는 것을 알아차릴 때마다 위로의 손길을 주거나 또는 몸 속에서 일어나는 감각을 느끼기만 해도 당신은 의도를 새로이 할 수 있습니다. 그런 다음 당신 자신에게 문구들을 들려줍니다. 친절의 집으로 돌아옵니다.

■ 마지막으로, 문구를 내려놓고 몸 안에서 고요하게 휴식합니다.

비추어 보기

이 명상을 하는 동안 당신은 무엇을 알아차렸습니까? 자신의 필요에 맞는 문구를 활용하자 수행에 좀 더 연결된 것같이 느꼈는지요? 지금 당신의 느낌은 어떻습니까?

많은 사람이 자신에게 맞는 말을 찾는 즉시 그 문구의 의미를 훨씬 쉽게 느낄 수 있다는 것을 발견합니다. 그렇지만 만일 수행이 여전히 어색하다고 느껴지면, 사용하는 단어의 수를 줄여볼 수 있습니다. 어쩌면 '사랑' '지지' '수용' 같은 몇 개의 단어들을 사용하는 것이 더 자연스럽게 느껴질 수도 있습니다. 당신에게 효력을 발휘하는 문구들을 찾을 때까지 시도해보십시오.

이 수행은 MSC 과정의 두 번째 핵심 명상입니다. 그러므로 연속으로 며칠 동안 하루에 20분 정도 해보면서 이 명상을 제대로 이해하는지 살펴봅니다. 앞서 말했듯이, 공식(명상)과 비공식수행(일상수행)을 조합해서 하루에 30분 정도 하기를 권장합니다.

그래도 당신이 자애 명상이 전혀 울림이 없다고 느낀다면, 그 또한 괜찮습니다. 이 워크북에는 당신이 당신 자신과 연민적인 관계를 가꾸어나가도록 돕는 다른 수행과 명상이 많이 있습니다. 가장 중요한 것은 당신에게 꼭 맞다고 느끼는 방식으로 당신 삶에 친절을 더 많이 가져오려는 의도를 자리 잡게 하는 것입니다.

11

자기연민적 동기

Self-Compassionate Motivation

● ● ●

우리가 내면의 비난하는 목소리를 변화시키기 시작하면, 내면의 비판자는 그다지 가혹하고 무자비하지는 않을 것이다. 우리는 새로운 목소리, 즉 연민적인 자기의 목소리로 자신을 동기 부여하는 방법을 배울 수 있다.

자기연민을 가로막는 가장 큰 장애물은 그것이 동기부여를 약화시킬 것이라는 생각이다. 우리는 자신에게 친절하면 변화를 만들거나 목표를 달성하는 데 필요한 원동력을 갖지 못할 것이라고 두려워한다. 그것은 "내가 자신에 대해 너무 연민적이라면, 온종일 그저 앉아서 인터넷이나 뒤지면서 불량식품을 먹지 않을까?" 같은 생각이다. 글쎄, 10대 아들을 사랑하는 연민적인 어머니가 아들이 원하는 것은 무엇이든 하도록(온종일 앉아서 인터넷이나 뒤지면서 불량식품을 먹는 등) 내버려두는가? 물론, 아니다. 어머니는 아들에게 학교에 가고, 숙제를 하고, 제 시간에 자라고 말한다. 그렇게 하는 것이 자기연민과 다를 이유가 없지 않은가?

> 자기 연민은 우리를 태만하게 만들지 않는다.

만일 자녀에게 꼭 필요한 변화가 있어서 동기 부여를 원하는 어머니는 어떨까? 10대 아들이 학교에서 형편없는 수학 점수를 받아왔다고 해보자. 어머니는 아들이 나아지도록 돕기 위해 다양한 선택을 할 수 있다. 한 가지 방법은 가혹하게 질책하는 것이다. "네가 부끄럽구나. 넌 실패자야. 넌 절대로 아무것도 되지 못할 거야." 이 말을 듣고 움찔하지 않는가? (그런데도 우리는 자신이 실패하거나 부족하다고 느낄 때 몹시 끔찍한 그런 말들을 우리 자신에게 하지 않는가?) 그리고 그렇게 하면 효과가 있는가? 어쩌면 일시적으로는 효과가 있을지 모른다. 아들은 한동안 어머니의 노여움을 피하려고 더 열심히 공부할지 모르지만, 장기적으로 보면 틀림없이 수학 능력에 자신감을 잃고 실패를 두려워하게 돼서, 곧 있을 고급 수학 과정을 신청하지 않을 것이다.

빌은 실리콘 밸리에서 크게 성공한 컴퓨터 엔지니어였다. UC 버클리에서 수석을 했던 그는 이제 자기 사업을 시작해서 멋지고 혁신적인 소프트웨어를 개발하려는 중이었다. 그러나 빌이 자신에게 동기를 부여하는 방식은 언제나 가차없는 자기비난이었다. 예를 들어, 그가 대학 시절 시험에서 A 마이너스 학점을 받았을 때, 그는 자신을 인정사정없이 깎아내렸다. '넌 실패자야! 반에서 1등이 아니라면, 너는 실패자야. A를 받지 못한 걸 부끄럽게 생각해야 해.' 그는 성인이 되어서도 자신에게 동기를 부여하기 위해 여전히 이러한 방식을 사용했고, 만일 자신에게 가혹하지 않으면 게으름뱅이가 될 것이라고 믿었다.

나중에 빌이 새로운 사업을 하면서 나아가려고 할 때마다, 그는 극심한 불안을 느끼기 시작했다. '성공하지 못하면 어떡하지? 새 프로젝트가 자신이 실패자라는 걸 모두에게 증명하면 어떡하지? 사기꾼이라는 걸? 거짓이라는 걸?' 실패의 대가에 너무 열중한 나머지 빌의 삶은 아주 불행해졌고, 그는 이제 꿈을 포기해야겠다고 생각했을 때 비로소 편해질 수 있었다.

그러나 어머니가 아들에게 동기를 심어주고, 실패를 딛고 일어나 성공하도록 돕는 또 다른 방법이 있다. 아들에게 연민을 베푸는 것이다. 예를 들어, "우리 아들, 많이 속상하겠구나. 이리 와. 엄마가 안아줄게. 무슨 일이 있어도 엄마는 너를 사랑하는 거 알지?" 그렇게 하면 아들은 자신이 실패할 때에도 받아들여진다는 것을 알게 된다. 그러나 연민적인 어머니가 아들의 행복에 진심으로 관심이 있다면 거기서 멈추지 않는다. 행동이 포함된다. 어머니는 다음과 같은 말을 덧붙일 것이다. "네가 대학에 가고 싶어 하는 걸 알아. 물론, 대학에 가려면 입학시험에서 좋은 점수를 받아야 하지. 내가 도울 일이 있을까? 네가 정말로 열심히 하면 할 수 있다는 걸 알아. 나는 너를 믿어."

이런 유형의 격려와 응원이 장기적으로 훨씬 더 효과적이고, 지속 가능할 것이다. 연구에 따르면, 자기연민적인 사람은 자기확신감이 더 높을 뿐

> 자기비난의 동기가 두려움에서 시작하는 반면, 자기연민의 동기는 사랑에서 일어난다. 사랑은 두려움보다 더 강하다.

아니라 실패를 두려워할 가능성이 적고, 실패해도 다시 시도하려는 경향성이 크며, 계속해서 배우려고 노력한다.

무엇보다 우리가 자신을 비난하는 이유가 무엇인지 이해하는 것이 중요하다. 그렇게 하는 것이 죽을 만큼 아픈데도, 우리는 왜 그렇게 하는 것일까?

4장에서 말했듯이, 자기비난은 위협방어체계에 기초하고 있다. 어느 정도는, 우리 내면의 비판자가 우리를 억지로 바꾸려고 노력하고 있으므로 우리는 안전할 것이다. 예를 들어, 건강이 좋지 않을 때 왜 우리는 자책할까? 왜냐하면 우리 몸이 허물어져서 제대로 작동하지 못할까 봐 두렵기 때문이다. 왜 우리는 일터에서 중요한 과제를 계속해서 미루는 자신을 비난할까? 그렇게 해야 실패하고, 직업을 잃고, 노숙자가 되는 상황을 피할 수 있기 때문이다. 어느 정도는, 우리 내면의 비판자는 우리에게 해로울 수 있는 위험을 물리치려고 끊임없이 노력 중이다. 물론 내면의 비판자가 아무런 도움이 되지 않을 수 있다. 이런 접근이 완전히 역효과를 일으킬 수도 있다. 그러나 흔히 비판하는 그 의도는 좋은 것이다. 선한 의도를 이해하면서,

우리가 내면의 비난하는 목소리를 변화시키기 시작하면, 내면의 비판자는 그다지 가혹하고 무자비하지는 않을 것이다. 우리는 새로운 목소리, 즉 연민적인 자기의 목소리로 자신을 동기 부여하는 방법을 배울 수 있다.

처음에 빌은 자신에게 더 연민적으로 대하는 것이 상당히 어려웠다. 자신을 더 관대하게 대하면 일을 덜 하고 목표를 포기할까 봐 두려웠기 때문이다. 그러나 현실은 정반대였다. 빌의 내면에 있는 비판자가 너무 가혹해서 그는 실패할 가능성을 몹시 두려워했고, 간단한 도전에도 어떻게 대처해야 할지 알 수 없었다. 그래서 그는 꿈을 향해 작은 걸음을 내딛는 것조차 심각하게 미루기 시작했다. 다행히 그는 자신의 무자비한 내면의 목소리가 문제임을 알고 있었고, 조금이라도 나아가기 위해서는 변화가 필요하다는 결론을 내렸다.

그 즈음에, 빌은 그와 비슷한 나이인 체육관 트레이너와 함께 운동을 하고 있었는데, 빌에게 한없이 용기를 북돋아주는 사람이었다. 예를 들어, 빌이 팔 굽혀 펴기를 하다가 바닥에 쓰러지면, 트레이너는 곧 이렇게 말했다, "대단해요! 근육이 완전히 지칠 때까지 하는 게 우리가 원하는 거예요." 그리고 빌이 부상을 당할지도 모를 만큼 무거운 역기를 들려고 할 때, 그의 코치는 "이봐요, 빌, 그건 나중을 위해서 남겨두기로 해요. 당신이 생각하는 것보다 더 빨리 거기까지 갈 거예요"라고 말했다. 그래서 빌은 자신의 신규 사업 프로젝트에 트레이너와 똑같은 태도를 적용하기로 결심했다. "그냥 한번 해보는 거야," 그는 자신에게 말했다. "네가 할 수 있다는 걸 알아." 그리고 차질이 생겼을 때, 그의 트레이너라면 뭐라고 말했을지 상상했다. "거기서 버텨요. 우린 해냈어요." 빌은 천천히 자신의 연민적인 목소리를 발견하기 시작했고, 자신을 방해하는 대신 도와주는 법을 배웠다. 결국, 그는 회사 일을 그만두고, 신규 프로젝트를 시작하는 데 필요한 벤처 투자자를 찾았고, 그가 살아야 하는, 그를 행복하게 만드는 삶을 살기 시작했다.

실습

당신의 연민 목소리 발견하기

이 실습에서는 당신이 당신 내면의 비난하는 목소리를 듣고, 그 내면의 비판자가 어떻게 당신을 도우려고 노력하는지 발견하고, 내면의 연민적인 자기 목소리로 자신에게 동기를 부여하는 방법을 배울 것입니다.

때때로 내면의 비판자는 무엇이 우리에게 최상의 이득일지 생각하지 않는 것 같습니다. 이것은 과거 우리를 학대했던 누군가의 목소리가 내면화된 것일 때 특히 그렇습니다. 이 연습을 하는 동안 부디 당신 자신을 연민으로 대하십시오. 당신 자신이 불편한 영역으로 들어간다고 느낀다면, 거기서 멈추고, 자신이 힘이 있고 준비가 되었을 때만 다시 시작합니다. 이 실습을 하기 전에 도입 부분의 '수행을 위한 조언'을 다시 읽어보아도 좋습니다.

> 당신 자신에게 물어봅니다. "지금 나에게 무엇이 필요한가?"

- 다음 주어진 지면에 당신이 바꾸고 싶은 행동. 즉 그 행동을 하면 자주 자신을 몹시 책망하게 되는 어떤 것에 대해 적어봅니다. 당신에게 도움이 되지 않고 당신을 불행하게 만드는 행동을 하나 골라봅니다. 그러나 이 실습을 위해서는, 가벼운 정도에서 중간 정도의 범위 내에 있는 행동 한 가지를 선택합니다. 또한 잠재적으로 변화 가능한 행동을 고릅니다("내 발은 너무 크다"와 같이 영구적인 특징은 고르지 마십시오). 예를 들면, "나는 참을성이 부족하다" "나는 운동을 충분하게 하지 않았다" "나는 일을 미룬다" 등이 좋습니다.

_____

_____

_____

_____

자기비판적인 목소리와 만나기

- 당신이 이 행동을 할 때 자신에게 전형적으로 하는 말을 적어봅니다. 내면의 비
  판자는 어떤 때는 가혹하지만, 어떤 때는 오히려 의기소침한 감정이나 다른 형
  태로 나타나기도 합니다. 비판자가 어떤 말들을 사용하며 특히 어떤 어조를 사
  용하나요? 또는 말은 전혀 없지만 이미지가 있을 수도 있습니다. 당신 내면의
  비판자가 어떻게 표현하나요?

_____

_____

_____

_____

- 이제, 시간을 가지고 당신이 자신을 비난할 때 어떻게 느끼는지 알아차려봅니
  다. 자기비난의 목소리가 얼마나 당신을 고통스럽게 하는지 생각해봅니다. 원
  한다면, 그런 가혹한 말을 듣는 힘겨움에 연민을 보냅니다. "이건 힘들어" "정말
  미안해. 이 말을 듣는 게 얼마나 상처가 되는지 알고 있어"와 같이 고통을 인정
  해주는 말일 수 있습니다.

_____

_____

_____

_____

● 잠깐 동안 그 비난이 왜 그토록 오랫동안 계속되어왔는지 숙고해봅니다. 비록 이제까지 성과를 거두지는 못했지만, 내면의 비판자는 어떤 식으로든 당신을 보호하고, 위험으로부터 안전하게 지켜내기 위해 노력하고 있나요? 그렇다면 무엇이 내면의 비판자를 그렇게 하도록 만들었을지 당신의 생각을 적어봅니다.

● 만일 당신의 비난하는 목소리가 어떤 식으로 당신을 도우려고 노력하는지 도무지 알 수 없다면—때로는 자기비난은 그 결점을 보충할 어떤 가치도 없습니다—더는 나아가지 말고, 과거에 그 때문에 당신이 얼마나 고통받았는지에 대해 계속해서 당신 자신에게 연민을 보냅니다.

만일 내면의 비판자가 당신을 돕거나 안전하게 지키려고 어떻게 노력하고 있는지 확인했다면, 그 노력을 인정해줄 수 있는지 봅니다. 당신은 어쩌면 몇 마디 고맙다는 말을 써볼 수도 있습니다. 내면의 비판자에게 비록 그것이 지금 당신에게 별 도움이 되지는 않지만, 그 의도는 좋았고, 최선을 다한 것이라고 알려줍니다.

연민 목소리 발견하기

- 자기 비난의 목소리를 확인했다면, 이제 다른 목소리. 즉 당신 내면의 연민 목소리를 위한 공간을 만들 수 있는지 봅니다. 이 목소리는 매우 지혜로운 당신에게서 나오고. 지금까지의 행동이 당신에게 얼마나 해로운지 인식하고 있습니다. 또한 전혀 다른 이유로 당신이 변화하기를 원합니다.

- 손을 가슴이나 다른 위로가 되는 곳에 올려놓고 손의 따뜻함을 느껴봅니다. 이제 다시 당신이 분투하고 있는 그 행동을 살펴봅니다. 당신 내면의 연민 목소리의 본질을 정확히 담아낸 다음 문구를 반복하기 시작합니다.

  - "나는 너를 사랑해. 나는 네가 고통 받기를 원하지 않아."

  - 또는 좀 더 진실하게 "나는 너를 깊이 염려하고 있어. 그렇기 때문에 네가 변화하도록 돕고 싶어" 또는 "나는 너를 위해 여기 있고, 너를 도와줄 거야"와 같은 말을 해봅니다.

- 준비가 되었다면. 내면의 연민적인 목소리로 당신 자신에게 짧은 편지를 씁니다. 당신이 바꾸고 싶은 행동을 언급하면서 자유롭고 마음에서 우러나오는 글을 씁니다. "나는 너를 사랑해. 나는 네가 고통 받기를 원하지 않아"라는 깊은 감정과 바람에서 어떤 모습이 드러나나요? 당신은 변화하기 위해 어떤 말을 들어야 하나요? 그 말을 발견하는 것이 너무 힘들다면, 당신과 똑같은 문제로 고군분투하고 있는 사랑하는 친구에게 말할 때 당신의 애정어린 가슴에서 흘러나올 말들을 적어봅니다.

비추어 보기

앞의 실습이 당신에게 어떠했습니까? 내면의 비판자 목소리를 확인할 수 있었습니까?

당신의 비난하는 목소리가 당신을 도우려고 했다는 것을 발견했나요? 당신은 내면의 비판자에게 그간의 노력에 대해 감사하는 이유를 이해할 수 있었습니까?

"나는 너를 사랑해. 나는 네가 고통받기를 원하지 않아"라고 말하는 것은 당신에게 어떤 영향을 미쳤습니까? 당신 내면에 있는 연민의 목소리와 접촉할 수 있었습니까? 이러한 관점에서 글로 적을 수 있었습니까?

당신 내면의 연민적 자기에서 나온 어떤 말을 찾았다면, 지지받는 그 느낌을 당신 자신이 음미하게 합니다. 당신이 친절의 말을 찾기 어려웠다면, 그 또한 괜찮습니다. 시간이 필요합니다. 중요한 것은 우리가 좀 더 자기를 연민의 태도로 대하겠다는 의도를 배양하는 것이고, 결국에는 새로운 습관이 자리 잡을 것입니다.

이것은 많은 사람에게 매우 효과적인 연습입니다. 우리 내면의 비판자가 사실은 우리를 도우려고 노력한다는 사실이 드러나면, 우리 자신에 대해 판단하기를 멈출 수 있습니다. 일단 내면의 비판자가 "위험! 위험!"이라고 소리치며 우리를 안전하게 지키려고 노력한다는 것을 알고, 그 노력을 인정하고, 비판자의 좋은 의도에 감사하면, 그 비판자는 대개 긴장을 풀고 다른 목소리, 즉 우리 내면의 연민적 자기 목소리가 나타나도록 자리를 비켜줍니다[이 접근에 대해 더 자세히 알고 싶은 독자는 리차드 슈워츠(Richard Schwartz)의 내면가족체계 모델(IFS)을 탐구해보십시오].

많은 사람이 특히 내면의 비판자와 내면의 연민적 자기가 종종 같은 행동 변화를 추구한다는 사실에 놀라워합니다. 하나의 메시지가 완전히 다른 특질과 음조를 띨 뿐입니다. 한번은 MSC 참여자가 익살스럽게 우리에게 말했습니다. "놀라워요. 제 내면의 비판자는 항상 저에게 '이 나쁜 년!' 하고 소리를 지르곤 했어요. 그러면 곧 내면의 연민적 자기가 '워워, 그만해'라고 말했거든요."

몇몇 독자는 이 실습을 한 후 역류를 경험할 수도 있습니다. 그렇다면 역류에 어떻게 대처할지에 관해 8장을 참고하십시오. 예를 들어, 감정에 이름을 붙이거나 걸으면서 발바닥을 느끼거나 일상적이고 즐거운 활동을 할 수 있습니다. 때때로 자신을 위해 할 수 있는 가장 연민적인 일은 친구와 수다를 떨거나 잠시 동안 자기 연민수행에서 그냥 벗어나 있는 것입니다.

자신에게 쓰는 연민 편지

언제든지 당신이 고군분투하고 있거나 부족하다고 느낄 때마다 또는 자신이 변화하도록 동기를 부여하고 싶을 때, 자신에게 편지를 씀으로써 당신의 연민어린 목소리를 계속해서 들을 수 있습니다. 편지를 쓰는 방법은 주로 세 가지가 있습니다.

- 무조건적으로 지혜롭고, 사랑이 충만하고, 연민어린 가상의 친구를 한 명 떠올려봅니다. 그 친구의 관점에서 당신 자신에게 편지를 씁니다.
- 깊이 사랑하는 친구가 당신과 똑같은 일로 힘겨워할 때 그 친구에게 말하듯이 편지를 씁니다.
- 당신 자신의 연민적 일부가 힘겨워하는 당신 자신의 일부에게 편지를 씁니다.

편지가 완성된 후 잠시 그냥 놔두었다가 나중에 읽을 수 있습니다. 당신에게 그것이 가장 필요할 때 그 말들이 당신을 달래주고 위로하게 합니다.

당신이 좋은 친구의 목소리로 자신에게 편지를 쓰는 것을 편안하게 느끼는 데 시간이 좀 걸릴 수도 있지만, 수행을 하다 보면 확실히 더 수월해집니다. 다음은 견본 편지로, 전도유망한 그래픽 디자이너인 캐런이 8세, 13세인 두 아이와 함께 있어주지 못하는 자신에게 쓴 것입니다. 그녀는 마치 자신과 가장 가까운 단짝 친구가 그녀에게 말하듯이 편지를 썼습니다.

사랑하는 캐런, 네가 아이들과 함께 충분히 시간을 보내지 못한다니 속상하겠다. 넌 어린 소피의 발레 예행연습을 놓쳤고, 지난주에는 회사에 틀어박혀 있느라 벤이 두 번이나 저녁식사를 전자레인지에 데워먹어야 했지. 하지만 그 일로 자신을 책망하지 않기 바라. 네가 그러면 내 마음이 아프단다. 너는 좋은 엄마이고, 아이들과 함께 지내는 시간은 정말 소중한 시간으로 만들잖아. 너는 이제까지 일과 가정의 균형을 이루려고 노력하느라 정말 힘들었지. 너 자신을 좀 쉬게 해줘. 너는 최선을 다하고 있고, 믿을 수 없을 만큼 잘하고 있어. 네 아이들은 너를 깊이 사랑해. 나도 너를 깊이 사랑해.

네가 좀 더 일찍 퇴근해서 소피와 벤과 더 많은 시간을 보내고 싶어 하는 걸 알아. 아마 상사에게 네 고민을 말해볼 수 있을 거야. 이제 이 회사에서 일한 지 7년이 되었고, 네 능력을 증명했어. 너에게 필요한 것을 요구할 권리가 있어. 일어날 수 있는 최악의 일이라고 해봤자 그가 안 된다고 하는 것뿐이니까. 그리고 비록 상황이 바뀌지 않는다 해도, 너는 다정한 엄마야. 그걸 잊지 말아줘.

◦ **메모** ◦─────────────────────────────────────

나를 사랑하기로 했습니다
마음챙김 자기연민 워크북

12

자기연민과 몸

Self-Compassion and Our Bodies

● ● ●

우리가 자신을 친절과 따뜻함과 수용으로 대하게 되면, 거울에 비친 모습이 완벽하지 않을 때조차도 우리가 이러한 이미지보다 훨씬 나은 존재라는 것을 깨닫는다. 우리의 가치는 행복해지기 위해 노력하고, 종종 실수하지만 계속해서 노력하는 인간이 되는 것에서부터 비롯된다.

우리는 삶의 많은 부분들에서 만족감을 느끼기 위해 애쓰지만, 특히 도전이 되는 영역은 우리 몸이다. 우리는 자아감각을 거의 신체와 결부시켜 생각하게 된다. 그래서 신체적 외모는 우리가 자신에 관해 어떻게 느끼는지에 큰 영향을 미친다. 특히 여성의 아름다움에 대한 사회적 기준이 너무 높기 때문에, 신체 이미지는 여성에게 더 큰 영향을 미친다. 갈수록 여성들은 잡지에 나오는 완벽한 모델처럼 보이려고 수술("약간 손대는")에 의지한다. 그럼에도 불구하고 대부분의 여성들은 분명 그 이상적인 기준에 미치지 못할 것이다. 모델의 사진조차 에어브러시로 수정한 것이다!

남성은 여성보다 자신의 겉모습에 좀 더 만족하는 경향이 있지만, 그렇다 해도 몸을 받아들이는 데는 어려움을 겪는다. "내 몸이 탄탄한가, 날씬한가, 남자다운가?" 남성은 자신의 신체가 얼마나 강인한지 또는 운동을 얼마나 잘하는지 또는 성적인 기량같이 신체가 어떻게 기능하는지에 좀 더 집착한다.

우리가 마주하는 도전이 무엇이든, 여성과 남성 모두 몸을 친구로 여기기보다는 적으로 보는 경향이 있다. 몸이 우리가 그래야만 한다고 생각하는 대로 보여지거나 움직여지지 않을 때, 몸을 대하는 자기 연민적인 반응은 "으으"라고 말하기보다 "오오"일 것이다. 형편없는 식사, 불충분한 수면, 부족한 운동, 노화에도 불구하고 몸이 그 모든 상황을 이겨내기 위해 얼마나 힘겨운 노력을 하는지, 그 노고를 인정해주고, 몸을 다정하게 대할 수 있나? 이것은 남녀 누구에게나 중요한 일이다.

질리언은 52세로 '좋은 시절을 넘긴' 나이다. 그녀는 항상 체중과 씨름했고, 자신의 몸이 전혀 매력적이지 않다고 생각했다. 그녀의 분투는 중년에 들어서면서 더 심해졌다. 거울 속 자신을 힐끗 볼 때마다 혐오스럽다는 듯 코웃음을 쳤고, 자신이 부족한 존재라는 느낌에 휩싸였다. 눈밑 살가죽은 축 쳐져있고, 허벅지에는 안장주머니가 달린듯 했다. 그녀는 곳곳이 다 '축 처진' 느낌이 들었다. 질리언은 땅콩버터와 초콜릿 아이스크림을 먹으며 위안을 찾으려고 했지만, 안락함은 그다지 오래가지 못했다. 질리안은 몸에 집착하지 않으려 노력했지만 어쩔 수 없었다. 그녀는 내면에서 행복하다고 느끼지 못했기 때문에 자신의 외모를 결코 편안하게 느낄 수 없었다.

다행히도 자기연민은 신체에 대해 느끼는 불만족에 강력한 해결책이다. 연구에 따르면 짧은 기간만 자기연민을 수행해도 신체 수치심을 덜 느끼고, 자아존중감이 신체 외모에 의존하는 정도가 줄어들고, 우리 몸을 있는 그대로 인정하는 데 도움이 된다.

우리 자신을 친절과 따뜻함과 수용으로 대하게 되면, 거울에 비친 모습이 완벽하지 않을 때조차도 우리는 이러한 이미지보다 훨씬 나은 존재라는 것을 깨닫는다. 행복해지기 위해 노력하면서도 때로는 실수하는 한 인간이라는 존재, 여기에서부터 우리의 가치가 생겨나는 것임을 우리는 서서히 알게 된다. 몸이 우리가 누구인지를 정의한다고 여기는 대신, 우리의 내적 자원과 내면의 아름다움이 가장 중요하다는 것을 깨닫게 되면 더 큰 그림을 보게 된다. 우리는 살아있음을 내면 깊숙이 느끼면서, 몸이 우리에게 준 삶이라는 놀라운 선물에 감사하기 위해 멈출 수 있다. 자기연민으로써 단지 몸의 겉모습이 아니라 몸이 우리를 위해 하는 일에 기뻐하게 되면, 우리가 해오던 미친 짓을 멈출 수 있다.

자기연민수행을 공부하고 나자, 질리언은 자기 자신 그리고 자신의 몸과 관계맺는 방식을 바꾸기 시작했다. 그녀는 다른 사람이 자기를 아름답다고 생각해주기를 원했는데, 그럴 때 자기 자신이 사랑받고 수용되어진다고 느꼈기 때문이다. 하지만 질리언은 진정한 만족은 자신이 스스로를 얼마나 사랑하고 받아들이느냐에 달려 있다는 사실을 깨달았다. 질리언은 나이가 들면서 다소 살이 쪘지만, 대신에 지혜로워지고 자신이 가진 강점으로 무엇을 해야 하는지에 대해 새로이 발견할 수 있었다. 질리언은 내적으로나 외적으로 완벽하지는 않았지만, 자신의 결점이 어떻게 스스로를 실제적이고 진실하게 만드는지 인식하고, 자신의 결점이 자신만이 가진 소중한 인간성의 표시라고 인정하기 시작했다. 질리언은 로봇이나 무조건 순종하는 아내가 아니었다. 그녀는 생명 에너지가 꿈틀대는 인간이었다.

자신과 관계 맺는 방식이 달라지면서 음식과 관계 맺는 방식도 달라졌다. 그녀는 더 이상 정서를 충족시키려고 음식을 잔뜩 먹을 필요가 없었다. 그녀는 음식을 즐기면서도 몸이 이제 충분히 먹었다고 말할 때 멈출 수 있었다. 무엇보다 가장 큰 선물은 질리언이 마침내 자신을 인간인 것으로 충분하다고 느끼기 시작했고, 있는 그대로 받아들이고 사랑하기 시작했다는 것이다.

 실습
자기연민으로 몸을 감싸 안기

몸에 집착하는 경쟁적인 문화에서 육체의 불완전성에 대해 연민을 가지기란 어렵습니다. 우리는 매체가 만들어낸 비현실적인 이미지에 둘러싸여 있으므로, 우리가 어떻게 보이는지 또는 어떻게 기능하는지에 불만을 느끼지 않기란 거의 불가능합니다. 유일한 선택은 우리가 완벽하지 않다는 사실을 받아들이고, 할 수 있는 최선을 다하며, 우리 자신을 사랑하는 것입니다. 다음 실습은 자기연민의 세 가지 요소를 활용해서 자신을 있는 그대로 받아들이고 자신의 불완전성을 감싸 안도록 돕기 위해 만들어졌습니다.

■ 아래 빈 칸을 활용해서 친절하지만 솔직하게 당신의 몸을 평가하는 것으로 시작합니다. 좋은 것과 나쁜 것에 대한 현재의 사실에 마음챙김을 할 수 있는지 봅니다. 그런 다음 당신이 좋아하는 몸의 특징을 모두 나열합니다. 당신은 건강할 수도 있고, 미소가 매력적일 수도 있습니다. 평소 당신의 자아상에 영향을 주지 않는 것들에 대해서도 간과하지 마십시오. 예를 들어, 손 힘이 세다거나 소화기관이 잘 기능한다는 사실(당연하게 여기면 안 됩니다!)과 같이 당신을 만족스럽게 해주는 몸의 측면들을 충분히 인정하고 감사를 전합니다.

나를 사랑하기로 했습니다
마음챙김 자기연민 워크북

■ 이제. 그다지 좋아하지 않는 몸의 특징을 모두 나열해봅니다. 어쩌면 당신은 피부에 반점이 있거나, 뱃살이 접히거나, 젊었을 때보다 더 빨리, 더 멀리 달릴 수 없을지도 모릅니다. 이 과정에서 불편한 감정이 일어날 수 있는데, 이 또한 인정할 수 있는지 봅니다. "늘어지는 턱선을 보려니 힘들어. 이건 나에게 어려워." 부족함에 관한 과장된 이야기로 도망가지 않고 당신의 불완전성을 진정으로 인정하고 받아들이면서, 당신이 이 감정들과 함께 머물 수 있는지 봅니다. 당신의 '결점'에 대해 균형 잡힌 평가를 해봅니다. 당신의 머리가 하얗게 센다는 사실이 정말로 그렇게 문제입니까? 몸의 행복과 건강이라는 측면에서 당신의 체중이 5킬로그램 불어났다고 정말로 걱정할 일입니까? 당신의 불완전성을 축소하려 하지도, 지나치게 확대해서 부풀리지도 않기 바랍니다.

■ 다음으로, 당신이 지금 느끼는 감정 안에서 보편적 인간경험을 인식할 수 있는지 봅니다. 다른사람들에게도 당신이 느끼는 그런 부분이 있을까요? 현대 사회에서 몸에 대한 불만족은 인간사의 일부라고 할 수 있을까요?

■ 마지막으로, 지금 힘겨운 감정을 경험하고 있는 당신 자신에게 친절과 연민을 베풀어봅니다. 지금 이 순간 당신은 어떻게 자신을 달래고 위로할 수 있을까요? 당신의 결점을 포함해 지금 그대로의 당신 자신을 허용하면서, 자신을 어느 정도 받아들일 수 있나요? 만일 친절한 말을 떠올리기 너무 힘들다면, 사랑하는 친구가 이와 똑같은 신체 이미지 문제로 힘겨워할 때, 당신이 그 친구에게 어떤 말을 할 수 있는지 상상해볼 수 있습니다. 당신이 그 친구를 배려한다는 것을 그가 알게 하려면 어떤 식으로 따뜻함과 지지를 전달해야 할까요? 이제 이 말들을 당신 자신에게 들려줍니다.

나를 사랑하기로 했습니다
마음챙김 자기연민 워크북

비추어 보기

당신이 좋아하거나 좋아하지 않는 당신 몸의 측면들을 마음챙김과 함께 알아차려보니 어땠습니까? 당신이 보편적 인간경험을 떠올렸을 때 달라진 것이 있었는지요? 애쓰는 가운데, 당신 자신에게 친절을 베풀 수 있었습니까?

이 실습은 도전적일 수 있는데, 우리들의 자아존중감이 대부분 신체 외모에 크게 의존하기 때문입니다. 만일 이 연습이 당신에게 힘든 감정을 불러일으킨다면, 신체 불만족으로 고통받는 당신 자신에게 친절을 보냅니다. 위로의 손길을 활용하거나 자기연민 브레이크(4장 참조)를 해볼 수도 있습니다.

또 어떤 사람들은 더 운동하기 또는 너 건강하게 먹기 같은 구체적인 행동 목표를 정하면서 자신을 연민으로 대하면 변화의 동기를 잃을까 봐 걱정합니다. 우리는 자신을 있는 그대로 사랑하고 받아들이는 동시에 우리를 더 건강하고 행복하게 만드는 새로운 행동을 하도록 자신을 격려할 수도 있다는 것을 기억합니다.

 명상
연민어린 바디스캔

이 명상에서 우리는 한 부위에서 다른 부위로 옮겨 가면서, 친절하고 연민적인 방식으로 몸의 각 부위와 함께하는 방법을 수행하면서 다양한 방식으로 몸의 각 부위에 친절한 주의를 기울일 것입니다. 마치 어린아이에게 마음을 기울이듯이, 호기심과 친절함을 가지고 몸에 집중할 것입니다.

만일 당신이 몸의 어느 부위에서 편안함과 행복감을 느낀다면, 그 부위를 향해 당신 안에서 일어나는 어떤 감사나 고마움을 전할 수 있습니다. 또 몸의 한 부위와 관련해서 판단이 일어나거나 불쾌한 감각을 느낀다면, 그 힘겨움을 측은히 여기면서 당신의 가슴을 부드럽게 할 수도 있고, 연민과 지지의 표시로 몸의 그 부위에 손을 올려놓고 따뜻함과 친절함이 손과 손가락을 통해 몸으로 흘러들어온다고 상상해볼 수도 있습니다.

그리고 몸의 어떤 영역에 머물기가 너무 힘들다면, 주의를 몸의 다른 부위, 특히 정서적으로나 신체적으로 중립적인 부위로 잠시 옮기면서 이 명상이 가능한 편안하게 이루어지도록 합니다.

순간순간 당신에게 필요하다고 여겨지는 것과 접촉을 유지합니다.

지시문에 익숙해지면 눈을 감고 연민어린 알아차림으로 몸을 통과하듯 쭉 훑어나갑니다. 처음 시작하는 사람인 경우, 명상 안내 녹음을 활용하는 것이 훨씬 쉬울 것입니다.

- 등을 바닥에 대고 편안한 자세로 누워봅니다. 양손을 몸 옆에서 15센티미터 정도 떨어진 곳에 두고 발은 어깨 넓이만큼 벌립니다. 그런 다음 이 연습을 하는 내내 애정어린, 연결된 현존을 당신의 몸에 가져온다는 것을 상기시키는 의미에서, 한 손 또는 양손을 가슴 위 또는 위안을 주는 다른 곳에 놓습니다. 당신 손의 따뜻함과 부드러운 감촉을 느낍니다. 천천히 편안하게 세 번 호흡한 다음, 원한다면 팔을 다시 몸 옆에 놓습니다.

- 왼쪽 발가락에서부터 시작하면서, 발가락에서 어떤 감각이 느껴지는지 알아차리기 시작합니다. 발가락이 따뜻한지, 서늘한지, 건조하거나 촉촉한지 알아차립니다. 발가락의 감각이 편안한지, 불편한지 혹은 감각이 전혀 없는지 그냥 느끼면서 감각 하나하나를 있는 그대로 내버려둡니다. 발가락의 느낌이 좋다면, 발가락을 꼼지락거리면서 고맙다는 미소를 보냅니다.

- 그런 다음 왼쪽 발바닥으로 이동합니다. 거기서 어떤 감각을 감지할 수 있습니까? 당신의 발은 표면적이 그렇게 작은데도, 온종일 당신의 몸 전체를 지탱하고 있습니다. 당신의 발은 아주 열심히 일합니다. 그렇다고 느껴지면, 자유롭게 왼쪽 발바닥에 감사를 보내봅니다. 불편감이 느껴진다면, 부드럽게 그 불편감에 마음을 개방합니다.

- 이제 발 전체를 느껴봅니다. 발이 편안하게 느껴진다면, 지금 불편감이 없는

나를 사랑하기로 했습니다
마음챙김 자기연민 워크북

것에 대해 감사할 수도 있습니다. 어떤 불편감이 있다면, 그 부위가 마치 따뜻한 수건에 둘러싸인 것처럼 부드러워지게 합니다. 원한다면, "그곳이 조금 불편하지만, 지금은 괜찮아" 같은 친절한 말로 당신이 느끼는 불편감을 인정합니다.

- 점차 다리 위쪽으로 주의를 이동합니다. 한 번에 한 부위씩 어떠한 신체 감각이 느껴지든지 알아차리면서, 그 부위가 기분 좋게 느껴진다면 감사를 보내고, 어떤 불편감이 있다면 연민을 보냅니다. 계속해서 몸의 왼쪽 부위에 집중한 상태에서 천천히 몸을 따라 다음의 부위로 나아갑니다.

    ○ 발목

    ○ 정강이와 종아리

    ○ 무릎

- 언제나 그렇듯이 마음이 방황하는 것을 알아차리면, 주의를 기울이고 있던 부위의 감각으로 즉시 돌아옵니다.

- 당신은 "무릎이 편안하기를. 무릎이 건강하기를"과 같이 친절함이나 연민의 말을 덧붙이고 싶을 수도 있습니다. 그런 다음, 주의를 몸의 각 부위에서 느껴지는 단순한 감각으로 되돌려옵니다.

- 이러한 전체 과정이 탐구적이고, 심지어 놀이처럼 즐겁고, 당신의 몸 전체에 대해 부드럽게 작용하도록 합니다. 다음 부위로 이동합니다.

    ○ 허벅지

    ○ 엉덩이

- 만일 몸의 어떤 부위에 대해 불편감을 느끼거나 판단이 일어나면, 손을 가슴 위에 얹고 부드럽게 호흡하며, 친절함과 연민이 손가락을 통해 당신의 몸으로 흘러들어간다고 상상해봅니다.

- 또는 편안함을 느낀다면, 당신이 괜찮다고 느끼는 만큼 내면에서 감사의 미소를 지어봅니다.

- 이제 왼쪽 다리 전체로 애정어린 자각을 가져오고, 어떤 감각이 느껴지든 그 감각에 자리를 내어줍니다.
- 이제 오른쪽 다리로 와서, 다음 부위로 나아갑니다.
  - 오른쪽 발가락
  - 오른쪽 발바닥
  - 오른쪽 발
  - 발목
  - 정강이와 종아리
  - 무릎
- 만일 신체적으로나 정서적으로 지나치게 불편감이 일어나면 그 부위를 건너뛰어도 됩니다. 이제 다음 부위로 나아갑니다.
  - 허벅지
  - 엉덩이
  - 오른쪽 다리 전체
- 이제 당신의 자각을 골반 부위, 즉 두 다리를 지지하고 있는 튼튼한 뼈와 골반 부위의 부드러운 조직들로 가져옵니다. 엉덩이가 바닥이나 의자에 닿아 있는 감각을 느껴봅니다. 그 큰 근육이 계단을 오르도록 도와주고, 부드럽고 편안하게 앉을 수 있도록 도와줍니다.
- 이제 허리로 옵니다. 허리는 스트레스가 많이 쌓이는 부위입니다. 어떤 불편감이나 긴장을 알아차린다면, 이 부위의 근육이 부드러움으로 녹아내리면서 긴장이 풀린다고 상상할 수도 있습니다.
- 자세를 조정하는 것이 더 편안하다면, 자세를 약간 바꿔도 좋습니다.
- 그런 다음, 등으로 옵니다.
- 이제 몸의 앞부분, 복부로 주의를 이동합니다. 복부는 여러 장기와 다양한 신체 기능을 가진 매우 복잡한 부위입니다. 이 부위에 감사를 보낼 수도 있습니

다. 만일 당신의 복부에 대해 판단이 일어나면, 몇 마디 친절과 수용의 말을 할 수 있는지 봅니다.

- 그런 다음, 가슴으로 이동합니다. 호흡의 중심이자 또한 가슴의 중심인 이 부위는 사랑과 연민의 근원입니다. 가슴에 자각, 감사 그리고 수용이 스며들게 합니다. 가슴 중앙에 손을 부드럽게 올려놓고, 당신이 지금 느끼는 것이 무엇이든 당신 자신이 그것을 느끼도록 허용할 수도 있습니다.

- 이렇게 해나가면서 몸의 어떤 부위든지 자유롭게 터치해볼 수 있습니다. 마음 가는 대로 그 부위를 부드럽게 쓰다듬어볼 수도 있습니다.

- 어린아이를 대할 때와 같이 따뜻한 느낌으로 계속해서 당신의 자각이 당신의 몸을 향하게 하면서 다음 부위의 감각을 느껴봅니다.
  - 왼쪽 어깨
  - 왼팔의 윗부분
  - 팔꿈치

- 다음 각각의 부위로 부드러운 자각을 가져갑니다.
  - 왼팔 아랫부분
  - 손목
  - 손
  - 손가락

- 원한다면 자유롭게 손가락을 꼼지락거리고, 손가락을 움직일 때 일어나는 감각을 느껴봅니다. 당신의 손은 정교한 물체를 잡고 조작하도록 독특하게 만들어졌고, 접촉에 매우 민감합니다.

- 이제 애정과 연민적인 자각으로 왼쪽 팔과 손 전체를 훑어봅니다.

- 이제 몸의 오른쪽 부위로 이동하면서, 다음 부위로 나아갑니다.
  - 오른쪽 어깨
  - 오른팔의 윗부분

○팔꿈치

　　○팔의 아랫부분

　　○손목

　　○손

　　○손가락

　　○오른쪽 팔과 손 전체

■ 이제 목에서부터 시작해서 자각을 머리 쪽으로 이동합니다. 원한다면 손으로 목을 만져보고, 목이 어떻게 온종일 머리를 떠받치고 있는지, 어떻게 두뇌에 혈액을 공급하고 몸에 공기를 전달하는 역할을 하는지 상기해봅니다. 목이 편안하다면, 정신적으로 또는 신체적으로 터치를 하면서 목에 감사와 친절을 보냅니다. 그 부분에 어떤 긴장감이나 불편감이 느껴진다면 연민을 줍니다.

■ 마지막으로 머리로 이동합니다. 뇌를 보호하는 단단한 표면인 머리 뒷면에서부터 시작합니다. 원한다면 손으로 머리 뒷면을 부드럽게 만져보거나, 그냥 애정어린 자각을 갖고 머리 뒷면을 만져봅니다.

■ 그 다음은, 양쪽 귀로 이동합니다. 귀는 우리가 사는 세계에 관해 정말 많은 것을 알려주는 민감한 지각기관입니다. 들을 수 있다는 것에 기쁨이 일어난다면, 가슴에서 감사가 일어나도록 허용합니다. 만일 당신의 청력이 걱정된다면, 한 손을 가슴 위에 얹고 당신 자신에게 연민을 보냅니다.

■ 그런 다음, 다음과 같은 다른 감각 기관들에 애정어린 또는 연민어린 자각을 줍니다.

　　○눈

　　○코

　　○입술

■ 뺨과 턱의 도움으로 당신이 먹고 말하고 미소 짓는다는 사실을 잊지 않고 인식합니다.

- 이제 마지막으로, 이마와 정수리 그리고 그 안쪽에 있는 뇌로 이동합니다. 당신의 부드러운 뇌는 수십억 개의 신경세포로 이루어져 있고, 그것들은 늘 서로 소통하며 우리가 살고 있는 이 기적 같은 세계를 이해하도록 돕습니다. 원한다면, 당신을 대신해서 한시도 쉬지 않고 일하는 당신의 뇌에게 "고맙다"라고 말해봅니다.
- 당신의 몸 전체에 친절하고 연민어린 주의 보내기를 다 마쳤다면, 마지막으로 머리에서부터 발가락까지 몸 전체를 타고 감사, 연민, 존경의 샤워를 합니다.
- 그런 다음, 부드럽게 눈을 뜹니다.

비추어 보기

이 명상이 당신에게 어떠했습니까? 당신은 무엇을 알아차렸습니까? 몸의 어떤 부위는 다른 부위보다 감각을 느끼기가 더 쉬웠습니까?

당신이 판단하게 되거나 불편감을 느낀 몸의 부위들에 연민을 가질 수 있었습니까? 거기에 위로하는 손을 올려놓아 보았습니까? 당신의 몸에 감사를 보내는 것은 어떠했습니까?

이 명상을 하는 동안, 당신의 주의가 산만하거나 이 명상이 짜증나거나 심지어 지루하게 느꼈다 해도 자신을 비난하지 마십시오. 어떤 사람들은 몸에 별로 관심이 없고, 너무 오랫동안 몸에 머물기를 좋아하지 않습니다. 다른 사람들은 바디스캔을 수행할 때 마침내 '집(귀의처)'에 도착한 경험을 합니다. 모두가 다릅니다. 최선을 다해 친절로 당신이 무엇을 경험하든지 허용하고, 있는 그대로의 자신을 허용합니다. 그것이 마음챙김과 자기연민입니다.

13

진행 단계

Stages of Progress

● ● ●

우리는 힘겨운 순간에 고통에서 벗어나기 위해 연민 수행을 하는 것이 아니고,
인간으로 사는 것이 때로는 힘들기 때문에 수행을 한다.

자기 연민 수행은 전형적으로 세 단계를 거친다.

- 애쓰기
- 환상에서 벗어나기
- 진정한 수용

처음 자신에게 더 친절해지는 수행을 시작할 때, 우리는 삶의 일반적인 태도를 그대로 취할 가능성이 크다. 즉, 우리는 제대로 하기 위해 애쓴다. 그리고 실제로 자기연민을 체험하게 되면, 상당한 안도감을 느끼면서 수행에 더욱 더 열심을 낼 것이다. 자기연민수행의 초기 단계는 마치 초기 연인 관계에서 사랑의 열병에 빠지는 단계와 같다. 우리는 새로 발견한 행복으로 기뻐하고, 그 경험과 연인에게 집착하기도 한다. 마찬가지로, 우리가 우리 자신의 필요를 적어도 부분적으로 채울 수 있다는 것을 깨달을 때, 그 놀라운 발견으로 인해 사랑에 빠진 것과 비슷한 감정을 느낄 수 있다. 그런 깨달음은 상당히 고무적일 수 있다.

> 자기연민을 배우는 첫 번째 단계에서 사랑에 빠지는 것 같은 감정을 느낄 수 있다.

조나단이 처음으로 자기연민 브레이크(4장을 보십시오)를 활용했을 때, 그 효과는 너무나 강력했다. 그는 직장에서 몹시 스트레스를 받는 상황을 생각하고 있었는데, 잠깐 수행을 하고 나니 즉각적으로 스트레스가 사라지고 평화롭고 고요한 상태가 되었다. "고통을 마음챙김하고, 보편적 인간경험을 인식하고, 나 자신에게 친절하기만 하면 된다는 말이지?"라고 그는 생각했다. "놀라워!"

그러나 모든 새로운 관계가 그러하듯이, 반짝임은 결국에는 그 빛을 잃기 시작한다. 예를 들어, 우리가 처음에 경험한 안전감과 연결감을 다시 느끼기를 기대하면서 손을 가슴 위에 올려놓았으나 아무 일도 일어나지 않을 수 있다. 제기랄! 그렇게 우리는 수행의 다음 단계인 '환상에서 벗어나기'로 넘어간다. 자기연민이 우리를 실망시키기 시작할 때, 우리는 제대로 하지 못하는 일이 하나 더 늘었다고 생각한다.

한 명상 지도자는 "모든 기술은 운명적으로 실패할 수 밖에 없다"라고 말했다. 왜일까? 왜냐하면 우리가 하는 수행이 더 좋은 기분을 느끼게 하고 고통을 사라지게 하기 위해 순간순간의 경험을 조작하기 위한 '기술'이 될 때, 그것은 숨겨진 형태의 저항이 되기 때문이다. 그리고 우리는 그 저항이 얼마나 잘 작동하는지 알고 있다.

조나단은 10대 아들과 크게 말다툼을 하게 되어 화가 나고 좌절했을 때, 자신의 마음을 가라앉히기 위해 무엇을 해야 할지 안다고 생각했다. 자기연민 브레이크! 그러나 불행하게도 그것은 효과가 없었다. 그러자 조나단은 위로의 손길(4장을 보십시오)을 시도했다. 그것 또한 효과가 없었다. 조나단은 믿었던 친구에게 버림받은 듯한 기분을 느끼며 낙심하게 되었다. "다 이해했다고 생각했는데, 아직도 여전히 비참한 기분이야. 나는 자기연민에 전혀 소질이 없는 게 분명해."

환상에서 벗어나 절망으로 무릎 꿇고 무력감으로 항복할 때, 바로 그 순간 우리는 마침내 전진하기 시작한다. 실제로, 진전은 진전에 대한 생각을 내려놓는 것을 의미한다. 우리가 어딘가에 도달하기 위해 애쓰기를 멈추고, 고통을 없애려는 목표에 도달하기 위해 애쓰기를 멈추면, 우리의 의도는 더 순수하게 정제하기 시작한다. 자기연민 수행의 결과에 집착하기보다는, 수행 자체를 위해 수행하기 시작한다. 우리는 7장에서 언급했던 역설에 가장 잘 담긴 진정한 수용의 단계로 들어간다.

우리가 힘겨울 때 우리 자신에게 연민을 제공하는 것은 더 좋은 기분을 느끼기 위해서가 아니라 우리가 힘들기 때문이다.

다시 말해서, 우리는 힘겨운 순간에 고통에서 벗어나기 위해 연민 수행을 하는 것이 아니고, 인간으로 사는 것이 때로는 힘들기 때문에 수행을 한다. 진정한 수용은 독감으로 이틀째 앓고 있는 아이를 달래는 부모와 같다. 부모는 독감을 쫓아내기 위해 아이를 돌보는 것이 아니다. 독감은 때가 되어야 물러난다. 하지만 아이가 열이 나고 아프기 때문에, 치유 과정이 일어나는 동안 부모는 고통에 대한 자연스러운 반응으로 아이를 돌본다.

우리가 우리 자신을 돌보려고 할 때도 이와 같다. 우리가 실수하고 고군분투하기 쉬운 불완전한 인간이라는 현실을 온전히 수용하면, 우리의 가슴은 자연스럽게 부드러워지기 시작한다. 우리는 여전히 고통을 느끼지만, 또한 사랑이 고통을 감싸 안는 것을 느낀다. 그러면 좀 더 견딜 만하다.

이러한 반응은 우리가 일반적으로 고통과 관계 맺는 방식과 다르기 때문에 '급진적'이며, 변화 또한 급진적일 수 있다.

   명상 지도자와 대화를 나눈 후, 조나단은 자기연민수행 이면의 의도
가 무의식적으로 바뀌었다는 것을 깨달았다. 그는 자기연민을 하면 기
분이 좋아진다는 것을 알게 되어서, 기분이 좋지 않을 때면 고통을 없애
기 위해 그것을 사용하려는 경향성에 빠져들었던 것이다. 이러한 사실
을 깨닫자, 조나단은 힘겨워하는 자신을 발견할 때마다 고요한 부드러
움이 일어나는 것을 알아차렸다. 심지어 그는 고통을 가슴을 열게해 주
는 신호로 여기기 시작했다. 마침내 열린 가슴으로 사는 것은 그가 삶에
서 가장 원하는 것이었다.

  명상 지도자인 페마 초드론(Pema Chödrön)은 말한다. "오랜 세월
이 지나도 우리는 여전히 미칠 수 있고, 화를 낼 수 있다. 오랜 세월
이 지나도 우리는 여전히 소심하거나 질투하거나 무가치하다는 감
정으로 가득 차 있을 수 있다. 중요한 것은 우리 자신을 내동댕이치
지 않고 더 나은 무엇이 되는 것이다. 이미 있는 그대로의 우리 자신
과 친구가 되어주는 것이다."
  명상 지도자 롭 내언(Rob Nairn)은 더 간결하게 설명한다. "수행의
목적은 연민어린 혼란이 되는 것이다." 그것은 깊은 연민을 지닌, 종
종 힘겨워하고, 불확실하고, 혼란스러워하는 온전한 인간을 뜻한다.
그리고 아름다운 점은 이것이 실제로 달성 가능한 목표라는 사실이
다. 우리가 가파른 낭떠러지에서 떨어지든, 고통이 속을 뒤틀어놓
든, 우리 삶이나 성격이 불완전하든, 우리는 여전히 고통에 대한 마
음챙김하고, 보편적 인간경험을 기억하고, 우리 자신에게 친절할 수
있다.

전진의 단계가 늘 선형적이고 순차적인 것은 아니다. 빙글빙글 도는 나선형에 더 가깝거나, 때로는 단계들 사이에서 왔다갔다한다. 그러나 시간이 지나면서 애쓰기와 환상에서 벗어나기 단계는 짧아지고, 삶의 우여곡절을 통과하면서 진정한 수용이 점점 더 우리와 함께할 것이다. 우리는 어떤 일이 일어나든지 여전히 우리 자신을 애정어리고 연결된 현존의 품으로 안아줄 수 있다는 사실을 신뢰하기 시작한다.

실습
나는 지금 자기연민수행의 어느 단계에 있는가?

아래 주어진 빈 칸에 다음 세 가지 질문을 생각할 때 떠오르는 내용을 적어봅니다.

- 우리가 자기연민수행에서 진행의 단계를 차례로 살펴본 것을 기억하면서, 잠시 동안 당신이 지금 전체 주기에서 애쓰기, 환상에서 벗어나기, 진정한 수용 중 어디쯤 있을지 살펴봅니다.

■ 당신이 수행의 어떤 영역에서 고군분투하고 있다면, 그 애씀을 줄일 수 있는 어떤 방법이 있나요? 당신이 공간을 조금 더 주거나, 내려놓거나 또는 더 온전하게 허용하면 좋을 만한 어떤 경험이 있나요?

_____

_____

_____

_____

_____

_____

_____

■ 이 여정을 지나고 있는 당신을 위해 연민을 가져올 수 있는 어떤 방법이 있을까요? 당신이 수행을 해나갈 때 친절, 이해, 지지 또는 감사의 몇 마디 말을 하는 것으로 당신은 온화함과 인내심을 가질 수 있는지요?

_____

_____

_____

_____

_____

_____

_____

비추어 보기

사람들은 진전이라는 말을 들으면 종종 "멀리 나아갈수록 좋다"라고 생각합니다. 다시 말하면, 사람들은 진정한 수용의 단계에 와 있지 않은 자신을 판단할 수 있습니다. 따라서 자기연민은 어떤 목적지가 아니라 삶의 방식이라고 깨닫는 것이 중요합니다. 우리가 진정한 수용의 순간을 맞이하긴 하겠지만, 애쓰기와 환상에서 벗어나는 순간 또한 많이 찾아올 것입니다. 그것들은 이 여정에서 동등하게 중요한 측면입니다. 그러므로 당신이 진행의 단계에서 어디에 와 있는지에 관해 긍정적이든 부정적이든 어떤 판단을 경험하고 있다면, 평가의 습관을 내려놓고 이 순간 당신에게 주어진 실제에 부드러운 가슴으로 단순히 마음을 열 수 있는지 봅니다.

일상수행
연민어린 혼란에 머물기

당신이 자기연민을 활용해서 고통을 없애려 하거나 '더 나은 사람'이 되려고 할 때마다 이러한 미묘한 형태의 저항에서 벗어나, 당신의 목적을 새롭게 해야 합니다. 단지 우리 모두 불완전한 삶을 사는 불완전한 인간이라는 점 때문에 연민수행을 하도록 합니다. 그리고 삶은 힘든 것입니다. 다른 말로 '연민어린 혼란'에서 존재하기 위해 수행을 합니다. 이 수행은 당신이 일상생활 가운데 힘겨울 때마다 할 수 있습니다.

- 삶 속에서 어떤 부분을 당신이 부족하다고 느끼기 때문에 정서적으로 고통받는 상황을 떠올려봅니다. 어쩌면 당신이 후회할 일을 했거나 당신에게 중요한 어떤 일에서 실패한 상황일 수 있습니다. 우리는 점진적으로 자기연민의 자원을 쌓아가고자 하기 때문에, 너무 심각하지 않고, 너무 가벼운 것 사이의 중간 정도의 문제를 고릅니다.
- 당신이 이 상황을 마음에 떠올릴 때 몸에서 불편감이 느껴지나요? 만일 그럴

지 않다면 약간 더 어려운 상황을 골라보고, 반대로 불편감이 너무 강하다면, 덜 어려운 상황을 선택합니다.

- 당신이 정서적인 불편함을 느끼고 있다면, 당신의 가슴이 이 힘든 감정들을 감싸 안으면서 녹아내리도록, 힘들어하는 자신을 달래주고 돌보도록 허용하면서 그 고통을 온전히 수용할 수 있는지 봅니다. 이 순간을 경험하는 당신 자신과 애정어리고 연결된 현존으로 함께 있어줄 수 있는지요?

- 두세 번 깊게 숨을 쉬고 자신을 진정시키고 자신에게 초점을 두기 위해 잠시 동안 눈을 감습니다. 지지와 자기친절의 표시로, 손을 가슴 위에 두거나 다른 위로의 손길을 활용합니다.

- (소리 내어 말하거나 마음속으로) 당신 자신에게 따뜻하고, 지지적이며, 연민적인 언어로 말해봅니다. 예를 들어.

  ○ "네가 지금 너 자신에 관해 그렇게 힘들게 느낀다니 정말 안타까워. 하지만 이 감정이 영원히 지속되지는 않을 거야. 내가 너를 위해 여기 있어. 괜찮을 거야."

  ○ "실패의 아픔으로 정신을 차릴 수 없을 정도야. 내가 그 고통을 없애지는 못하지만, 용기와 인내와 열린 가슴으로 그것과 함께하고자 노력할 거야."

- 당신 자신을 있는 그대로 온전한 인간으로 허용할 수 있나요? 완벽해지려는 애씀을 내려놓고 최선을 다하고 있는 당신을 인정할 수 있나요? 당신의 불완전함을 인정하면서도 무조건적인 수용의 느낌을 주는 언어, 당신의 친구나 진정으로 아끼는 사람에게 사용할 수 있는 언어로 당신 자신에게 말해봅니다. 예를 들어.

  ○ "연민어린 혼란에 머물러도, 불완전해도 괜찮아."

  ○ "내가 정말 망쳐버렸어. 그러지 않으려고 했는데, 그렇게 됐어. 이런 기분을 느끼는 건 정말 힘들어. 때로는 잘못을 저지르는 불완전한 인간이라는 사실을 바꾸기 위해 내가 할 수 있는 일은 아무것도 없어. 내가 나 자신을 이

해와 친절로 받아들일 수 있기를.

비추어 보기

제대로 잘 하기 위한 애씀을 내려놓거나 우리의 불완전함을 수용하는 것에 저항하는 것은 자연스러운 일입니다. 우리는 안전하다고 느끼기를 원하는데, 실수를 하게 되면 우리가 안전하지 않다고 느끼게 됩니다. 그러나 우리 자신을 있는 그대로가 아닌 다른 무엇이기를 바라는 마음으로 우리 자신을 판단함으로써 상처를 더욱 악화시킬 필요는 없습니다. 우리는 단지 이 애씀이 어떻게 불필요한 고통을 일으키는지 깨달을 필요가 있고, 우리가 적어도 자신과 자신의 인간적인 결함을 수용할 수 있는지 탐구할 필요가 있으며, 무슨 일이 일어나는지 살펴볼 필요가 있을 뿐입니다.

14

깊이 있게 살기

Living Deeply

● ● ●

핵심가치에 맞지 않게 살 때 우리는 고통을 느낀다. 그래서 중요한 자기연민 행위 중 하나가 우리의 가치를 확인하고, 그에 맞게 살고 있는지 살펴본 다음 필요한 것을 스스로에게 주려고 노력하는 것이다.

자기연민은 근본적으로 "나에게 필요한 것은 무엇인가?"라고 묻는다. 그런데 만일 우리가 인생에서 가장 가치를 두는 것이 무엇인지 잘 모른다면 우리는 정말로 필요한 것을 자신에게 줄 수 없다. 핵심가치는 우리를 이끌어주고 삶의 의미를 부여해주는, 우리가 깊이 간직하고 있는 이상이다. 욕구와 가치 모두 인간 본연의 그 무엇을 반영해준다. 일반적으로 욕구는 건강, 안전 또는 사랑이나 친밀감을 위한 요구 같은 신체적, 정서적 생존과 관련이 있다. 반면, 가치는 사회적 정의나 창의적인 추구같이 선택적인 경향이 있다.

> 핵심가치를 발견하는 일은 당신 스스로 자신에게 정말로 필요한 것을 줄 수 있게 해준다.

삶 속에서 우리가 하는 분투는 우리의 핵심가치에 따라 크게 달라진다. 예를 들어, 당신이 자유로운 시간과 새로운 모험을 가치 있게 여긴다면 추가 근무를 해야 하는 승진에서 제외됐다는 사실이 다행일 수 있지만, 만약에 당신이 가족 부양을 중요하게 여긴다면 승진에서 탈락한 것이 무척이나 충격적인 일이 될 것이다.

목표와 핵심가치 사이에는 다음과 같은 차이가 있다.

목표는 달성될 수 있다.	핵심가치는 목표를 달성한 후에도 계속해서 우리를 이끌어준다.
목표는 목적지다.	핵심가치는 방향이다.

목표는 실천하고 있는 어떤 것이다.	핵심가치는 우리를 존재하게 하는 어떤 것이다.
목표는 정하는 것이다.	핵심가치는 발견되는 것이다.
목표는 종종 외부에서부터 생겨난다.	핵심가치는 깊은 내면에서부터 생겨난다.

핵심가치에는 연민, 관대함, 정직, 봉사 등이 있다. 핵심가치는 대개 우리가 어떻게 대우받길 원하며, 다른 사람들을 어떻게 대할 것인가 같은 관계적 가치들이지만, 자유, 영적 성장, 탐구, 예술적 표현 등과 같은 좀 더 개인적인 것들도 있다.

> 마크는 법무법인에서 일하며 렉서스를 몰았고 겉보기엔 성공한 사람처럼 보였다. 부모님도 늘 그가 의사나 변호사가 되길 바랐다. 그러나 그는 결혼을 하고 나서야 무언가 놓치고 있다는 것을 깨달았다. 그는 행복하지 않았고, 어쩌다가 자신이 원했던 것과 동떨어진 삶을 살게 된 건지 알 수 없었다. 마크는 글 쓰는 것을 매우 좋아해서 저작권법 침해 송장을 쓰는 게 아니라 소설을 쓰고 싶었다. 그는 종종 회사를 떠나 소설가가 되는 꿈을 꾸면서도 그렇게 하면 부모님이 실망하실까 봐 걱정됐다. 사실 부모님 걱정보다는 작가로서 생계유지를 할 수 있을까 겁이 났다.

핵심가치에 맞지 않게 살 때 우리는 고통을 느낀다. 그래서 중요한 자기연민 행위 중 하나가 우리의 가치를 확인하고, 그에 맞게 살고 있는지 살펴본 다음, 필요한 것을 스스로에게 주려고 노력하는 것이다. 정말로 자신의 행복에 관심을 갖고 고통을 줄이고자 한다면, 다시 말해 자기연민심이 있다면 우리는 좀 더 우리의 가치에 맞

나를 사랑하기로 했습니다
마음챙김 자기연민 워크북

게 깊이 있고 의미 있는 삶을 살도록 해주는 내면의 자원을 발견하게 될 것이다.

마크는 결국 우울증이 생겼고 자기연민에 대해 말했던 치료사를 만나러 갔다. 마크는 자신과 더 좋은 친구가 되려면 진정으로 즐길 수 있는 활동을 해야 한다는 것을 깨달았다. 마크는 아침형 인간이었기 때문에 지난 5년 동안 마음속에 담아왔던 이야기를 글로 쓰기 위해 매일 아침 한 시간을 따로 떼어놓았다. 마크가 '제일 먼저 할 일'이라고 말했던 이 작은 변화는 그를 행복하고 활기차게 만들었다. 그리고 직장에서의 하루가 덜 부담스러워졌다는 것을 알게 됐다. 그는 퇴근 후에 모이는 글쓰기 동호회에 가입했고, 마음에 맞는 친구들을 사귀었으며, 동네 서점에 책을 읽으러 가기 시작했다. 전반적으로 자신의 삶이 바른 궤도에 올라섰다고 느꼈다. 진로를 바꾸기 위해 느꼈던 내적 압박도 일단은 진정이 되었다.

실습
우리의 핵심가치 발견하기

다음은 글로 작성해보는 실습입니다. 빈 공간을 활용하세요.

- 당신이 노년기에 있다고 상상해봅니다. 당신은 근사한 정원에 앉아 자신의 인생을 되돌아보고 있습니다. 그러면서 깊은 만족감, 기쁨, 흡족함을 느낍니다. 삶이 항상 편안했던 건 아니지만, 최선을 다해 자신에게 진실하려고 노력했습니다. 어떤 핵심가치들이 당신의 삶을 의미 있게 했나요? 예를 들어, 자연에서 시간을 보낸다든가 여행, 모험 또는 다른 사람들을 위한 봉사 등등 당신의 핵심가치를 적어봅니다.

● 이제 당신이 핵심가치에 따라 살지 않았다고 느껴지는 방식이나 당신의 가치와
  균형을 이루지 못했다고 느껴지는 방식을 적어봅니다. 예를 들어, 자연과의 소
  통이 인생에서 가장 좋아하는 것임에도 불구하고 자연에서 시간을 보내기에는
  너무 바빴을 수도 있습니다.

- 만일 당신이 균형 있게 살지 못했다고 느껴지는 가치가 여러 가지라면, 당신에게 특별히 중요한 것, 하나를 골라 적습니다.

- 물론 우리가 핵심가치에 따라 사는 데 방해가 되는 장애들은 흔히 있습니다. 시간이 없거나 돈이 없는 것은 외적인 장애들입니다. 예를 들어, 당신은 시간이 많이 드는 직업을 가지고 있어서 자연에서 충분한 시간을 보내지 못할 수 있습니다. 이러한 외적인 장애들이 있다면 적어봅니다.

- 핵심가치에 따라 사는 데 방해가 되는 내적 장애도 있을 수 있습니다. 예를 들어, 실패를 두려워하나요? 자신의 능력을 의심하거나 아니면 내면의 비판자가 방해하나요? 당신은 숲속에서 아무 걱정 없는 하루를 보낼 자격이 없다고 느낄 수도 있습니다. 이런 내적 장애들을 적어봅니다.

_____

_____

_____

_____

- 이번에는 자기친절이나 자기연민이 당신의 진정한 가치관에 따라 사는 데 도움이 될 수 있나 생각해봅니다. 예를 들어, 내면의 비난 같은 내적 장애를 극복하는 데 도움이 되는지 깊이 생각해봅니다. 자기연민이 당신이 새로운 행동을 하게 하고, 실패를 두려워하지 않게 하고, 더 이상 시간낭비하지 않도록 당신에게 충분한 안전감과 자신감을 주나요? 예를 들어, 좀 더 자주 캠핑을 갈 수 있을 만큼 지금보다 시간이 자유로운 직장으로 옮긴다던지 또는 이전에는 미처 생각할 수 없었던 가치들을 당신 인생에서 표현할 수 있게 하나요?

_____

_____

_____

_____

_____

_____

● 마지막으로 가치에 맞게 생활하는 데 극복할 수 없는 장애가 있다면 그러한 힘
   겨움에 대해서도 자기연민을 보낼 수 있을까요? 그런 조건에도 불구하고 당신
   의 가치관을 포기하지 않을 수 있나요? 만일 그러한 극복할 수 없는 문제가 인
   간이라는 불완전함 때문이라면 그러한 자신 또한 용서할 수 있을까요?

비추어 보기

이 실습은 당신에게 어떠했나요? 예상하지 못했던 어떤 일이 일어났나요?

어떤 사람들은 이 실습을 하면서 자신의 핵심가치를 확인하느라 애를 씁니다. 어쩌면 우리는 우리에게 깊은 의미를 주는 가치가 무엇인지 충분히 생각할 겨를도 없이 치열하게 살아왔는지 모릅니다. 이럴 때 "나는 어떤 것에 관심을 갖는가?"라고 단순하게 자기연민적으로 물어볼 수도 있습니다. 당신의 가치는 진짜 당신의 것인가요, 아니면 다른 사람들이 당신에게 그래야 한다고 요구한 가치인가요?

또 어떤 사람들은 자신의 핵심가치를 분명하게 알지만 그에 맞게 살지 못하는 것에 실망하고 있을 수도 있습니다. 자기연민이 우리를 방해하는 것들을 내려놓는데 도움이 될 수 있는지 고려하는 것은 유익하지만, 반면에 아무리 노력한다 할지라도 때로는 핵심가치에 따라 살 수 없다는 것을 인식하는 것 또한 중요합니다. 만일 당신이 이런 경우라면, 당신의 가슴 가장 깊숙한 곳에 잠재된 갈망의 불꽃을 타오르게 하면서 인간의 삶이 단순하지 않다는 것을 받아들일 수 있는지 생각해봅니다. 핵심가치를 약간 표출하는 것이 당신 인생에 큰 변화를 가져올 수도 있다는 것을 발견할 수도 있습니다.

일상수행
서원과 함께 살아가기

우리가 자신의 핵심가치대로 살고 있지 않다고 느낄 때 불만족, 좌절, 불안 같은 감정이 일어납니다. 우리가 '잘못된 장소에서, 잘못된 시간에, 잘못된 사람들과 잘못된 일을 하고'하고 있다는 것을 발견할 때가 바로 우리의 핵심가치를 떠올릴 때입니다.

우리가 핵심가치를 잘 기억할 수 있도록 그것을 서원으로 만들어볼 수 있습니다. 서원이란 무엇일까요?

- 서원은 우리가 삶에서 길을 잃었을 때 계속해서 방향을 재확인할 수 있게 하는 일종의 염원입니다.
- 서원은 법적 구속력이 있는 계약은 아니지만, 가장 중요하게 여기는 것에 우리의 삶을 단단하게 연결시켜줍니다.
- 서원은 호흡 명상에서의 호흡처럼 우리가 일상에서 길을 잃고 표류할 때 돌아갈 수 있는 안전한 장소로 기능합니다.

우리가 길을 잃어버렸다는 것을 알아차릴 때 우리는 우리 자신에 대해 수치심이나 자책 대신 매우 연민적으로 대해야 합니다. 그리고 다시 우리의 핵심가치에 집중합니다.

마지막 실습을 통해 발견한, 당신이 남은 인생 동안 구현하고 싶은 중요한 핵심가치 하나를 선택합니다.

이제 그것을 서원의 형태로 적어봅니다. "내가 ~하기를" 또는 "나는 할 수 있는 최선을 다해 ~하기를 서원합니다" 같은 형식으로 적습니다.

나를 사랑하기로 했습니다
마음챙김 자기연민 워크북

눈을 감고 당신의 서원을 조용히 여러 번 반복해봅니다.

비추어 보기

　의미 있는 서원을 만들 수 있었나요? 여러분의 의도를 이런 식으로 만들어보는 것이 어떠했나요?

　많은 사람들이 마치 집으로 돌아가기 위해 네비게이션을 켜듯이 날마다 서원을 반복하는 것이 자신을 궤도에서 벗어나지 않게 돕는다고 말합니다. 원한다면 아침에 침대에서 나오기 전에 손을 가슴에 얹고 자신의 서원을 몇 차례 말한 다음 일어나보십시오. 잠들기 전에도 똑같이 할 수 있습니다. 가끔은 서원을 할 때 촛불을 켜고 작은 의식처럼 하는 것도 도움이 됩니다.

실습
희망의 빛(silver linings)*

깊이 있게 살기의 또 다른 중요한 측면은 삶의 투쟁과 도전을 통해 배우는 것입니다. 우리들 대부분은 고난과 실패를 두려워하지만 우리에게 다른 방식으로는 도저히 배울 수 없는 가르침을 주는 건 대개 이런 경험입니다.

> 우리의 온전한 잠재력을 꽃피우려면 진흙에 뿌리부터 내려야 한다

틱낫한 스님은 "진흙탕 없이는 연꽃도 없다"라고 말합니다. 삶이라는 진흙에 뿌리를 내리지 않고는 우리의 온전한 잠재력을 꽃 피울 수 없다는 의미입니다. 인생에서 만나는 도전은 우리로 하여금 내면 깊숙이 들어가 이전에는 미처 알지 못했던 자원과 통찰을 발견하게 합니다. "모든 먹구름은 희망의 빛을 가지고 있다"라는 속담도 이러한 진리를 말해줍니다. 자기연민이 주는 선물 중 하나는 고통 안에서 성장하고 발견할 수 있도록 우리를 지지해줌으로써 우리가 압도되지 않고 고통과 함께 지금 여기에 머무르도록 허용해주는 것입니다.

당신은 이 실습을 시작하기 전에 두세 번 심호흡을 한 다음, 잠시 눈을 감고 평온하게 집중하고 싶을 수 있습니다. 지지와 친절의 표시로 손을 가슴 위나 다른 위로가 되는 곳에 올려놓습니다.

- 한때 당신의 인생에서 몹시 힘들었던, 심지어 극복조차 힘들어 보였지만 돌이켜보면 당신에게 중요한 가르침을 주었던 과거 삶의 투쟁을 떠올려봅니다. 아주 오래전 일이며 지금은 확실하게 해결되었고 당신이 배워야 하는 것을 가르쳐준 사건을 선택합니다. 어떤 상황이었나요? 그것에 대해 적어봅니다.

---

* 아무리 안 좋은 상황이라도 희망은 있다는 의미의 영국 속담으로 Silver linings는 구름의 흰 가장자리를 지칭한다.

- 결코 다른 방식으로는 배울 수 없었을 가르침을 당신은 그 어려움과 위기를 통해 배울 수 있었습니다. 그 심오한 교훈은 무엇인가요? 그것 역시 적어봅니다.

- 현재 당신의 인생에도 희망의 빛을 품고 있는 어려움이 있는 건 아닌지 깊게 살펴봅니다. 있다면 현재의 딜레마에 숨겨진 교훈은 무엇일까요?

- 이런 상황에서 자기연민수행이 어떻게 당신에게 안전함과 강인함을 느끼게 해주고 필요한 것들을 배울 수 있도록 도와주나요?

_____

_____

_____

_____

_____

비추어 보기

당신은 이 실습에서 어떤 경험을 했나요? 현재의 어려움에 잠재된 희망의 빛을 발견할 수 있었나요? 당신이 그렇게 하는 데 자기연민이 어떻게 도움이 됐나요?

때로는 희망의 빛이 전혀 없는 힘겨운 상황도 있습니다. 그렇기에 그저 살아 있다는 것만으로도 대단히 성공적일 수 있습니다. 당신이 만일 이런 경우라면, 잠시 동안 당신의 회복력에 감사하는 시간을 가져봅니다.

삶의 어려움을 통해 배운 것을 기억하는 일은 우리의 고통을 긍정적인 시각으로 재구성할 수 있게 합니다. 물론 어려움을 부정한다는 의미는 아닙니다. 만일 당신이 현재 상황에서 희망의 빛을 보는 것이 어렵다 해도, 이 또한 그저 자연스러운 일이니 희망의 빛을 강구해서는 안 됩니다. 그저 어려움 속에 성장의 기회가 있을 수도 있다는 가능성을 열어두기만 해도 그 상황을 좀 더 가볍게 받아들일 수 있게 됩니다.

15

자신을 잃지 않고 다른 사람들과 함께하기

Being There for Others without Losing Ourselves

● ● ●

어떻게 하면 고통스러워하는 상대와 계속해서 정서적인 연결을 유지할 수 있을까? 그러기 위해서는 먼저 자기 자신과 연결되어야 한다.

자기연민이 삶에 가져다주는 변화 중 하나는 우리 자신을 잃지 않으면서 다른 사람에게 베풀 수 있다는 것이다. 우리는 고통을 겪는 사람들과 함께할 때 그것이 마치 우리의 고통인 것처럼 느낀다. 과학자들은 우리 몸에서 다른 사람들의 경험을 그대로 감지하는 특별한 신경세포인 거울뉴런(mirror neurons)을 발견했다. 또 우리 뇌에는 사회적 상황을 판단하고 다른 사람들의 감정과 공명하는 영역이 있다. 이런 공감적 공명은 대개 언어 이전의 본능적 수준에서 일어난다.

공감적 공명은 아이를 더 잘 키울 수 있게 하고, 우리 자신을 위험에서 보호할 수 있도록 서로 협력하게 하는 진화적 결과다. 우리는 이러한 사회적 상호작용 능력을 타고났다. 하지만 이런 공감은 대체로 좋은 것임에도 문제가 될 때도 있는데, 우리가 잘 아는 사람들의 고통과 공명할 때 마치 자신이 그 고통을 받는 것처럼 느끼게 되는 것이다. 때때로 그것이 너무 압도적이면 우리는 그 사람을 몰아내거나 문제를 해결하기 위해 엘리베이터를 타고 생각 속으로 들어가 버리는 등 그 고통을 피하거나 줄이기 위해 교묘한 조치를 취하고자 한다.

당신이 겪고 있는 힘든 상황에 대해 누군가에게 말하려고 했을 때 상대가 이야기를 제대로 듣지도 않고 곧바로 끼어들어서 충고와 조언을 하는 이유가 뭔지 궁금해해본 적이 있는가? 아니면 당신이 누군가에게 그렇게 했던 경우가 있었는가? 그 이유는 상대의 고통을 함께 느끼는 그 상황이 불편하기 때문이다. 또 공감적 고통은 두려움이나 불편한 기억들을 불러일으킬 수도 있다(18장 및 19장 참조).

마리아는 자신이 세심하게 배려하는 타입이라고 생각했고, 항상 다른 사람들을 돕고 싶어 했다. 하루는 친한 친구 아이샤가 커피를 마시러 가자고 했다. 카페에서 아이샤는 눈물을 흘리면서 오래 사귄 남자친구와 최근에 결별했다고 말했다. 마리아는 아이샤가 이야기를 계속 하도록 내버려두지 않고, 계속해서 괜찮아질 거라고, 새로운 사람을 만나게 될 거라고 말했다. 결국 아이샤는 격분하며 말했다. "그냥 내 말 좀 들어줄 수 없니? 나는 너무 슬퍼서 털어버리고 싶어. 물론 언젠가는 괜찮아지겠지만 지금은 아니야. 지금 나는 단지 나를 위해 함께 있어줄 네가 필요하다고!" 화가 난 아이샤는 그 자리를 떠났다.

마리아가 선의로 도우려 했다고 할지라도 그녀의 방식은 상황을 더욱 악화시켰다. 문제 해결사 유형들은 상대의 고통을 '고쳐주려는' 경향이 있다. 의도가 좋았다 할지라도 상대의 말에 충분히 귀 기울이지 않고 이해해주지도 않은 채 상대의 말을 잘라버리는 것은 그 사람과의 정서적 연결을 끊어버리게 한다. 이야기를 하는 사람은 의식적으로든 무의식적으로든 상대에게 연민을 기대할 것이다. 연민은 우리가 고통을 견딜 수 있게 해주는 자원이다. 또한 깊은 애정으로 고통을 겪고 있는 사람들을 돌볼 수 있게 해준다.

어떻게 하면 고통스러워하는 상대와 계속해서 정서적인 연결을 유지할 수 있을까? 그러기 위해서는 먼저 자기 자신과 연결되어야 한다. 때론 듣는다는 것이 얼마나 힘든지에 대해 연민적 태도를 갖고서 우리 안에

> 타인에 대한 공감을 유지하려면 우리 자신에 대한 연민으로 시작한다.

나를 사랑하기로 했습니다
마음챙김 자기연민 워크북

서 일어나는 반응을 그대로 수용할 때, 우리는 대화하는 동안 산만해지거나 상대가 하는 말을 끊거나 하지 않고 상대의 말을 그대로 들을 수 있게 된다.

아이샤가 떠나고 마리아는 생각을 정리하는 시간을 가졌다. 마리아는 친구가 그렇게 속상해하는 걸 보는 것이 얼마나 괴로운 일이었는지 깨달았다. 자신은 그저 조언을 해서 아이샤의 아픔을 덜어주고 싶었을 뿐인데, 아이샤는 연민어린 경청을 원했기 때문에 역효과를 가져왔다. 게다가 마리아는 1년 전 비슷하게 결별했던 자신의 경험 때문에 감정적으로 그 상황에 더욱 압도되었다.

마리아는 친구를 무척 사랑했다. 그래서 사과도 하고 이야기를 더 나누기 위해 그날 저녁 친구 집으로 갔다. 이번에는 아이샤의 이야기가 자신의 과거를 상기시킬 때마다 마리아는 연민어린 경청을 했다. 마리아는 불편함을 느낄 때마다 길고 편안하게 호흡했다. 마리아는 곧 아이샤의 이야기를 듣는 것이 훨씬 쉬워졌다는 것을 발견했다. 그녀는 진정으로 자신이 친구와 함께할 수 있다는 것과 거기에 자기 자신을 위한 자리도 있다는 것이 행복했고 마음이 놓였다.

 명상
연민 주고 받기

이 명상은 앞에서 다룬 애정어린 호흡(6장)과 우리 자신을 위한 자애(10장) 명상 두 가지를 바탕으로 호흡을 자각하면서 자신을 친절하게 대하고, 의도적 연민을 배양할 수 있게 해줍니다. 이 명상은 MSC 과정의 세 번째 핵심명상입니다. 날숨을 쉬며 다른 사람들

> 다른 사람들과 함께 할 때, 당신이 안전하고 편안하게 느끼기 위해 필요한 것은 무엇인가?

까지 포함시켜 명상을 확장하고, 들숨을 쉬면서 우리가 자기 연민적이 되어야 함을 기억합니다. (녹음파일은 www.ikmp.org에 올려질 예정입니다.)

- 편안하게 앉아서 눈을 감습니다. 괜찮다면 당신의 경험과 당신 자신에게 애정어린 자각을 보낸다는 것을 상기하기 위해 손을 가슴 또는 다른 위로가 되는 곳에 올려놓습니다.

호흡 음미하기

- 깊고 편안한 호흡을 몇 차례 하면서 들이쉴 때는 호흡이 어떻게 당신의 몸을 양육하는지, 숨을 내쉴 때는 어떻게 당신의 몸을 위로하는지 알아차려봅니다.
- 이제 호흡이 자연스러운 리듬을 발견하게 합니다. 계속해서 숨을 들이쉬고 내쉬는 감각을 느낍니다. 괜찮다면 호흡의 리듬에 의해 부드럽게 흔들리고 어루만져지도록 허용합니다.

자각에 온정 더하기

- 이제 들숨에 주의를 둡니다. 들숨의 감각을 음미하면서 어떻게 들숨이 당신을 양육하는지 한숨 한숨 이어지는 호흡을 알아차립니다. 그런 다음 숨을 내려놓습니다.
- 호흡하면서 자신을 위한 친절과 연민을 들이쉽니다. 숨을 들이쉬면서 친절과 연민의 특질을 그저 느껴봅니다. 원한다면 어떤 단어나 이미지를 들숨에 얹어서 함께 들이쉬어도 좋습니다.
- 이제 날숨으로 주의를 이동합니다. 숨을 내쉬는 몸을 느끼고 날숨의 편안함을 느껴봅니다.
- 이번에는 사랑하는 사람 혹은 고통으로 인해 연민이 필요한 사람을 떠올려봅니다. 그 사람을 마음속에 선명하게 떠올려봅니다.

나를 사랑하기로 했습니다
마음챙김 자기연민 워크북

- 당신의 날숨을 그 사람에게 향하게 하고 날숨의 편안함을 보냅니다.
- 원한다면 한숨 한숨 내쉬는 숨마다 그 사람을 위한 친절과 연민을 보내도 좋습니다.

나를 위한 들숨, 당신을 위한 날숨

- 이제 들숨과 날숨의 감각 모두에 집중하면서 들숨과 날숨의 감각을 음미합니다.
- 당신을 위해 들이쉬고, 다른 사람을 위해 내쉽니다. "나를 위해 들이쉬고, 당신을 위해 내쉬고." "하나는 나를 위해, 하나는 당신을 위해."
- 호흡을 하면서 당신을 위한 친절과 연민을 들이쉬고, 다른 사람을 위한 친절과 연민을 내쉽니다.
- 원한다면 당신 자신이나 다른 사람 어느 한쪽에 좀 더 집중해도 좋고("나를 위해 둘, 당신을 위해 하나" "나를 위해 하나, 당신을 위해 셋.") 그저 동등한 흐름이 되도록 해도 좋습니다. 어떤 것이든 지금 이 순간 옳다고 느끼는 대로 합니다.
- 불필요한 모든 노력을 내려놓고 그저 이 명상이 숨쉬듯 편안하게 이루어지게 합니다.
- 당신의 호흡이 마치 끝없이 펼쳐진 바다의 부드러운 출렁임처럼 흘러 들어오고 흘러 나가게 합니다. 자신을 이 무한하고 경계가 없는 흐름의 일부가 되게 합니다. 연민의 바다가 됩니다.
- 부드럽게 눈을 뜹니다.

비추어 보기

이 명상을 하면서 당신은 무엇을 알아차렸나요? 어떤 것을 느꼈나요? 자신을 위해 숨을 들이쉬는 것과 다른 사람을 위해 숨을 내쉬는 것 중에 어떤 것이 더 쉬웠나요? 당신 자신 또는 다른 사람 중 훨씬 더 필요한 사람에게 집중하면서 필요에 따라 호흡의 흐름을 조절할 수 있었나요?

다른 사람들을 연민하는 동안 우리 자신에게도 연민을 주는 것은 우리에게 큰 안도감을 선사할 수 있습니다. 하지만 어떤 사람들은 자신에게 집중하는 것을 불편하게 느끼기도 합니다. 특히 상대가 엄청난 고통 속에 있을 때 더욱 그렇습니다. 그래서 때때로 우리의 호흡이 적절하게 느껴지도록 호흡의 방향을 조절하는 것이 중요합니다. 때로는 다른 사람을 위한 날숨 위주로 집중한다거나 우리 자신을 위한 들숨에 더 집중하는 것이 편안할 수 있습니다. 나와 상대 모두 연민의 원 안에 포함되어 있다면 결국에는 자연스러운 균형을 찾게 될 것입니다.

이 명상은 우리 자신을 잃지 않고서 다른 사람들을 도울 수 있도록 고안된 다른 실습의 기반이 되며, 당신이 하고 있는 30분 일상 수행에 멋진 한 부분이 될 수 있습니다.

일상수행
연민어린 경청

이것은 다음 실습에서 힘겨운 이야기를 하는 사람의 말을 들을 때 당신이 시도해볼 수 있는 수행법입니다. 말하는 사람과 정서적 연결을 유지하면서도 당신이 압도되지 않게 도울 것입니다.

체화된 듣기

- 첫 번째 단계는 체화된 방식으로 듣는 것입니다. 눈과 귀로 주의를 기울이는 것뿐만 아니라 당신의 몸에서 일어나는 감각을 그대로 느끼면서 온몸으로 듣습니다. 그리고 그것이 괜찮다고 느껴지면 당신 자신을 자애롭고 연결된 현존(예:연민)이 되게 합니다. 이 에너지가 당신의 몸에서 당신 자신 그리고 말하고 있는 상대 양쪽 모두에게 퍼져나가게 합니다.

- 당신이 경청하는 동안 자연스러운 많은 반응이 일어날 것입니다. 예를 들어, 당신은 듣는 것에 감정적으로 사로잡히거나 압도된 자신을 발견할 수 있습니다.

또 당신이 듣고 있는 것을 자신의 이야기와 연결시켜 산만해질 수도 있습니다. 아니면 당신은 다급히 상대의 말을 끊고 그 사람이 가진 문제점을 '고쳐주어야' 한다고 느낄 수도 있습니다.

연민 주고받기

● 당신의 주의가 헤매고 있는 것을 발견할 때가 바로 당신이 그 자리에서 비공식적으로 연민 주고받기 수행을 시작할 때입니다. 잠시 호흡에만 집중하면서 자신을 위해 연민을 들이쉬고, 상대를 위해 연민을 내쉽니다. 당신을 위한 들숨은 다시 당신을 몸에 연결시켜주고, 날숨은 말하는 상대와 당신을 다시 연결시켜줄 것입니다. 그런 다음 당신을 상대의 고통 한가운데 함께 있을 수 있도록 해줄 것입니다. 이런 방식으로 날숨에 약간의 주의를 두는 것이 말하는 상대의 문제를 해결해주고자 하는 충동(예: 상대의 말 끊기)을 잠재워줄 수 있습니다.

● 당신이 체화된 방식으로 다시 들을 수 있을 때까지 계속해서 연민을 들이 쉬고 내쉽니다. 이러한 다중작업 방식은 다소 산만해질 수도 있기 때문에 이야기를 듣는 동안 우리는 호흡에 너무 많이 집중하고 싶지 않을 수 있지만, 연민어린 호흡은 오히려 우리가 산만해졌을 때 우리를 붙잡아주는 안전망이며, 우리를 자애롭고 연결된 현존으로 되돌아가게 합니다. 다시 말해, 우리 자신을 잃지 않고서 다른 사람들을 위해 함께 있게 해줍니다.

비추어 보기

다른 사람의 말을 들으면서 이 수행을 두세 번 해보면서 이것이 당신의 경청에 어떤 영향을 주는지 주의깊게 살펴봅니다. 만일 호흡이 당신을 산만하게 한다면 호흡에 집중하는 비중을 줄여봅니다. 하지만 여전히 공감적 힘겨움에 압도되거나 해결해주고자 하는 충동이 일어난다면 이야기를 듣는 동안 좀 더 몸에 집중하면서 당신 자신을 위해 들이쉬고, 상대를 위해 내쉬는 것에 주의를 더 기울이는 것이 현명할 수도 있습니다. 당신에게 알맞은 균형을 찾을 때까지 계속해서 시도해 봅니다.

나를 사랑하기로 했습니다
마음챙김 자기연민 워크북

16

힘겨운 감정 만나기

Meeting Difficult Emotions

● ● ●

힘겨운 감정은 그 감정과 자애롭고 수용하는 관계를 맺을 때 훨씬 빨리 사라진다. 두려워할 때 우리는 감정에 덜 개방하게 되고 그 경험을 참는 것이 더 힘들어질 수 있다.

인생은 쉽지 않다. 가끔 도전적인 상황이 생기기도 하고 그로 인해 화, 두려움, 걱정, 깊은 슬픔 같은 힘겨운 감정도 생겨난다. 어느 정도 나이가 들고 나면, 문제에서 도망가는 것이 그다지 도움이 되지 않는다는 것을 알게 된다. 그러니 그것을 직면하고 다뤄야 한다.

아무리 우리가 마음챙김과 자기연민으로 힘겨운 감정을 다룬다 해도, 처음에는 고통이 더 커지는 것처럼 느껴져서 본능적으로 외면하고 싶어진다. 하지만 치유되기 위해서는 반드시 그것들과 마주해야 한다. 유일한 출구는 그것을 통과하는 것뿐이다. 건강하고 진정한 삶을 위해 정서적 아픔과 함께할 수 있는 용기를 가져야만 한다. 그렇다고 우리가 모든 힘겨운 감정에 전력을 다해야 한다는 것은 아니다. 예전에 한 사람이 명상지도자인 틱낫한 스님에게 수행에서 정서적 스트레스를 얼마만큼 허용해야 하는지 물은 적이 있었다. 스님의 대답은 "너무 많이는 말고"였다.

불편함을 경험하는 것은 자기연민을 불러일으키고 키워가기 위해 필수적이지만, 그저 정서적 아픔과 접촉할 정도면 된다. 또 우리 자신이 압도당하지 않도록 천천히 다가가야 한다. 자기연민 기술은 정서적 불편함이 일어날 때 그것을 향해 점진적으로 접근하는 데 있다.

> 힘겨운 감정을 외면하지 않고 함께할 때, 우리는 치유될 수 있습니다.

다음은 힘겨운 감정을 만나는 수용의 다섯 단계다. 각각의 연속적인 단계마다 정서적 저항은 점진적으로 해소된다.

- 저항하기: 다가오는 것에 대항하여 투쟁하기. "꺼져!"
- 탐색하기: 호기심을 가지고 불편함을 향하기. "내가 무엇을 느끼고 있는 거지?"
- 인내하기: 안전하게 견디기, 침착하게 버티기. "이건 싫지만 참을 수 있어."
- 허용하기: 느낌이 오고가게 내버려두기. "좋아, 이걸 위한 공간을 만들 수 있어."
- 친구되기: 힘든 감정에서 가치 발견하기. "나는 여기에서 무엇을 배울 수 있을까?"

독자들은 실습을 하는 동안 안전을 유지하는 지침으로 수용의 단계를 사용할 수 있다. 실습이 압도적으로 느껴진다면 힘겨운 감정에 자신을 온전히 개방하기보다는 호기심만 남기고 그만두는 것이 현명할 수도 있다. 때로는 안전하다고 느껴지는 지점에서 실습을 멈추는 것이 당신이 배울 수 있는 자기연민 최고의 가르침이 될 수도 있다.

> 당신의 가슴을 열거나 닫기 위해 당신에게 필요한 것이 무엇인지 자신에게 물어보라.

마음챙김과 자기연민의 자원은 우리가 힘겨운 감정을 피하거나 그것에 저항하지 않고 다룰 수 있게 하면서도 압도되지 않게 한다.

힘겨운 감정을 다루는 데 특별히 도움이 되는 세 가지 전략이 있다.

- 감정에 이름 붙이기
- 몸에서 감정 발견하기
- 부드럽게 하기-위로하기-허용하기

나를 사랑하기로 했습니다
마음챙김 자기연민 워크북

처음 두 가지 접근 방식은 마음챙김에 기반하고, 세 번째는 연민에 중점을 두고 있다.

감정에 이름 붙이기

"이름을 붙이면 다루기 쉬워진다." 힘겨운 감정에 이름을 지어주거나 꼬리표를 붙이면 그 감정에서 벗어나거나 그 감정을 '떼어놓는' 데 도움이 된다. 연구에 따르면, 우리가 힘겨운 감정에 이름을 붙일 때 위험을 인식하는 뇌 구조인 편도체가 덜 활성화되고, 신체에서 스트레스 반응을 일으킬 가능성이 더 적어진다고 한다. 우리가 부드럽게 "이건 화구나" 또는 "두려움이 올라오고 있다"라고 말할 때 우리는 감정적 자유를 느낀다. 그 느낌 주위에는 약간의 공간이 있다. 감정에 빠져 있는 대신 우리가 그러한 감정을 느끼고 있다고 인식하게 되면, 어떻게 반응할지에 대한 더 많은 선택권을 갖게 된다.

> 힘겨운 감정에 이름을 붙이면 그로 인해 혼란에 빠지지 않게 된다.

몸에서 감정 발견하기

"느끼면 치유된다." 감정에는 정신적, 신체적 요소인 생각과 몸의 감각이 있다. 화가 났을 때를 예로 들면, 우리는 우리의 관점을 정당화하면서 우리가 말했어야 했거나 말할 것을 계획하느라 많은 시간을 보낸다. 또 우리 몸은 싸울 준비를 하느라 복부에 신체적 긴장을 느끼기도 한다.

생각을 가지고서 힘겨운 감정을 다루는 것은 감정에 너무 쉽게 휩쓸려버리는 우리에게 훨씬 도전적이다. 감정에 대한 신체적 감각을 가지고 작업하는 것이 훨씬 쉽다. 생각은 매우 빠르게 움직여서 그 감정을 전환할 만큼 충분히 길게 붙잡고 있기가 어렵다. 몸은 비교적 느리게 움직이는 편이다. 우리의 감정을 몸에서 찾아내고 고정시킬 때, 즉 감정의 실제적 신체 감각을 발견하고 자각함으로써 그것을 붙잡을 때 종종 힘겨운 감정이 변하게 된다.

싱글맘 케일라는 대학서점에서 날아온 계산서를 보고 충격을 받았다. 딸 디나가 교과서와 학용품을 사러 학교에 간다고 했을 때 신용카드를 주긴 했지만 요즘 교과서가 얼마나 비싼지 전혀 알지 못했다. 케일라는 화가 나서 땀을 흘리며 초초함을 느꼈다. 그녀는 이미 디나의 가을학기 등록금을 내느라 은행에서 초과대출을 받은 상태였다. 이 비용을 어떻게 지불해야 한단 말인가? 직장에서 초과근무를 해야 할까? 의사는 그녀에게 혈압이 너무 높다고 말했다. 전 남편에게 도움을 요청할까? 어림도 없지! 그는 새로운 가족이 생겼다며 디나가 18세가 되면 모든 지원을 끊겠다고 말했다. 나쁜 놈. 딸에게 전화를 해서 책을 반납하고 친구에게 빌려보라고 말하고 싶었다. 아니면 디나에게 좀 더 비용이 덜 드는 전문대학으로 옮기라고 해야 할까?

그 순간 케일라는 진정하고서 자신이 배웠던 마음챙김 기술 몇 가지를 적용해야 한다고 느꼈다. 우선 그녀는 차 한 잔을 마셨다. 마침내 그녀는 자신이 무엇을 느끼는지 살펴볼 수 있는 정신적 공간을 찾았다. "공포? 아니… 잠깐, 슬픔!" 우선 디나가 들어가려고 엄청 노력했던 대학을 그만두게 해야 하는 것이 슬펐다. 그렇다. 예상보다 훨씬 더 많은 비용이 들었지만 그녀를 파산시킬 정도는 아니다. 그리고 곧 보너스를 타면 초과대출을 해결할 수 있다. 단지 감정에 이름을 붙이고 받아들이는 것만으로도 케일라는 균형감을 갖고서 자신이 처한 상황을 명확하게 볼수 있었다.

그 다음, 케일라는 슬픔이 그녀의 몸 어디에 있는지 찾아내려고 노력했다. 주로 그녀의 심장 부위가 텅 빈 것처럼 느껴졌다. 케일라가 심장 부위로 자각을 가져가자 슬픔의 강도가 훨씬 줄어들었다.

부드럽게 하기–위로하기–허용하기

힘겨운 감정은 그 감정과 자애롭고 수용하는 관계를 맺을 때 훨씬 빨리 사라진다. 두려워할 때 우리는 그 감정에 자신을 덜 개방하게 되고 그 경험을 참는 것이 더 힘들어질 수 있다. 그러나 우리의 자각이 부드럽고 따뜻하면 우리 안에 일어나는 것을 느끼면서 우리에게 필요한 것을 스스로에게 줄 힘이 생긴다.

부드럽게 하기–위로하기–허용하기는 우리 몸에서 발견할 수 있는 힘겨운 감정에 대한 연민어린 반응이다. 우리는 세 가지 방식으로 우리 자신에게 위안을 줄 수 있다.

- 부드럽게 하기: 신체적 연민
- 위로하기: 정서적 연민
- 허용하기: 정신적 연민

부드럽게 하기–위로하기–허용하기 기법은 앞의 두 가지 마음챙김 접근에 연민이 보태진 것이다. 힘겨운 경험을 단순히 붙잡고 있는 것이 아니라, 여유로운 자각으로 그 감정을 따뜻하게 데운다. 연민은 감정적 안전감을 주면서 우리가 감정을 다룰 수 있게 해주면서 그것으로부터 배울 수 있는 여유를 준다.

그날 밤, 케일라는 쉽게 잠을 청할 수가 없었다. 그녀는 여전히 흥분 상태에 있었기 때문에 부드럽게 하기-위로하기-허용하기 수행을 시도 해 봤다. 먼저 자신이 느끼는 감정에 이름표를 붙이는 일부터 시작했다. 여전히 두려움으로 물든 슬픔이 가득했다. 그리고 가슴에서 이전과 같은 강한 통증이 느껴졌다. 케일라는 복잡한 감정에 약간의 연민을 보냈다. 그리고 몸을 부드럽게 해서 가슴을 옥죄는 감각을 내려놓았다. 그런 다음 위로의 손길을 가슴 위에 얹고 부드럽게 작은 원을 만들어 가슴을 쓰다듬으면서, 좋은 친구에게 말하듯 자신에게 말했다. "사랑하는 친구야, 네게 경제적 압박을 겪게 해서 미안해. 그건 옳지 않은 일이지. 게다가 딸에게 최고의 엄마가 되고 싶은 너를 슬프게 했지. 하지만 어떻게든 우리는 이것을 이겨낼 수 있을 거야."

일단 스스로를 이해하고 지지해주자, 자신의 슬픔이 그렇게 버겁게 느껴지지는 않았다. 케일라는 아주 부드럽게 그 슬픔을 붙잡으면서 그 슬픔을 허용할 수 있었다. 또한 그 상황에서 배울 것이 있다는 것을 깨달았다. 케일라는 종종 최악의 시나리오를 가정해 불필요한 고통을 자초하는 경우가 많았고, 이것이 고혈압의 주요 원인이기도 했다. 하지만 정말로 이런 괴로움을 겪을 필요는 없었다. 케일라가 자신의 두려움과 슬픔을(그리고 그녀 자신에게도!) 용기와 친절로 대할 때 슬픔은 더 이상 그녀를 이기지 못했다. 이러한 통찰은, 특히나 싱글맘인 케일라에게 앞에 놓여 있는 다른 도전들과 맞서 싸울 수 있는 자신감을 안겨주었다.

일상수행

힘겨운 감정 다루기

위에서 설명한 힘겨운 감정을 다루는 세 가지 접근법은 일상생활에서 필요에 따라 각각 실습할 수도 있고 동시에 한꺼번에 실습할 수도 있습니다. 또 이 기술들을 실습하기 위해 다음의 안내를 따르거나 온라인의 녹음들을 이용할 수도 있습니다 (녹음파일은 www.ikmp.org에 올려질 예정입니다.).

- 앉거나 누워서 편안한 자세를 찾은 다음, 눈을 감고 깊이 이완하는 호흡을 세 번 합니다.
- 당신이 이 방에 있고 충분한 친절을 받을 가치가 있다는 것을 스스로에게 상기시키기 위해 잠시 손을 가슴 또는 다른 위로가 되는 곳에 얹습니다.
- 지금 이 순간 적당히 힘겨운 상황을 가볍게 떠올려봅니다. 건강 문제일 수도 있고, 관계에서 오는 스트레스 또는 사랑하는 사람이 고통 속에 있는 경우일 수도 있습니다. 너무 어려운 문제나 사소한 문제는 고르지 않습니다. 당신이 그 문제를 떠올렸을 때, 몸에서 약간 스트레스가 생길 수 있는 문제를 선택합니다.
- 그 상황을 선명하게 떠올려봅니다. 거기에 누가 있나요? 무슨 일이 있어났나요?

감정에 이름 붙이기

- 이 상황을 다시 체험하면서, 당신 안에서 어떤 감정이 일어나는지 알아차려봅니다. 그리고 일어나는 감정에 이름을 붙일 수 있는지 봅니다. 예를 들면,
  - 화
  - 슬픔
  - 비통함

○ 혼란

○ 두려움

○ 갈망

○ 절망

- 만일 여러 감정이 있다면, 그 상황과 연결된 가장 강한 감정에 이름을 붙여봅니다.

- 이제 친구가 느끼고 있는 감정을 인정해주듯이, 부드럽게 이해하는 목소리로 그 감정의 이름을 반복합니다. "이것이 갈망이구나." "이것이 비통함이구나."

몸에서 감정 발견하기

- 이제 당신의 자각을 몸 전체로 확장시켜봅니다.

- 다시 그 힘겨운 상황을 떠올리면서 어디에서 그것이 가장 강하게 느껴지는지 몸을 훑어봅니다. 마음의 눈으로 당신의 몸을 머리에서부터 발가락까지 훑으면서 약간의 긴장감이나 불편함을 느낄 수 있는 곳에서 멈춥니다.

- 바로 지금 당신의 몸에서 '느껴지는' 것을 그저 느껴봅니다. 그 이상은 아무것도 없습니다.

- 이제, 가능하다면 감정이 가장 강하게 표출되는 몸의 한 부위를 선택합니다. 근육의 긴장 또는 먹먹한 느낌 아니면 심장통증이 느껴지는 지점일 수 있습니다.

- 그 부위로 마음을 부드럽게 기울입니다. 자각을 몸에 있는 그 감정의 신체적 감각에 온전히 머무르도록 허용합니다.

부드럽게 하기-위로하기-허용하기

- 이제 힘겨운 감정을 느끼는 몸의 부위를 부드럽게 합니다. 마치 따뜻한 물에 들어간 것처럼 근육을 부드럽게 하고 이완시킵니다. 부드럽게 하기… 부드럽

나를 사랑하기로 했습니다
마음챙김 자기연민 워크북

게 하기… 부드럽게 하기…. 우리가 그 느낌을 바꾸려고 애쓰는 것이 아니라는 것을 기억합니다. 단지 우리는 부드러운 방법으로 그것과 함께하고 있을 뿐입니다.

- 그 가장자리 주변을 약간 부드럽게 해도 좋습니다.

- 이제 힘든 상황에 있는 자신을 위로합니다.

- 불편하게 느껴지는 몸의 부위에 손을 얹고 그저 부드러운 손길을 느껴봅니다. 따뜻함과 친절함이 손을 통해 당신의 몸 안으로 흘러들어가는 것을 상상해볼 수도 있습니다. 마치 당신의 몸을 사랑스러운 아이의 몸인 것처럼 생각해도 좋습니다.

- 당신이 들으면 좋을 만한 위로의 말이 있나요? 같은 방식으로 힘들어하는 당신의 친구가 있다고 상상해봅니다. 당신은 친구에게 무슨 말을 해줄 건가요? ("네가 이런 식으로 느끼는 것이 정말 속상해.""내가 너를 깊이 염려하고 있어.") 비슷한 말을 자신에게도 해줄 수 있나요? ("이렇게 느끼는 것이 정말 힘들다.""내가 내 자신에게 친절하기를.")

- 필요하다면 언제든 자유롭게 눈을 뜨거나 실습을 그만두고 단순히 호흡을 느껴도 좋습니다.

- 마지막으로 불편함이 그곳에 머무는 것을 허용합니다. 그것을 위한 공간을 만들고, 그것을 사라지게 하고 싶은 마음도 내려놓습니다.

- 지금 이 순간만이라도 그저 있는 그대로 당신 자신이 될 수 있게 허용합니다.

- 원한다면 이 순서를 반복할 수 있습니다.

- 만일 몸의 위치가 바뀌거나 감정의 변화가 일어날 경우에도 세 단계를 조금씩 더 깊이 있게 반복합니다. 부드럽게 하기… 위로하기… 허용하기. 부드럽게 하기… 위로하기… 허용하기.

- 이제 실습을 내려놓고 몸 전체에 집중합니다. 무엇을 느끼든 자신이 그것을 느끼도록 허용합니다. 지금 이 순간, 있는 그대로의 자신이 되게 합니다.

비추어 보기

감정에 이름을 붙였을 때 변화가 생긴 걸 알아차렸나요? 그 감정과 연합된 신체적 감각을 당신의 몸에서 탐색할 때 무엇을 알아차렸나요? 그 부위를 부드럽게 했을 때, 당신 자신을 위로했을 때 그리고 그것이 거기에 있도록 허용했을 때 어떠했나요? 수행을 하는 동안 감정이 바뀌거나 신체적 감각이 조금씩 옮겨 다녔나요? 이 수행에서 어떤 어려움을 경험했나요?

어떤 사람들은 감정에 해당하는 몸의 위치를 찾는 데 어려움을 겪습니다. 한 가지 분명한 것은, 어떤 사람들은 다른 사람들에 비해 신체적 감각에 대한 인식('신체내부감각'이라 불리는 능력)이 더 뛰어나다는 것입니다. 또 다른 이유는, 감정이 너무 강하면 우리의 감각이 멍해진다는 것입니다. 일반적인 신체의 불편함 또는 심지어 무감각일지라도 우리는 그것에 연민어린 자각으로 집중할 수 있습니다.

가끔 처음 감정이 다른 감정으로 바뀌거나 위치가 바뀌는 경우가 있습니다. 예를 들어, 눈 뒤쪽에 있는 두려움과 긴장으로 시작해서 명치 끝에 있는 깊은 슬픔으로 바뀔 수도 있습니다. 우리가 우리의 감정을 확인하고, 느끼고, 연민으로 허용하면 할수록, 더 밑에 놓인 감정의 깊은 층을 만나게 됩니다.

만일 이 책의 어떤 실습을 하면서 압도감이 느껴진다면 다시 안전하고 편안해질 때까지 실습을 멈춥니다. 치유는 시간이 걸리는 일이고 우리의 한계는 존중되어야 합니다. 천천히 가야 멀리 갑니다.

나를 사랑하기로 했습니다
마음챙김 자기연민 워크북

17

자기연민과 수치심

Self-Compassion and Shame

• • •
자기연민은 수치심의 해독제다. 우리의 실수에 대해 자기비난 보다는 친절로, 실패로 인해 고립감을 느끼기보다는 보편적 인간경험을 기억하는 것으로 그리고 그것들과 동일시하기("나는 나쁘다")보다는 우리의 부정적 감정들("기분이 나쁘다")에 대해 마음챙김하는 것으로써 자기연민은 수치심의 체계를 직접적으로 해체시킨다.

수치심은 사랑받고 싶은 순수한 바람, 즉 사랑을 받을 만한 가치가 있고 소속되고 싶다는 소망에서 비롯된다. 우리 모두는 사랑받고자 하는 바람을 갖고 태어난다. 충분한 사랑을 받는 시기인 유아기에는 의식주와 따뜻한 손길 등 필요한 모든 것이 제공된다. 우리는 성인이 된 후에도 아이를 기르고, 위험에서 자신을 보호하는 등 살아남기 위해 서로가 필요하다. 수치심은 우리를 수용될 수도 사랑받을 수도 없게 만드는, 근본적으로 무언가가 잘못되었다는 느낌이다. 수치심이 꽤 강렬한 이유 중 하나는 우리를 생존 위기에 처한 것처럼 느껴지게 만들기 때문이다.

수치심에는 실제로 세 가지 흥미로운 역설이 담겨 있다.

- 수치심은 비난받을 만하다고 느끼게 한다. 그러나 수치심은 순수한 감정이다.
- 수치심은 외로움과 고립감을 느끼게 한다. 그러나 수치심은 보편적인 감정이다.
- 수치심은 그 상황이 영원하고 모든 것을 아우르는 것처럼 느끼게 한다. 그러나 단지 우리의 일부에만 해당되는 일시적인 감정 상태다.

아룬은 건강보험회사의 고위 관리자였지만 직장 동료들 앞에서 말할 때마다 수치심으로 마비가 오곤 했다. 그 주제에 대해 많은 준비를 했다거나 식견이 있다거나 하는 것과는 아무 상관이 없었다. 아룬은 말이 잘

안 나오고 뒤죽박죽 말한다고 느끼곤 했다. 그리고 사람들이 자신을 권위 있는 자리에 있어선 안 될 사기꾼이라고 생각할 것 같았다. 아룬은 훌륭한 리더로 인정받기를 간절히 원했지만 계속해서 부적절한 감정들과 싸우고 있었다. 영어가 자신에게 제2언어인 것도 원인 중 하나였다. 그가 '수치심의 공격들'이라 불렀던 것들 중 하나가 끝나고 나면, 아룬은 종종 사무실 문을 잠그고 숨었다.

죄책감과 수치심은 차이가 있다. 죄책감은 우리가 저지른 행동에 대해 나쁘다고 느끼고, 수치심은 우리 자신에 대해 나쁘다고 느낀다. 죄책감은 내가 실수했다고 말하고, 수치심은 내가 나쁘다고 말한다. 죄책감은 상황을 고쳐야 할 때 그렇게 할 수 있도록 우리에게 동기를 부여하기 때문에 사실상 생산적인 감정이 될 수 있다. 그러나 수치심은 우리를 마비시키고 효과적으로 행동할 수 없게 만들기 때문에 전형적인 비생산적 감정이다. 연구 결과에 의하면, 자기연민은 우리가 수치심에 사로잡히지 않고 슬픔, 후회, 죄책감을 경험할 수 있게 해준다.

> 죄책감은 우리의 행동에 대한 것이고, 수치심은 우리 자신에 대한 것이다.

부정적 신념들

삶이 힘들어질 때 우리의 마음을 관통하는 구체적이고 반복적인 생각이 있는데, 이는 대개 아동기에서 비롯되어 우리가 가장 취약한 순간에 아주 명백하고 진실된 것처럼 보이는 의심을 불러일으킨다. 이러한 것이 수치심의 근원에 놓인 우리의 부정적 핵심믿음이다. 예를 들면 이러한 것들이다.

- "나는 결함이 있다."
- "나는 사랑스럽지 않다."
- "나는 무력하다."
- "나는 부적절하다."
- "나는 실패자다."

사실 인간이 자신에 대해 가지는 일반적인 부정적 신념은 15~20 가지 정도로 한정되어 있다. 지구에는 70억이 넘는 사람들이 있기 때문에 나머지 인류와 우리를 구분 짓는 그 어떤 불완전함일지라도 사실은 5억의 사람들과 공유할 수 있다는 결론을 내릴 수 있다!

수치심은 침묵에 의해 유지된다. 부정적인 신념은 우리가 다른 사람들에게(심지어 우리 자신에게도) 그것을 숨기려고 하기 때문에 지속된다. 또 우리의 이러한 측면이 알려지면 거절당할까 봐 두려워한다. 다른 사람들도 같은 감정을 가지고 있고, 비정상적이고 고립된 느낌을 느낀다는 것을 잊는다. 그러나 최소한 자기 자신에게라도 부정적 신념을 드러낸다면 그러한 신념은 우리에 대한 힘을 잃기 시작한다.

> 우리가 수치심을 숨길수록 그것은 살아 움직인다.

누구나 강점과 약점이 있다. 단순히 우리 자신을 가치 있다 또는 가치 없다, 사랑스럽다 또는 사랑스럽지 않다 하는 식으로 간단히 기술할 수는 없다. 인간으로서 우리는 매우 다양한 측면들을 가지고 있고 복잡하다. 자기연민은 따뜻하고 열린 자각으로 우리 자신의 모든 부분을 포용한다. 우리에게 늘 그래왔고 앞으로도 계속될 치명적인 결함이 있다고 확신하는 것은, 우리의 한 부분에만 너무 몰두한 채 나머지 다른 부분들을 보지 못하는 것을 의미한다. 우리는 자유로워지기 위해, 부정적 신념을 지닌 부분을 포용하고 전체로서의 우리 자신을 인정해야 한다.

　　수년 동안 '수치심의 공격'으로 인해 힘들어하던 아룬은 마침내 진절머리가 났다. 무능하다는 생각으로 자신의 성공을 망치게 내버려두지 않겠다고 작정했다. 아버지는 아룬지(어린 시절 그의 애칭)에게 더 노력해야 한다고 늘 지적하면서도 형에게는 칭찬을 아끼지 않았다. 아룬은 이런 점이 자신이 가진 수치심의 뿌리라는 사실을 깨달았다. 그래서 아룬은 자신이 결코 기대에 미칠 수 없을 것이라고 느꼈던 아동기의 자신과 새로운 관계를 만들어가기 시작했다. 수치심이나 무능감을 느낄 때, 아룬은 어린 아룬지를 두 팔로 감싸 안고 친절하게 용기를 주는 말을 하는 것을 상상했다. "아주 잘하고 있어. 그리고 네가 실수한다 해도 괜찮아. 내가 이해해줄 거니까. 무슨 일이 일어나든 내가 너와 함께할 거야." 아룬은 또 집에 있는 책상 위에 자신의 어린 시절 사진을 올려놓고 아버지가 자신에게 말해주길 바랐던 방식으로 이야기를 나눴다.

　　이런 실습을 한 지 몇 달이 지난 후에 아룬은 회의에서 훨씬 자신 있게 말하고 있는 자신을 발견했다. 수치심이 사라지지는 않았지만 더 이상 수치심 때문에 방해받지는 않았다. 그는 자신의 수치심과 어떻게 친구가 될 수 있는지를 배웠다. 아룬은 많은 지식과 경험을 갖춘 어른이었다. 현명하고 성숙한 아룬은 어린 아룬지를 어떻게 지지해야 하는지 아주 잘 알고 있었다.

　　자기연민은 수치심의 해독제다. 우리의 실수에 대해 자기비난보다는 친절로, 실패로 인해 고립감을 느끼기보다는 보편적 인간경험을 상기시키는 것으로 그리고 그것들과 동일시하기("나는 나쁘다")보다는 우리의 부정적 감정들("기분이 나쁘다")에 대해 마음챙김하는 것으로써 자기연민은 수치심의 체계를 직접적으로 해체시킨다. 그리고 수치심의 경험을 포함한 우리의 모든 경험에 자애롭게 연결된 현존으로 함께함으로써 우리가 다시 온전한 하나의 인격체가 되도록 해준다.

실습

부정적 신념 다루기

자신에 대한 부정적 신념은 단지 믿음일 뿐 실재하는 것이 아닙니다. 그것들은 우리의 마음속 깊이 뿌리박힌 생각들로, 대개 어린 시절에 형성됩니다. 사실 여부와 전혀 관련이 없음에도 이러한 생각이 무의식에 남아 있으면 우리를 지배하는 큰 힘을 형성합니다. 중요한 첫 번째 단계가 바로 이러한 생각을 확인하고 인식하는 것입니다. 우리가 이러한 믿음을 햇살 아래 내놓을 때 그 힘은 사라지기 시작합니다. 이것은 마치 오즈의 마법사가 위대하고 강력한 통치자가 아니라 캔자스 출신의 평범한 사기꾼에 불과하다는 것을 커튼을 들어 올려서 폭로하는 것과 같습니다.

특히 어린 시절에 트라우마를 경험한 사람은 부정적 신념을 다루는 것이 여전히 힘든 일일 수 있습니다. 이 실습을 할 수 있을 만큼의 정신적, 감정적 공간이 있는지 확인하기 위해 자신과 충분히 이야기를 나누어야 합니다. 어쩌면 이 실습을 건너뛰는 것이 더 연민적인 행위가 될 수도 있습니다. 또 현재 치료사를 만나고 있다면 전문가의 지도와 도움을 받아 이 실습을 하는 것이 더 합리적일 수 있습니다.

지시

아래에 일반적인 부정적 신념의 목록이 있습니다. 당신이 가끔씩 붙들고 있는 믿음을 적어봅니다. 그런 후에 그러한 믿음을 갖게 된 특별한 배경이 있는지 확인해

봅니다(직장에서, 관계에서, 가족들 사이에서 등등).

나는 부족한 사람이다.	나는 결함이 있다.	나는 실패자다.
나는 어리석다.	나는 쓸모없다.	나는 무능력하다.
나는 사기꾼이다.	나는 나쁘다.	나는 사랑스럽지 않다.
나는 잘못 태어났다.	나는 가치가 없다.	나는 하찮은 사람이다.
나는 비정상이다.	나는 약하다.	나는 무기력하다.

다음으로, 당신의 부정적 신념에 자기연민의 세 가지 구성요소가 어떤 영향을 미칠 수 있는지 살펴봅니다.

- 마음챙김: 객관적 태도로 이러한 부정적인 믿음을 갖는 것이 어떤 기분인지 인정하면서 적어봅니다. 예를 들면, "내가 사랑스럽지 않다고 생각할 때마다 고통스럽다." "내가 무력하다고 느끼는 것이 몹시 힘들다."

_____

_____

_____

_____

_____

_____

_____

_____

■ 보편적 인간경험: 당신의 부정적 믿음이 어떻게 인간경험의 일부에 해당되는지 적어봅니다. 예를 들어서, "나처럼 느끼는 사람은 아마 수백만 명일 거야." "나만 이런 식으로 느끼는 게 아니야."

■ 친절: 부정적 신념으로 인한 힘겨움에 관심과 배려하는 마음을 갖고서 자신을 향한 친절의 말을 적어봅니다. 마치 자신도 그러한 부정적 믿음을 가지고 있다고 방금 고백한 친구에게 말하듯 편지를 써볼 수도 있습니다. 예를 들어, "네가 그렇게 느낀다니 정말 마음이 아프다. 그것이 얼마나 너를 힘들게 하는지 알 것 같아. 나는 너를 그렇게 생각하지 않는다는 걸 알아주기 바라."

비추어 보기

당신에게 이 실습이 어떠했나요? 부정적 신념을 몇 가지나 확인할 수 있었나요?

이러한 믿음을 갖게 된 경험에 대해 마음챙김, 보편적 인간경험 그리고 친절을 보내는 것이 어땠나요?

종종 사람들은 연민의 원 안에 부정적 신념을 포함시키려 할 때, 그 믿음들이 훨씬 더 강력하고 명백해지는 것을 발견하곤 합니다. 그것은 사랑이 밀려들어 오고 오랜 아픔이 급히 빠져나가면서 역류가 일어나고 있는 것일 수 있습니다(8장 참조). 아니면 부정적 정체성을 갖고 있는 우리의 일부가, 우리가 그 부분을 없앨까 봐 겁을 내고 있는 것입니다. 우리가 우리의 부정적 핵심믿음을 제거하려고 한다 거나 사라지게 하려는 것이 아니라는 것을 기억하는 것이 중요합니다. 오히려 우리는 그러한 믿음이 우리를 지배하지 않도록 더욱 더 의식적으로 주의를 기울이면서 관계하고자 할 뿐입니다.

일상수행
수치심 다루기

이 실습은 힘겨운 감정 다루기와 비슷합니다(16장 참고). 우리는 수치심의 인지적 요소인 부정적 핵심믿음에 이름표를 붙일 수 있을 뿐만 아니라, 수치심이 존재하는 몸의 부위로 연민을 가져올 수 있습니다. 수치심을 해체할 때 특히 중요한 것은 그것이 사랑받고 싶은 바람에서 온 것이며, 보편적인 정서라서 영원한 것이 아니라 변화할 수 있다는 것을 기억하는 것입니다. 이러한 요소는 다음에 이어지는 실습에 잘 나와 있습니다.

반드시 실습을 하는 것이 당신에게 괜찮다고 느껴질 때만 이 실습을 합니다. 실습을 하는 동안 언제라도 불편해지면 자신을 돌보도록 합니다. 필요하다면 실습을 멈춰도 좋습니다. 대신에 따뜻한 욕조에 들어가거나 강아지를 쓰다듬거나 발바닥을 느끼며 산책을 할 수도 있습니다(8장 참조).

다음 실습에서 여러분은 수치심보다는 당황스러움에 좀 더 초점을 두게 될 것입니다. 우리는 당신이 자원을 구축하면서 천천히 진행해나가기를 원합니다.

- 앉거나 누워서 편안한 자세를 취해봅니다. 그리고 눈을 완전히 감거나 반만 감습니다. 그런 다음, 깊게 이완하는 호흡을 몇 차례 합니다. 원한다면 크게 숨을 내쉬어도 좋습니다. 아~~~
- 손을 가슴 또는 다른 위로가 되는 곳에 올려놓고 당신이 지금 이 공간에 있다는 것을 자신에게 상기시키면서, 손을 통해 친절이 몸 안으로 흘러 들어가게 합니다.
- 이제 당신을 당황스럽게 했거나 수치스럽게 만들었던 사건 하나를 떠올려봅니다. 예를 들어,
  - ○ 당신이 어떤 것에 과하게 반응했을 수 있습니다.
  - ○ 당신이 바보 같은 말을 했을 수 있습니다.
  - ○ 당신이 직책을 날려버렸을 수 있습니다.
  - ○ 당신이 바지 지퍼가 열린 채로 중요한 사교모임에 있었다는 것을 알게 되었을 수 있습니다.
- 몸으로 그것을 느낄 수 있을 만큼 충분히 불편한 사건을 선택합니다. 만일 그 사건이 당신을 불편하게 하지 않는다면 다른 것을 선택합니다. 그러나 1에서 10까지의 강도 가운데 3 정도 되는 것을 선택합니다.
- 당신은 누군가 이 사건에 대해 알게 되거나 기억하길 원치 않습니다. 그렇게 된다면 당신을 이전보다 못하게 여길 테니까요.
- 이제 자신을 나쁘게 여기도록 만드는 사건 하나를 선택합니다. 하지만 다른 사람에게 상처를 줘서 용서를 구해야 한다고 느껴지는 상황은 선택하지 않습니다.

그 사건에 천천히 그리고 조심스럽게 접근하면서 상황을 구체적으로 떠올려봅니다. 여기에는 약간 용기가 필요합니다. 모든 감각을 이용해서, 특히 몸에서 수치심이나 당황스러움이 어떻게 느껴지는지 알아차려봅니다.

핵심믿음에 이름표 붙이기

- 잠시 마음을 비추어 보면서 다른 사람이 당신에 대해 알게 될까 봐 두려워하는 것이 무엇인지 살펴봅니다. 그것에 이름표를 붙일 수 있나요? "나는 결함이 있는 사람이야." "나는 성격이 괴팍해." "나는 위선자야." 이런 것일 수 있습니다. 이것이 부정적 신념입니다.

- 여러 개를 발견했다면, 가장 비중 있는 것 한 가지만 선택합니다.

- 실습을 하면서 당신은 혼자만 소외된 느낌을 받을 수 있습니다. 만일 그렇다면, 우리는 '모두 다 함께 혼자'라는 것을, 모든 사람들은 때때로 당신이 느끼는 것과 똑같은 느낌을 갖는다는 것을 기억하기 바랍니다. 수치심은 보편적인 정서입니다.

- 이제 친구를 위로하듯 자신의 핵심믿음에 이름표를 붙여봅니다. 예를 들어, "저런, 너는 너 자신이 사랑스럽지 않다고 생각해왔었구나. 얼마나 힘들었을까" 아니면 그저 자신을 향해 따뜻하고 연민어린 목소리로, "사랑스럽지 않다는 믿음. 나는 내가 사랑스럽지 않다고 생각한다"라고 말해봅니다.

- 당혹스러움을 느끼거나 수치심을 느낄 때 이런 느낌은 그저 우리의 한 부분에 불과하다는 것을 기억합니다. 비록 그 느낌이 너무 해묵은 것이라 익숙해 보인다 해도 우리가 늘 이렇게만 느끼는 것은 아닙니다.

- 더구나 우리의 부정적 신념은 사랑받고 싶은 바람에서 일어납니다. 우리 모두는 사랑받길 바라는 순수한 존재입니다.

- 다시 말하지만, 이 실습을 하면서 불편한 느낌이 든다면 언제든지 눈을 떠도 좋고, 당신이 좋아하는 어떤 방식으로든 실습에 참여하는 것을 중단해도

됩니다.

몸 안의 수치심에 대한 마음챙김

- 이제 당신의 자각을 몸 전체로 확장해봅니다.
- 힘겨운 상황을 다시 떠올리면서 당신의 몸에서 당혹스러움 또는 수치심을 가장 쉽게 느낄 수 있는 곳이 어디인지 주의깊게 살펴봅니다. 마음의 눈으로 머리부터 발끝까지 쭉 훑어보면서 약간이라도 긴장이나 불편함이 느껴지는 곳에서 잠시 머무릅니다.
- 그런 다음, 수치심 또는 당혹스러움이 가장 강하게 나타내는 몸의 한 곳을 선택합니다. 근육의 긴장이나 공허함 또는 심장의 통증이 느껴지는 곳일 수 있습니다. 아주 정확할 필요는 없습니다.
- 다른 한편으로는, 이런 불편한 경험을 하고 있는 자신을 잘 돌보기 바랍니다.

부드러움-위로-허용

- 그럼 이제, 몸의 그 부위에 부드럽게 마음을 기울여봅니다.
- 그곳을 부드럽게 합니다. 마치 따뜻한 물 안에 들어간 것처럼 그곳의 근육이 부드러워지고 이완되게 합니다. 부드럽게… 부드럽게… 부드럽게…. 느낌을 바꾸려고 애쓰는 것이 아니라 그저 부드러운 방식으로 그것과 함께하고 있음을 기억합니다. 원한다면 그 주변도 부드럽게 합니다.
- 이제 이러한 힘든 상황에 있는 자신을 위로합니다. 필요하다면 당황스러움이나 수치심이 있는 몸의 부위에 손을 올려놓고 이러한 감정 때문에 그동안 얼마나 힘들었을지 인정해주면서, 손길의 따뜻함과 부드러움을 느껴봅니다. 괜찮다면 손을 통해 따스함과 친절함이 몸 안으로 흘러들어간다고 상상해도 좋습니다. 당신의 몸을 마치 사랑스러운 아이의 몸이라고 생각해볼 수도 있습니다.

- 당신이 들으면 좋을 만한 위로의 말은 어떤 것이 있을까요? 당신과 같은 방식으로 힘겨워하고 있는 친구가 있다면 당신은 그 친구에게 진솔하게 뭐라고 말할 건가요? 당신의 친구가 어떤 점을 알고 기억했으면 하나요? "네가 그렇게 느꼈다니 정말 마음이 아프다." "나는 너를 정말 소중하게 생각해."

- 이제 당신 자신에게도 똑같이 말해봅니다. '이렇게 느끼는 건 정말 힘든 일이야.' '나 자신에게 친절해지기를.' 애정어린 말들이 안으로 들어오게 합니다.

- 다시 한 번, 우리가 당황하거나 수치심을 느낄 때 이런 식으로 느끼는 것은 단지 우리의 한 측면에 불과하다는 것을 기억합니다. 우리가 항상 이렇게 느끼는 것은 아닙니다.

- 마지막으로, 당신의 몸에서 느껴지는 감각이 무엇이든 당신의 가슴에서 느껴지는 것이 무엇이든 그대로 둔 채 그곳에 불편함을 허용해봅니다. 모든 것을 위한 자리를 만들고, 무엇이든 사라지게 하려는 욕구도 내려놓습니다.

- 필요하다면, 이 단계를 조금씩 더 깊이 있게 반복할 수도 있습니다. 부드럽게… 위로… 허용. 부드럽게… 위로… 허용.

- 이 실습을 마치기 전에, 당신은 지금 이 순간 당혹감 또는 수치심을 경험한 모든 사람들과 연결되어 있고, 수치심은 사랑받고자 하는 바람에서 생겨난 것임을 기억합니다.

- 이제 실습을 내려놓고 몸 전체에 집중합니다. 느껴지는 것이 무엇이든 느낄 수 있게 허용하고, 지금 이 순간 있는 그대로의 자신이 되게 합니다.

비추어 보기

당혹스러움이나 수치심의 경험 이면에 있는 부정적 신념을 확인할 수 있었나요? 그 핵심 믿음에 이름표를 붙이는 것은 어떤 느낌이었나요?

당신의 몸에서 수치심을 발견할 수 있었나요? 있었다면 어느 곳이었나요?

부드럽게 하기, 위로하기 또는 허용하기가 수치심의 경험을 약간이라도 다르게

해 주었나요?

수치심을 다루는 일은 꽤 도전적일 수 있습니다. 어쩌면 실습을 하는 데 용기가 필요했을 수도 있고, 자신을 돌보느라 실습을 완성하지 못했을 수도 있지만, 그런 자신에게도 감사를 표합니다.

이 실습을 할 때 다양한 어려움이 생겨날 수 있습니다. 예를 들어, 몸에서 수치심을 느끼는 것이 어려울 수 있습니다. 멍해지기도 하며 때때로 몸에서, 특히 머리에서 어떤 것도 느껴지지 않거나 텅 빈 느낌을 받을 수도 있습니다. 그렇게 하는 것이 쉽지는 않지만, 아무것도 느껴지지 않는 그 느낌에 집중해볼 수도 있습니다. 또 사람들은 수치심에 사로잡혀 있을 때 자신에게 연민을 주는 것이 도전적이라고 느끼기도 합니다. 왜냐하면 자신은 그럴 자격이 없다고 생각하기 때문입니다. 그리고 당신이 실습을 하는 동안 우리의 익숙한 친구인 역류가 일어날 가능성도 아주 높습니다(8장 참조). 만일 어떠한 이유로든 이 실습이 당신에게 어려웠다면, 그저 그런 힘겨움에 대한 부드러운 존중으로 당신의 주의를 전환해봅니다. 이것이 자기연민의 실천입니다.

○ 메모 ○──────────────────────────────

나를 사랑하기로 했습니다
마음챙김 자기연민 워크북

18

관계 안에서의 자기연민

Self-Compassion in Relationships

● ● ●

힘겨운 상황에서도 우리 자신에게 지지적인 태도를 기질 때, 우리는 우리에게 중요한 타인을 돌볼 수 있는 정서적 자원을 얻을 수 있다. 애정과 수용에 대한 욕구를 스스로 충족시킬 때, 우리는 배우자에게 더 적게 요구하게 되고, 훨씬 더 많이 허용적인 상태가 된다.

우리가 느끼는 고통 대부분은 다른 사람들과의 관계 안에서 일어난다. 사르트르가 쓴 유명한 글처럼, "지옥은 타자들이다." 이에 대한 좋은 소식은 우리의 관계적 고통 대부분이 불필요한 것들이며, 우리 자신과의 애정어린 관계 형성을 통해 그것을 예방할 수 있다는 것이다.

관계의 아픔에는 두 가지의 유형이 있다. 하나는 연결의 아픔으로, 우리가 마음을 쓰는 대상이 고통받고 있을 때 느끼는 아픔이다 (19장 참조).

다른 하나는 단절의 아픔으로, 상실이나 거절을 경험한 뒤, 상처, 화, 외로움을 느끼는 아픔이다(20장 참조).

우리의 정서 공명 능력은 감정은 전염된다는 것을 보여준다. 친밀한 관계에서는 특히 더 그렇다. 예를 들어, 당신이 짜증난 것을 숨기려 해도 배우자는 종종 당신이 짜증났다는 것을 알아차리곤 한다. 그는 이렇게 말할지 모른다. "당신, 나한테 화났어요?" 설령 당신이 부인한다해도 배우자는 그 짜증을 느낄 것이고, 그것은 배우자의 감정에 영향을 미쳐서 짜증스러운 목소리를 내게 만든다. 그러면 당신은 또 이것을 느끼고, 더 많은 짜증이 올라와서 더 거친 반응을 하게 된다. 이런 식으로 계속 진행되는 것이다. 이런 현상이 일어나는 이유는 우리가 얼마나 신중하게 단어를 골라서 말을 했는가와 상관없이 우리 뇌가 계속해서 서로에게 감정을 전달하고 있었기 때문이다.

사회적 상호작용에 있어서 한 사람이 부정적 태도를 취할 때 상대방은 그보다 더 부정적이 되는 식으로 정서의 하향 나선 형태가 나

> 관계 안에서 일어나는 부정적
> 감정의 하향 나선 형태는 자기
> 연민이 활성화될 때 상향 나선
> 형태로 바뀔 수 있다.

타날 수 있다. 이것은 다른 사람들이 우리 마음 상태에 일정 부분 책임이 있을 뿐 아니라 우리 역시 상대방의 마음 상태에 어느정도 책임이 있다는 것을 의미한다. 좋은 소식은, 관계 안에서 일어나는 감정적 흐름을 바꾸는 데 감정적 전염은 우리가 생각하는 것보다 훨씬 더 많은 영향을 미친다는 것이다. 자기연민은 하향 곡선을 멈추게 하고, 대신 상향 곡선을 그리게 만든다.

연민은 긍정적 정서라서 고통받는 순간에 우리 뇌의 보상센터를 활성화시킨다. 따라서 관계에서 일어나는 부정적 상호작용의 방향을 바꾸는 데 매우 유용한 방법은 우리가 지금 느끼는 고통에 대해 연민을 갖는 것이다. 우리 자신을 위해 연민을 가질 때 그 긍정적 느낌은 우리의 어조와 미묘한 표정에 드러나게 되고, 상대방도 이것을 느끼게 되어 부정적 순환을 차단시킨다. 이렇듯 자기연민을 키워나가는 것은 우리 자신뿐 아니라 관계의 상호작용을 위해서도 우리가 할 수 있는 최선의 방법이다.

자기연민적인 사람들은 더 행복하며 애정 관계에서도 만족도가 높다. 한 연구에서는, 자기연민 수준이 높은 사람들은 자기연민이 부족한 사람들에 비해 배우자에게 더 수용적이고 비판단적인 것으로 나타났다. 자기연민적인 사람들은 자신의 배우자를 바꾸려 애쓰기보다, 그들의 의견을 존중하고, 그들의 관점을 배려하는 경향을 보였다. 또 그들은 자기연민이 부족한 사람들에 비해 더 배려하고, 연결되어 있고, 애정적이고, 친밀하며, 관계의 문제를 기꺼이 논의했다. 관계에서도 배우자에게 더 많은 자유와 자율성을 부여하는 것으로 나타났다. 그들은 배우자가 스스로 의사결정을 하고 자신의 관심사를 따를 수 있도록 지지해주는 경향이 있었다. 반면에, 자기 연민이 부족한 사람들은 파트너에게 비난을 더 많이 하고 더 통제하려는 것으로 나타났다. 또 그들은 자기중심적이고, 융통성 없이 모든 것을 자기 방식대로 고집스럽게 고수하는 것으로 나타났다.

스티브는 대학에서 쉴라를 만나 결혼한 지 15년이 지났지만 여전히 그녀를 진심으로 사랑했다. 그러나 그녀는 점점 그를 미치게 만들었다. 그녀는 몹시 불안해하면서 사랑을 확인하기 위해 끊임없이 스티브를 찾았다. 15년 동안 끈끈했으면 충분한 것 아닌가? 만일 스티브가 그녀에게 매일 "당신을 사랑해"라고 하지 않으면, 그녀는 불안해하다가 며칠 지나면 완전히 토라져버렸다. 그는 그녀의 확인 욕구에 의해 통제되고 있음을 느꼈고, 그녀가 자신의 표현 욕구를 전혀 존중하지 않고 있다는 사실에 분개했다. 그들의 관계는 고통스러워지기 시작했다.

우리가 원하는 방식으로 다른 사람들과 친밀하고 마음이 통하는 관계를 맺기 위해서는, 먼저 우리 자신과 친해지고 잘 소통해야 한다. 힘겨운 상황에서도 우리 자신에게 지지적인 태도를 가질 때, 우리는 우리에게 중요한 누군가를 돌볼 수 있는 정서적 자원을 얻을 수 있다. 애정과 수용에 대한 욕구를 스스로 충족시킬 때, 우리는 배우자에게 더 적게 요구하게 되고, 훨씬 더 많이 허용적인 상태가 된다. 자기연민을 함양하는 것은 이기적인 것과는 거리가 멀다. 오히려 인생에서 행복하고 건강한 관계들을 형성하고 유지하는 데 필요한 탄력성을 갖게 한다.

시간이 지나면서 쉴라는 자신이 스티브에게 끊임없이 확인을 요구하

> 다른 사람들과의 친밀한 관계는
> 자기 자신과 연결된 느낌에서
> 시작된다.

는 것이 얼마나 그를 힘들게 하는지 알게 되었다. 그녀는 자신이 블랙홀이 되어버린 것을 알았고, 스티브가 아무리 '충분한' 사랑을 주더라도 결코 자신의 불안함을 완벽하게 만족시킬 수 없을 거라는 사실을 깨달았다. 결코 충분할 수 없을 것이다. 쉴라는 자신이 갈망하는 사랑과 관심을 스스로 주기 위해 밤마다 글을 쓰기 시작했다. 그녀는 "자기야, 사랑해. 나는 영원히 너를 떠나지 않을 거야" 같은, 스티브에게 듣고 싶은 부드러운 말을 자신에게 쓰곤 했다. 그러고는 아침에 제일 먼저, 자신이 썼던 글을 읽으면서 그것이 스며들게 했다. 그녀는 스티브가 말해주기를 간절히 바라는 안심의 말을 스스로에게 들려주기 시작하면서 그를 놓아주었다. 아주 괜찮은 것은 아니었지만 그녀는 받아들여야 했다. 하지만 자신이 그렇게 의존적이지만은 않다는 것이 좋았다. 압박감이 완화되자 스티브는 전보다 편안하고 자연스럽게 표현하기 시작했고, 그들은 더 친밀해졌다. 그녀가 자기수용으로 안정감을 느끼면 느낄수록 자신이 원하는 방식으로가 아니라 그의 사랑 그대로를 받아들일 수 있게 되었다. 자신의 욕구가 충족될수록 그녀는 덜 자기중심적이 되었고, 새롭고 기분 좋은 자립심을 느끼기 시작했다.

일상수행
갈등관계에서의 자기연민 브레이크

- 누군가와 부정적 상호작용 안에 있을 때, 자기연민 브레이크(4장)를 사용해봅니다. 잠시 자리를 뜰 수도 있고, 그럴 수 없는 경우라면 속으로 자기연민 브레이크를 실습해봅니다. '이것이 고통의 순간이구나.' '고통은 모든 관계의 일부분이다.' '내가 나 자신에게 친절할 수 있기를.' 약간의 지지적 손길을 사용하는 것도

도움이 됩니다. 만일 혼자라면 가슴 또는 다른 곳에 손을 올려놓을 수도 있지만, 다른 사람이 있다면 두 손을 살짝 맞잡는 식으로 드러나지 않게 실습을 할 수도 있습니다.

- 상대와 다시 관계하기에 앞서 당신이 배려하는 태도를 유지하기 위해 연민 주고받기 실습(15장)을 해봅니다. 지금 느끼고 있는 아픔을 인정하면서, 당신 자신을 위해 들이쉬고, 상대를 위해 내쉽니다. 상대의 힘겨움을 존중해줄 뿐만 아니라 자신의 아픔도 온전히 인정해주면서 자신에게 필요한 것을 주고 있는지 확인합니다.
- 당신의 마음 상태가 바뀔 때, 상대방의 마음 또한 어떻게 바뀔 수 있는지 알아차려봅니다.

비추어 보기

몇 차례 관계 속에서 자기연민 브레이크를 시도해본 후 그것이 당신의 상호작용에 어떤 영향을 주는지 발견했나요?

만일 관계하는 상대가 자기연민에 대한 이해가 있고 진지하게 그것을 수행하고 있다면, 이것은 매우 강력할 수 있습니다. 특히 서로 격렬해지고 있다면, 둘 중 한 명은 '자기연민 브레이크'를 외쳐야 합니다. 그런 다음, 서로 잠깐 멈추고 올라온 아픔에 대해 자기연민을 하면서 다시 시작합니다.

실습
우리의 정서적 욕구 충족시키기

파트너가 우리의 모든 정서적 욕구를 마법처럼 알아차리고 충족시켜주기를 기대할 때, 우리는 종종 관계에 압박을 가하곤 합니다. 당신이 어떤 프로젝트를 마무리하는데 실제로 당신에게 필요한 것은 더 많은 시간과 공간이었음에도, 파트너의 격려와 포옹이 필요했다며 분개했다면, 당신의 파트너는 이런 초인적 기대에 눌려

고통을 겪을 것이고, 당신 또한 욕구가 충족되지 않기 때문에 고통스러울 것입니다. 당신에게 필요한 것을 파트너가 정확하게 주기를 기대하는 대신, 당신이 직접 당신 자신의 욕구를 충족시킬 수 있습니다. 물론 우리가 우리의 모든 욕구를 충족시킬 수는 없기 때문에 여전히 다른 사람들에게 의존해야겠지만, 전적으로 의존하는 것은 아닙니다.

■ 종이 한 장을 꺼내서 당신이 관계에서 어떤 식으로 불만을 느끼는지 적어봅니다. 예를 들어, 파트너에게 충분한 관심을 받지 못하고 있다고 느끼거나 존경, 지지 또는 인정을 받지 못하고 있다고 느낄 수도 있습니다. 사소한 일에 집착하는 대신("나는 내가 원하는 만큼 많은 문자 메시지를 받지 못하고 있다"), 소중하게 여겨지고 보살핌 받는 것 같은. 자신이 원하는 특별한 욕구를 확인해 봅니다.

■ 이제 어떻게 당신이 자신의 필요를 충족시켜주기 위해 노력할 수 있는지 몇 가지 아이디어를 적어봅니다. 예를 들어, 돌봄을 받고 있다는 징표로 자신에게 꽃을 사주는 것은 어떤가요? 다정한 손길이 필요하다고 느껴지면, 매주 마사지를 받거나 자신의 손을 맞잡아 보는건 어떤가요? 친절의 언어로 스스로에게 사랑받고 있고, 지지받고 있다는 것을 알려줄 수 있을까요? 처음에는 유치해 보일 수 있지만, 자신에게 필요한 것을 스스로 충족시켜주는 습관이 생기면, 우리는 정서적 충족을 위해 파트너에게 덜 의존하면서도 활용 가능한 방법들을 더 많이 알게 될 것입니다.

비추어 보기

많은 사람들이 다른 누군가에게 자신의 정서적 욕구를 채워주기를 바라면서 타인에게 의존하는 대신 스스로 욕구를 충족시켜줄 수도 있다는 뜻밖의 사실을 발견합니다. 그러나 어떤 사람들은 그들의 파트너가 자신의 욕구를 만족스럽게 충족시켜주지는 못한다는 사실에 슬픔, 비탄 또는 화를 느끼기도 합니다. 유념할 것은 당신스스로 욕구를 충족한다고 해서 당신의 파트너가 당신의 욕구를 충족시켜서는 안된다는 의미는 아니라는 것입니다. 자신의 욕구에 대해 파트너와 명확하게 소통한 적이 없었다면 더욱 그렇습니다. 건강한 관계란 서로 주고받는 관계입니다. 이러한 양방향 흐름은 대개 두 사람 모두가 스스로에게 친절, 지지, 돌봄을 제공하여정서적 충족이 되었을 때 더 쉽게 일어날 수 있습니다.

 명상
연민어린 친구

이 시각화 명상은 당신의 연민어린 자아 이미지를 발견하고 그 이미지와 함께대화를 시작함으로써 당신이 자신의 연민어린 부분과 연결하는 데 도움이 될 것입니다. 당신의 연민어린 자아와 관계를 단단히 하는 것은 다른 사람들과의 관계를강화하는 중요한 자원입니다. 폴 길버트(Paul Gilbert)의 작업에서 가져온 이 명상은 특히 자기연민을 계발하는 데 어려움을 겪고 있는 사람들에게 도움이 됩니다.

어떤 사람들은 시각화가 잘 되고, 어떤 사람들은 그렇지 않습니다. 명상을 하면서 저절로 모습이 떠오르도록 허용하면서 이미지가 나타났다 사라질 수 있도록 이완된 방식으로 실습합니다. 만일 아무런 이미지도 올라오지 않는다 해도 그것 또한 괜찮습니다. 현존의 느낌에 단순히 머물러도 됩니다(녹음파일은 www.ikmp.org에 올려질 예정입니다.).

■ 앉거나 누워서 편안한 자세를 찾아봅니다. 부드럽게 눈을 감습니다. 몸에 안주

하기 위해 몇 차례 심호흡을 합니다. 손을 가슴 또는 다른 위로가 되는 곳에 올려놓고 자신에게 애정어린 주의를 보낸다는 것을 상기시켜줍니다.

안전한 장소

- 안전하고 편안한 장소에 있는 자신을 상상해봅니다. 벽난로가 있는 아늑한 방일 수도 있고 따스한 햇살과 시원한 바람이 부는 평화로운 해변 또는 숲속에 있는 작은 공터일 수도 있습니다. 아니면 하늘에 떠다니는 구름 위 같은 상상의 장소가 될 수도 있습니다. 당신이 평화롭고 안전하게 느끼는 곳이면 어디라도 좋습니다.
- 그곳에 머물면서 편안한 느낌을 즐겨봅니다.

연민어린 친구

- 당신은 곧 따뜻하고 배려심 깊은 방문객을 맞이할 것입니다. 그는 연민어린 친구로 지혜, 힘, 무조건적인 사랑의 자질을 갖춘 상상의 존재입니다.
- 이 존재는 영적 존재일 수도 있고, 지혜롭고 연민어린 스승일 수도 있습니다. 그 존재는 사랑하는 할머니나 할아버지처럼 당신이 과거에 알았던 누군가의 자질을 가지고 있을 수도 있고, 온전히 당신의 상상에서 나온 존재일 수도 있습니다. 또 이 존재는 특정 형태가 없는 영혼이나 빛일 수도 있습니다.
- 당신의 연민어린 친구는 당신에 대해 깊은 관심을 갖고 있고, 당신이 불필요한 고통에서 자유로워지길 바라고 있습니다.
- 이미지가 떠오르도록 허용합니다.

도착

- 당신은 안식처 밖으로 나가 연민어린 친구를 맞이할 수도 있고 그를 안으로 초대할 수도 있습니다. 괜찮다면 지금 한번 해봅니다.

- 당신의 연민어린 친구와 함께 편안한 마음이 들 수 있는 적당한 자리를 잡아봅니다. 그런 다음, 이 존재와 함께 있는 것이 어떤지 느껴봅니다. 이 순간을 경험하는 것 이외에 당신이 해야 할 일은 아무 것도 없습니다.
- 당신은 이 존재가 당신에게 주는 무조건적인 사랑과 연민을 온전히 받아들여서 안으로 스며들도록 허용할 수 있나요? 만약 그러지 못해도 괜찮습니다. 이 존재는 그런 당신을 온전히 느끼고 있습니다.

만남

- 당신의 연민어린 친구는 지혜롭고 모든 것을 알며, 당신이 삶의 여정 어디쯤에 있는지도 정확하게 알고 있습니다. 당신의 친구는 당신에게 지금 당장 필요한 어떤 말을 하고 싶을 수 있습니다. 잠시 시간을 갖고서 당신의 연민어린 친구가 무슨 말을 하는지 주의 깊게 들어봅니다.
- 어떤 말도 들리지 않는다면, 그것도 괜찮습니다. 그저 좋은 벗을 경험해봅니다. 그 자체가 축복입니다.
- 어쩌면 당신도 연민어린 친구에게 무언가 말하고 싶을 수 있습니다. 당신의 친구는 주의 깊게 경청할 것이고 당신을 온전히 이해할 것입니다. 나누고 싶은 것이 있나요?
- 또 당신의 친구는 당신에게 어떤 물건을 선물로 주고 싶어 할 수도 있습니다. 그 물건은 그저 당신 손 안에 주어질 수도 있고 당신이 손을 내밀어서 당신에게 특별한 의미를 가진 무언가를 받을 수도 있습니다.
- 만일 뭔가가 보인다면, 그것이 무엇인가요?
- 잠시 당신의 친구와 함께 있는 것을 즐겨봅니다. 계속해서 이 존재와 함께 하는 것에 대해 좋은 느낌을 즐기면서 사실 이 친구는 당신 자신의 일부라는 것을 깨닫습니다. 당신이 경험했던 모든 연민어린 느낌, 이미지 그리고 말은 당신 내면의 지혜와 연민으로부터 흘러나온 것입니다.

보내기

- 마지막으로 준비가 되면 연민과 지혜는 언제나 당신 안에 있고, 특히 당신에게 절실히 필요할 때는 더욱 그러하다는 것을 기억하면서 마음의 눈으로 그 이미지가 서서히 사라지게 합니다. 당신은 언제든 필요할 때 당신의 연민어린 친구를 불러낼 수 있습니다.

- 이제 당신의 몸으로 돌아가서 안주하면서 방금 일어났던 것들을 음미해봅니다. 당신이 들었던 말이나 받은 물건에 대해 깊이 생각해봅니다.

- 마지막으로 명상을 내려놓고 당신이 느낀 것이 무엇이든 그대로 느껴봅니다. 있는 그대로의 자신이 되어봅니다.

- 부드럽게 눈을 뜹니다.

비추어 보기

안전한 장소를 시각화하고, 편안함을 느낄 수 있었나요? 연민어린 친구나 어떤 존재의 이미지가 떠올랐나요?

당신의 연민어린 친구에게 지금 필요한 의미 있는 말을 들었나요? 이 존재와 대화하는 것이 어땠나요? 특별한 의미가 있는 어떤 선물을 받았나요?

이 명상이 어떻게 도전적이었나요? 당신의 연민어린 친구가 사실은 당신의 일부이고 이 존재의 연민과 지혜를 언제나 당신을 위해 활용 가능하다는 것을 알았을 때 기분이 어땠나요?

특히 시각화가 잘 되는 사람들에게는 내면의 연민 목소리를 듣고 일상의 문제를 해결하는 방법으로써 이 명상이 매우 효과적일 수 있습니다.

때로는 연민어린 친구가 부모님이나 조부모님처럼 돌아가신 분이어서 깊은 슬픔이 올라올 수도 있습니다. 연민의 느낌을 느끼는 데 슬픔이 방해가 된다면, 동일한 자질을 갖춘 상상의 존재나 연민의 존재를 덜 명료하게 묘사해보는 것으로 바꾸는 것이 도움이 될 수 있습니다. 그러나 그 슬픔이 압도적이지 않다면, 우리가 사랑했던 사람이 계속해서 우리 안에 내면의 지혜와 연민 형태로 살아 있다는 것을 발견하는 것은 매우 귀한 선물이 될 수 있습니다.

19

돌보는 사람들을 위한 자기연민

Self-Compassion for Caregivers

● ● ●

연민은 다른 사람의 고통과 투쟁하는 것이 아니라, 그것을 포용하는 부드러움과
돌봄의 감각이다. 공감은 "나는 당신을 느낀다"라고 말한다. 연민은 "나는 당신
과 함께 있다"라고 말한다. 연민은 활력을 불러일으키는 긍정적 정서다.

대부분의 사람들이 중년에 이르면 이런 저런 형태의 돌보는 자가 된다. 의사나 간호사, 심리치료사, 사회복지사, 교사 등 전문적으로 돌보는 사람일 수도 있고, 개인적인 삶에서 아이들이나 연로한 부모, 배우자, 친구 등을 돌볼 수도 있다.

그렇게 고통스러운 상황에 처한 사람들을 돌보다 보면 공감적 공명으로 인해 그들이 받는 스트레스를 자신의 스트레스처럼 느끼게 되곤 한다(15장 참조). 우리가 통증이 있는 누군가를 지켜볼 때, 뇌에서 통증과 관련된 부위가 활성화된다. 공감에서 오는 스트레스가 견디기 힘들어지면, 자연스럽게 공감하는 것을 막아버리거나 제거하고자 한다. 그러나 계속해서 애쓰게 되면 결국 진이 빠져서 돌봄피로와 소진으로 이어진다.

우리가 소진되었다는 것을 어떻게 알 수 있을까? 대개 잠자는 데 어려움을 겪거나, 스트레스를 받거나, 의도하지 않은 생각이 자꾸 떠오르면서 주의가 분산되거나, 분노, 짜증, 안절부절 또는 사람을 회피하는 등의 신호로 나타난다. 돌봄피로는 약하다는 신호가 아니라 돌보고 있다는 신호다. 실제로 돌보는 사람이 공감적 공명 능력이 클수록(공감적 공명 능력이 큰 사람이 전문적 돌봄의 영역에서 일하게 되는 경우가 많다) 돌봄 피로에 더 취약할 수 있다. 인간은 압도당하지 않고서 상대의 고통을 간접적으로 떠맡는 데는 한계가 있다.

돌보는 사람들이 소진되는 것을 방지하는 두 가지 조언이 있다. 하나는 돌보는 사람과 돌봄을 받는 사람 사이에 정서적인 경계를 분명히 하라는 것이다. 그러나 이러한 접근이 가지고 있는 문제는, 전문적으로 돌보는 직업인의 경우 효과적으로 일을 수행하기 위해 정서적인 민감성이 필요하며, 자녀나 부모와 같이 사랑하는 사람을 돌보고 있다면 그러한 경계를 짓는 것이 관계의 질을 떨어뜨릴 수도 있다는 데 있다.

소진을 막기 위한 또 다른 조언은 자기돌봄 활동을 하라는 것이다. 운동을 하거나 잘 먹고, 친구와 시간을 보내거나 휴가를 가는 전형적인 활동들이다. 그러한 전략들은 아주 중요하지만 돌봄으로 인한 소진을 해결하는 데는 한계가 있다. 자기 돌봄은 일을 마치고 난 후에만 가능하며, 돌봄 활동을 하고 있는 동안에는 도움을 주지 못한다. 예를 들어, 충격적인 이야기를 막 끝낸 내담자에게 "와, 그 이야기는 너무 끔찍하네요. 나는 이제 마사지를 받으러 가야겠어요!" 라고 말할 수는 없다.

> 자기돌봄은 우리가 누군가를 돌보는 동안에는 우리 자신을 도울 수 없기 때문에 돌보는 사람들에게 제한적인 해결책이 될 뿐이다.

그렇다면 여기서 연민은 어떤 역할을 할 수 있을까? 많은 사람이 돌보는 사람을 진 빠지게 하는 것이 연민 때문이라고 생각한다. 이러한 이유로 종종 '연민피로'라는 말을 사용했다. 그러나 몇몇 연구자들은 그것은 부적절한 명칭이고, 연민피로가 실제로는 '공감피로'라고 주장한다.

공감과 연민의 차이는 무엇인가? 칼 로저스(Carl Rogers)는 공감을 "[내담자]의 세계를 내부에서 들여다보는 것처럼 정확하게 이해하는 것, 마치 내담자의 사적인 세계가 당신 자신의 세계인 것처럼 감지하는 것"이라고 정의한다. 만일 우리가 그것을 버텨줄 정서적인 자원 없이 다른 사람의 고통에 공명하게 되면 우리는 소진되고 말 것이다. 연민은 다른 사람의 고통과 투쟁하는 것이 아니라, 그것을 포용하는 부드러움과 돌봄의 감각이다. 공감은 "나는 당신을 느낀다"

나를 사랑하기로 했습니다
마음챙김 자기연민 워크북

라고 말한다. 연민은 "나는 당신과 함께 있다"라고 말한다. 연민은 활력을 불러일으키는 긍정적 정서다. 한 연구에서, 여러 날 동안 공감 또는 연민을 경험하도록 사람들을 훈련하고 나서 그들에게 다른 사람이 고통스러워하는 모습을 그린 짧은 영화를 보여주었다. 그 영화는 서로 다른 뇌 신경망을 뚜렷하게 활성화시켰는데, 오직 연민훈련만이 긍정적 정서와 연합된 뇌신경망을 활성화시켰다.

이는 우리가 공감적 아픔을 경험할 때 보살피는 사람에게 연민을 주는 만큼 우리 자신에게도 연민을 주는 것이 중요하다는 것을 의미한다. 우리는 비행기를 탈 때마다 비행 중 이상이 생기면 다른 사람을 도와주기 전에 자신부터 산소마스크를 써야한다는 안내를 받는다. 어떤 돌봄자들은 상대방의 필요에만 관심을 가

> 공감은 "나는 당신을 느낀다"라고 말하고, 연민은 "나는 당신과 함께 한다"라고 말하면서 긍정적 정서를 불러일으킨다.

져야 한다고 믿고, 충분히 상대에게 주지 못한 점들에 대해 자기비난을 한다. 하지만 연민으로써 자신의 정서적 필요를 충족시키지 못하게 되면, 당신은 고갈되어 돌봄을 주기가 더 힘들어질 것이다.

중요한 것은, 당신이 차분한 마음으로 상대를 위로할 때, 돌봄을 받는 사람 또한 공감적 공명으로 차분해지고 위로받는다고 느낀다는 점이다. 다시 말해서 우리 내면의 평화를 키워갈 때, 우리와 접촉하는 사람들 또한 평화로워지도록 도울 수 있다.

우리들(저자들)은 돌보는 자를 위한 자기연민의 중요성에 대해 직접 배울 수 있었다. 한 명은 자폐아 자녀를 둔 부모로서, 다른 한 명은 심리치료사로서 소진하지 않고 우리의 역할을 잘 해나가는 데 도움을 받았다.

나(크리스틴)는 아들 로완과 함께 애틀란타를 지나가는 비행기 안

에 있었다. 무슨 이유인지, 객실 조명이 어두워지면서 탑승객들이 잠들려고 하는 순간, 로완이 소리를 지르고 몸을 흔들면서 짜증을 부렸다. 그 당시 로완은 만 5세였다. 그때 비행기에 있는 모든 사람이 우리를 쳐다보고 있다고 느낀 것을 기억한다. '대체 저 애는 뭐가 문제야? 저런 행동을 할 나이는 지난 거 아닌가? 저 애 엄마는 뭐가 잘못돼서 자기 아이 하나 통제를 못 하는 걸까?' 어떻게 할지 몰라 하다가, 순간 나는 로완을 데리고 화장실로 가야겠다고 생각했다. 거기서는 소리를 지른다 해도 잘 안 들릴지 모른다는 희망을 가지고서. 그러나 그런 행운은 오지 않았다. 화장실은 이미 누군가 사용 중이었다.

그래서 나는 로완과 함께 화장실 바깥쪽에 있는 작은 칸막이에 앉아 있었다. 나는 나 자신에게 연민을 주는 것 외에는 어떤 선택권도 없다는 사실을 알고 있었다. 나는 나 자신을 위한 연민을 들이쉬면서, 손을 가슴 위에 얹고 조용히 내 자신을 응원했다. '이건 너무 힘든 일이야. 이런 일이 일어나서 너무 안타까워. 괜찮아질 거야. 지나갈 거야.' 나는 로완에게도 안전하다는 것을 확신시켰다. 내 주의의 95퍼센트를 나 자신을 위로하고 안심시키는 데 초점을 맞추었다. 그때 로완에게서 자주 관찰했던 뭔가를 목격했다. 내가 차분해지면 로완도 차분해졌다. 내가 자기연민 수행을 놓치고 조바심을 내면 로완이 더 불안해지지만, 내가 그런 고통스러운 상황에 대해 스스로 연민을 주면 로완도 평화로워진다는 것을 배웠다. 내가 로완과 공명하는 만큼, 로완도 나의 감정에 공명하고 있었다. 압도되는 나 자신의 감정을 먼저 돌볼수록 나는 온전하게 로완과 함께할 수 있는 안전함을 가질 수 있었고, 그런 힘든 상황에서도 조건 없이 로완을 사랑하고 지지할 수 있었다. 나는 고통 한가운데서 자애롭고 연결된 현존

상태로 들어가게 하는 자기연민을 실행하는 것만이 나 자신뿐만 아니라 로완을 도울 수 있는 가장 효과적인 방법이 될 수 있다는 사실을 배웠다.

나(크리스)는 스케줄상 많은 시간을 할애하지는 못하지만 한 내담자를 상담하기로 했다. 프랑코가 문을 열고 들어왔을 때 그는 전화로 대화했을 때 보다 훨씬 더 우울해 보였다. 어깨는 처져 있었고, 얼굴은 까칠해 보였다. 프랑코는 자기 곁에는 약이 즐비하게 늘어져 있고 언제든지 인생을 마감할 수 있다는 생각으로 위안을 삼는다고 말했다. 아내는 최근에 그를 떠났고, 그는 변변찮은 곳에서 일하고 있으며, 그날 아침 집주인에게 집을 비우라는 연락을 받았다고 했다.

프랑코가 도착했을 때 나는 이 새로운 사람에 대한 호기심과 연민심만을 가지고 있었을 뿐이다. 그러나 그가 자살에 대해 언급했을 때, 나는 내 몸을 타고 흐르는 두려움을 느꼈고 프랑코와 상담을 하겠다고 동의했던 사실을 후회했다. 프랑코가 처한 힘든 상황에 대해 알게 되자, 그가 스스로를 헤칠지도 모른다는 두려움만 커졌다.

순수한 정서적 연결만이 어두운 밤을 지나는 영혼을 살아 있게 해준다는 사실을 알고 있었기에, 나는 두렵지만 프랑코와 연결감을 유지하려 했다. 이것이 심리치료사로서 내 일의 일부임을 나 자신에게 상기시키면서, 나를 위해 깊이 숨을 들이쉬고, 프랑코를 위해 천천히 내쉬었다. 프랑코의 이야기를 가슴을 열고 들을 수 있을 때까지 그리고 두려움이 줄어들 때까지 계속해서 반복했다. 또 내가 프랑코의 삶을 구제해줄 수는 없지만 치료자로서 내가 할 수 있는 역량만큼 최선을 다할 것이라는 사실을 계속해서 나 자신에게 상기시켰다. 이렇게 숨을 들이쉬고, 이 상황을 통제할 수 있는 내 능력의 한계를 나 자신에게 상기시키자 내 몸 안에 프랑코의 절망을 느낄 수 있는 여유가 생겼다. 그리고 프랑코가 처한 상황에 대해 나의 느낌이 어떻게 전환되었는지 프랑코에게 말하자 프랑코의 태도가 부드러워지면서 자신이 살아 있기 위해 그리고 이 위기를 극복하기 위해 노력하고 있는 모든 용기 있는 절차들을 나에게 설명하기 시작했다. 프랑코가 내 상담실을 떠날 무렵, 우리는 둘 다 희망의 빛을 갖게 되었다.

실습
돌보는 사람들의 스트레스 줄이기

당신이 만일 누군가를 돌보는 사람이라면, 당신이 관여하는 활동들을 무리가 되지 않게 현명하게 선택하는 것이 중요합니다. 스트레스를 완전하게 제거할 수는 없겠지만, 할 수 있는 일들은 많이 있습니다. 아래에 제시된 내용은 돌보는 사람들의 스트레스를 극복하는 데 도움을 주는 활동입니다. 최근에 당신에게 유익했던 것들과 오히려 스트레스를 가중시키고 도움은 되지 않았던 활동을 살펴봅니다. 그리고 나서 돌보는 사람으로서 당신 자신을 더 잘 돌볼 수 있는 아이디어가 있다면 메모해봅니다.

신체적 활동(섭식, 운동, 수면 등)

도움이 되었나? _____

도움이 되지 않았나? _____

어떤 변화가 필요한가? _____

심리적 활동(심리치료, 독서, 음악 등)

도움이 되었나? _____

도움이 되지 않았나? _____

어떤 변화가 필요한가? _____

대인관계 활동(가족, 그룹, 친밀한 관계 등)

도움이 되었나? _____

도움이 되지 않았나? _____

어떤 변화가 필요한가? _____

일과 관련된 활동(주당 일하는 시간, 스크린타임*, 휴식 시간)

도움이 되었나? _____

도움이 되지 않았나? _____

어떤 변화가 필요한가? _____

일상수행
평정심과 함께하는 연민

이 수행은 평정심 수행과 연민심 주고받기를 결합한 것이며, 힘든 과정 중에 균형을 잡기 위한 것입니다. 돌보는 상황에 평정심이 더해지는 것은 매우 중요합니다. 왜냐하면 우리가

> 돌보는 사람으로서 당신은 자신에게 필요한 돌봄과 위로, 보호를 충족시키고 제공해줄 수 있나요?

상대의 고통을 통제하는 데 한계가 있다는 것을 상기시켜주고 폭 넓은 관점으로 연민심을 일으킬 수 있게 해주기 때문입니다. 이 수행은 실제로 발생한 도전적인 관계에 적용해볼 수도 있지만 무엇보다도 돌보는 사람들에게 아주 강력한 실습입니다(녹음파일은 www.ikmp.org에 올려질 예정입니다.).

■ 편안한 자세를 취하고 당신의 몸과 현재 순간에 안착하기 위해 두세 번 심호

_____

* 휴대폰 등 기기를 사용하는 시간.

흡을 합니다. 당신의 경험과 당신 자신에게 애정어린 자각을 가져온다는 사실을 상기하는 의미로 손을 가슴 또는 다른 위로가 되는 곳에 올려놓을 수도 있습니다.

- 당신이 염려하는 사람 중에서 고통 속에 있으면서 당신을 소진시키거나 좌절하게 만드는 사람을 떠올려봅니다. 이 입문 단계의 실습에서는 아주 복잡한 역동을 일으키는 당신의 자녀는 선택하지 않습니다. 마음으로 그 사람 그리고 그 사람을 돌보는 상황을 분명하게 떠올려보면서 몸으로 그 힘겨움을 느껴봅니다.

- 이제 다음 글을 읽으면서, 이 말들이 당신의 마음을 부드럽게 지나게 합니다.

우리는 모두 각자 삶의 여정에 있다.
나는 이 사람의 고통을 유발한 원인이 아니며,
내가 원한다고 해도
그의 고통을 완전하게 사라지게 할 힘이 나에게는 없다.
이러한 순간을 견디기 힘들지만,
그래도 나는 내가 할 수 있는 데까지 노력할 것이다.

몸에 있는 스트레스를 알아차리면서 충분히 깊게 숨을 들이쉽니다. 당신의 몸 안에 연민을 일으켜서 모든 세포를 연민으로 채워봅니다. 깊이 들이쉬는 숨에 당신에게 필요한 연민을 제공하면서 자신을 위로합니다.

- 숨을 내쉬면서 당신의 불편함과 연결된 사람에게 연민을 보냅니다.

- 계속해서 연민을 들이쉬고 내쉬면서 당신의 몸이 자연스러운 호흡의 리듬을 발견하게 합니다. 몸이 스스로를 호흡하게 합니다.

- "하나는 나를 위해, 하나는 당신을 위해" "나를 위해 들이 쉬고, 당신을 위해 내쉬고."

- 가끔씩 어떤 불편함은 없는지 당신 내면의 풍경을 살펴보고, 자신을 위해 연민을 들이쉬고 상대를 위해 연민을 내쉽니다.
- 만일 둘 중 한 사람에게 더 많은 연민이 필요한 경우라면, 당신의 주의와 호흡을 그쪽으로 더 집중합니다.
- 모든 고통을 포용하는, 경계가 없는 무한한 연민의 바다에 당신을 떠 있게 합니다.
- 그리고 다시 한 번 이 말들을 떠올려봅니다.

우리는 모두 각지의 삶의 여정에 있다.

나는 이 사람의 고통을 유발한 원인이 아니며,

내가 원한다고 해도

그의 고통을 완전하게 사라지게 할 힘이 나에게는 없다.

이러한 순간을 견디기 힘들지만,

그래도 나는 내가 할 수 있는 데까지 노력할 것이다.

- 이제 실습을 내려놓고 지금 이 순간 있는 그대로의 당신 자신이 되어봅니다.
- 부드럽게 눈을 뜹니다.

비추어 보기

이 실습을 하면서 어떤 것을 알아차리거나 느꼈나요? 평정심 문구를 말하면서 내적 전환을 경험했나요? 안으로 밖으로 필요한 만큼, 연민의 '흐름'을 조절할 수 할 수 있었나요?

"나를 위해 들이쉬고, 당신을 위해 내쉬는" 이 호흡은 돌보는 자가 자신에게 연민을 보내는 것을 잊지 않게 해줍니다. 평정심 수행과 함께 이 실습은 믿기 어려울 정도로 단순한 방법으로 우리를 계속해서 연결 안에 머물게 하면서 동시에 정서적으로도 해방시켜줍니다. 이 평정심 문구는 돌보는 자가 돌보는 사람들의 고통에 대해 지나친 책임감을 느끼는 것에서 벗어나 특별한 안도감을 갖게 합니다. 돌보는 자와 돌봄을 받는 자는 몸으로 분리되어 있고, 삶 또한 분리되어 있어서 돌보는 역량에는 한계가 있기 마련입니다. 우리는 우리가 할 수 있는 최선을 다할 뿐입니다. 그러나 우리의 연민 능력에는 제한이 없습니다. 자신에게 연민을 주는 것은 상대를 향한 연민에 전혀 지장을 주지 않을 뿐 아니라, 오히려 연민 역량을 증가시켜 줍니다.

평정심 수행은 어린아이가 있는 부모에게는 특히 더 혼란스러울 수 있습니다. 그러나 결국에는 자신의 아이들 또한 각자의 고유한 삶의 궤도 안에 있다는 사실을 이해하게 됩니다. 어떤 MSC 수업에서 모유 수유를 하는 어머니가 자신을 위해 숨을 들이쉴 때, 마치 자신이 자기 딸의 생명을 빼앗는 것 같은 기분을 느꼈다고 말한 적이 있습니다. 곧바로 다른 참가자가 재치 있게 말했습니다. "음, 저는 네 아이를 집에 두고 온 엄마입니다. 저는 하나는 나를 위해 들이쉬고, 그리고… 음… 네 명의 아이를 위해 하나를 내쉬었어요!"

20

자기연민과 관계에서 일어나는 화

Self-Compassion and Anger in Relationships

● ● ●

우리가 우리의 진실된 감정과 욕구를 향해 기꺼이 그것을 경험하려는 용기를
가질 때, 진실로 우리 자신에게 무엇이 일어나고 있는 지에 대한 통찰을 얻을
수 있다. 일단 아픔에 접촉하고 자기연민으로 반응하게 되면 깊은 수준에서 전
환이 시작될 수 있다. 우리는 우리의 욕구와 직접 만나기 위해 자기연민을 사용
할 수 있다.

관계의 고통 중 또 하나의 아픔은 단절이다. 단절은 관계에서 상실이나 결별이 발생할 때마다 일어난다. 화는 단절에 대한 일반적인 반응이다. 무시나 거부를 느낄 때 화가 날 수 있지만, 누군가의 사망 같은 피할 수 없는 단절일 때도 화가 날 수 있다. 이런 경우 화를 내는 것이 합리적인 반응이 아니라는 것을 알면서도 여전히 화가 난다. 화는 단절로 인해 불쑥 튀어나와서는 관계가 끝난 뒤에도 수년 동안 지속되기도 한다.

화가 나쁘다고 하지만 꼭 그런 것만은 아니다. 모든 정서가 그렇듯, 화도 긍정적인 기능을 가지고 있다. 예를 들면, 누군가가 선을 넘어섰다거나 어떤 식으로든 우리를 상처내고 있다는 정보를 우리에게 줄 수도 있고, 뭔가 변화가 필요하다는 강력한 신호가 되기도 한다. 또한 화는 위협에 직면한 우리 자신을 보호하면서 해로운 행동을 멈추게 하거나 해로운 관계를 끝낼 수 있도록 에너지와 결단력을 제공하기도 한다.

화는 그 자체만으로는 문제가 되지 않지만, 우리는 종종 화와 건강하지 못한 관계를 맺는다. 예를 들면, 우리는 화를 느끼도록 허용하지 않고 억압할 수 있다. (특히 화를 내면 안 되고 '착해야' 한다고 교육받은 여성의 경우가 그렇다.) 화를 억압하게 되면 불안과 정서적 긴장 또는 무감각이 생길 수 있다. 때로는 우리 자신을 향해 화를 내는 것이 심한 자기비난으로 바뀌어 우울증으로 이어지기도 한다. 만일 우리가 화를 품고 누가 누구에게 어떻게 했기

> 화는 완벽하게 건강한 정서 반응이 될 수 있지만, 화와 우리의 관계는 종종 건강하지 않다.

때문에 그들이 그렇게 되는 건 마땅하다는 식으로 반추하는 데 사로잡히게 되면, 우리는 계속해서 동요된 마음 상태로 살면서 아무런 이유도 없이 다른 사람에게 화를 낼 수 있다.

> 네이트는 시카고에 사는 전기 기사다. 그는 5년 전에 아내 리사와 헤어졌지만 여전히 아내를 생각할 때마다 분노가 올라왔다. 아내가 부부 사교모임을 하면서 친구로 가깝게 지냈던 남자와 1년 동안 몰래 만났기 때문이다. 네이트는 그 사실을 알았을 때 분노가 치밀어서 욕이란 욕을 몽땅 퍼붓고 싶었지만 그 마음을 억제하면서 어쨌든 참아왔다. 그런데 그 일이 떠오를 때마다 위장에 탈이 나곤 했다. 그는 둘 사이에 아이가 없다는 것을 다행으로 여기며 곧바로 이혼 서류를 작성했고, 이혼 절차는 빠르고 쉽게 이루어졌다. 리사와 수년간 아무런 연락을 하지 않았는데도 그의 분노는 가라앉지 않았다. 그리고 그 트라우마로 인해 사람을 신뢰하거나 새로운 관계를 맺는 데 어려움 겪게 되었다.

만일 우리가 상대에게 화가 났는데도 불구하고 그 화를 억누르게 되면, 시간이 지나면서 그 감정은 점점 굳어져서 비통함과 원한 같은 감정으로 발전될 수 있다. 분노, 비통함, 원한, 격분 같은 감정을 '딱딱한 감정'이라 부른다. 딱딱한 감정은 변화에 대한 저항이며, 종종 그 감정이 유용했던 오래된 과거에 우리를 묶어둔다(우리 가운데 두 번 다시 만나기 어려운 사람에게 여전히 화가 나 있는 사람들이 얼마나 많은가?). 더더욱 만성적인 화는 만성 스트레스를 유발해서 심혈관, 내분비, 신경계, 심지어 생식계에 이르기까지 우리 몸의 전 시스템에 나쁜 영향을 미친다. 속담에서 말하듯이, "화는 그 화를 담고 있는 용기를 부식시킨다." "화는 다른 사람을 죽이기 위해 우리가 마시는 독약이다." 화가 우리에게 더 이상 도움이 되지 않을 때, 우리가 할 수 있는 가장 연민적인 일은 마음챙김과 자기연민이라는 자원을 활용해서 그 화와 우리의 관계를 변화시키는 것이다.

첫 번째 단계는 화의 딱딱한 감정 이면에 있는 '부드러운 감정'을 확인하는 것이다. 흔히 화는 상처받은, 두려운, 사랑받지 못한, 외로운, 상처받기 쉬운 마음 같은 부드럽고 섬세한 감정을 보호하고 있다. 화의 이면에 무엇이 있는지 보기 위해 화의 바깥층을 벗겨낼 때 우리는 우리의 감정이 얼마나 풍부하고 복잡한가를 알고서 놀란다. 딱딱한 감정은 대개 방어적이고 외부를 향해 있기 때문에 직접적으로 작업하는 것이 어렵다. 그러나 부드러운 감정을 확인하게 될 때 우리는 내면으로 향하게 되고 전환의 과정을 시작할 수 있다.

그렇지만 진정으로 치유되기 위해서는 더 깊은 층까지 벗겨내고 부드러운 감정을 일으키는, 충족되지 않은 욕구를 발견해야 한다. 충족되지 않은 욕구는 모든 인간 존재에게 핵심이 되는 경험들로, 보편적인 인간의 욕구다. 비폭력대화센터에서는 포괄적인 욕구 목록을 제공한다. 예를 들면, 안전하고, 연결되고, 인정받고, 들어주고, 소속되고, 자율적이고, 존중받고 싶은 욕구다. 인간으로서 우리가 가지고 있는 가장 깊은 욕구는 사랑받고 싶은 욕구다.

우리가 우리의 진실된 감정과 욕구를 향해 기꺼이 그것을 경험하려는 용기를 가질 때, 진실로 우리 자신에게 무엇이 일어나고 있는지에 대한 통찰을 얻을 수 있다. 일단 아픔에 접촉하고 자기연민으로 반응하게 되면 깊은 수준에서 전환이 시작될 수 있다. 우리는 우리의 욕구와 직접 만나기 위해 자기연민을 사용할 수 있다.

18장에서 논의했듯이, 충족되지 않은 욕구에 대한 반응으로서의 자기연민은 우리가 수년간 타인으로부터 받기를 갈망해온 것을 우리가 우리 자신에게 줄 수 있다는 것을 의미한다. 우리가 우리 자신을 지지하고, 존중하고, 사랑하고, 인정하고, 안전하게 하는 자원이 될 수 있다. 우리는 로봇이 아니며, 타인과의 관계와 연결감이 필요하다. 그러나 무슨 이유에서든 다른 사람들이 우리의 욕구를 충족시켜줄 수 없거나 그 과정에서 상처를 받았을 때, 우리는 연민적 포용으로 우리의 상처받은 부드러운 감정을 감싸 안음으로서 회복될 수 있고, 자애롭고 연결된 현존으로 우리의 가슴에 난 구멍을 채워줄 수 있다.

네이트는 화를 다루기 위해 열심히 노력했다. 화가 자신의 앞길을 가로막고 있다는 사실을 깨달았기 때문이다. 그는 베개를 던지고 목청이 터져라 소리를 지르면서 감정을 해소하기 위해 엄청 노력했지만 소용이 없었다. 마침내 네이트는 마음챙김–자기연민(MSC)에 무척 열광하고 있는 친구에게 MSC가 스트레스를 줄여줄 것이라는 말을 듣고 프로그램에 등록했다.

화를 전환하기 위해 자신의 충족되지 않은 욕구를 스스로 채워주는 데 초점을 둔 프로그램의 회기가 되었을 때, 네이트는 긴장하면서도 어떻게든 해냈다. 자신의 화와 접촉하는 것이 어렵지 않았고, 심지어 그 이면에 있는 상처와 접촉했을 때 몸에서 화를 느낄 수 있었다. 가장 힘들었던 부분은 충족되지 않은 욕구를 발견하는 것이었다. 네이트는 분명 배신감과 사랑받지 못한 감정을 느꼈다. 그렇지만 그것이 그를 방해하고 있는 것 같지는 않았다. 네이트는 그 실습에서 막혔다가 결국 충족되지 않은 욕구가 저절로 드러났고, 그의 몸 전체가 이완되었다. 그것은 바로 존중이었다!

네이트는 노동자 집안 출신으로, 그의 부모는 결혼 30년이 지났지만 여전히 행복한 결혼생활을 하고 있다. 네이트는 자신의 결혼생활에서 모든 것을 잘 해내기 위해 최선을 다했고, 혼인 서약을 매우 진지하게 지켰다. 정직과 존중이 네이트의 핵심가치였다. 그러나 리사는 끝내 네이트가 바랐던 존중을 주지 않았다. 너무 늦긴 했지만 네이트는 결심을 하고, 스스로를 존중하려고 애썼다. 자신에게 "너를 존중해"라고 말해주었다. 처음에는 우습고 공허하고 헛되게 느껴졌다. 그래서 그는 잠시 멈추었다가 마치 진실인 것처럼 그 말을 하려고 노력했다. 네이트는 자신이 마스터 전기기사 자격증을 따서 사업도 시작하고 대출도 갚고 저축도 하기 위해 얼마나 많은 시간을 일해왔나 생각했다. "나는 너를 존중해"라는 말은 여전히 그저 소리에 불과했지만 그는 계속 반복했다. 비록 리사에게는 부족했을지 몰라도 자신이 이 결혼생활에서 얼마나 정직했으며 열심히 일해왔는가에 대해 생각했다. 아주, 아주 천천히, 네이트는 "나는 너를 존중해"라는 말을 받아들이기 시작했다. 마침내 그는 손을 자신의 가슴에 얹고 진정성 있게 말했다. "나는 너를 존중해." 네이트는 눈물을 흘리기 시작했다. 왜냐하면 실제로 그가 그렇게 느꼈기 때문이다. 일단 그렇게 되자 리사에 대한 화가 녹아내리기 시작했다. 네이트는 자신과는 다르게, 좀 더 친밀하고 정감 있는 관계를 원했던 리사의 충족되지 않은 욕구를 보기 시작했다. 네이트는 리사가 했던 행동이 옳았던 것은 아니었지만, 리사의 행동이 한 인간으로서 자신의 가치나 귀함과는 아무런 관계가 없다는 사실을 깨달았다. 그는 자신에게 필요한 존중을 줄 수 있는 믿을 만한 외부 사람들에게조차 의지할 수가 없었다. 내면에서 나와야만 했던 것이다.

실습
충족되지 않은 욕구 채우기

이 일상 수행의 목적은 오래된 분노에 마음챙김을 하고, 이면에 있는 충족되지 않은 욕구에 자기연민으로 반응하기 위한 것입니다. 이 실습은 당신을 화나게 만들었던 상처나 관계를 치유하는 것이 아니라 오래된 상처와 새로운 관계를 수립하기 위해 고안되었습니다. 그러므로 기분을 더 좋게 하려는 욕구는 내려놓고 그저 무슨 일이 일어나는지 보십시오.

이 수행을 위해 트라우마 관계가 아닌, 약간 힘들거나 적당하게 힘든 관계를 선택합니다. 강한 감정은 이 실습을 더 힘들게 할 수 있기 때문입니다. 또한 당신이 지금 정서적으로 상처받기 쉽다고 느껴진다면 이 실습을 건너뛰어도 좋습니다. 또 실습을 시작하고 나서 스트레스를 느끼게 되면 그때 실습을 그만두는 것도 괜찮습니다.

- 아래 주어진 빈 공간에 당신을 여전히 씁쓸하게 만들거나 화나게 하는 과거의 관계를 적어봅니다. 그런 다음 1~10의 크기 중 3 정도의 적당한 스트레스를 유발하는 관계 안에서 일어난 특별했던 사건을 떠올려봅니다. 트라우마를 주었거나 여전히 심리적으로 상처를 주는 경험은 선택하지 않아야 합니다.
- 이 실습에서는 현재 진행 중인 관계가 아니라 당신이 화를 내는 것이 더 이상 도움이 되지 않기에 이제는 그 화를 좀 내려놓고 싶은, 이미 끝난 관계를 선택하는 것이 중요합니다. 이 실습에 적당한 관계와 사건을 찾기 위해 잠시 시간을 가져봅니다.

- 이 실습을 하면서 당신이 경험하는 것이 무엇이든 충분한 공간을 두려고 노력하면서, 그 사건이 전개되었던 이야기에서 모든 상황을 빠뜨리지 않고 알아차리기 위해 노력합니다. 또 어느 순간 '닫고' 싶거나 그만두고 싶으면 그렇게 합니다. 당신 자신을 잘 돌보기 바랍니다.

- 잠시 눈을 감고 그 관계에서 있었던 사건을 마음으로 떠올려봅니다. 당신의 화와 접촉하고 그 화를 당신의 몸에서 느끼면서 가능한 구체적이고 생생하게 기억해봅니다.

- 당신이 그렇게 느끼는 것은 너무도 자연스럽다는 사실을 이해하면서 스스로에게 "화를 느껴도 괜찮아. 네가 상처받았구나! 상처를 받으면 화가 나는 것은 인간의 자연스러운 반응이야"라고 말해줄 수도 있습니다. 또는 "너 혼자만 그런 게 아니야. 많은 사람들이 그런 느낌을 가질 수 있어"라고 말해줍니다.

- 과거의 그 일이 옳다거나 틀리다는 식으로 사건 속 이야기에 지나치게 빠져들지 말고, 화가 났던 경험을 충분하게 인정해줍니다.

- 당신의 화를 인정해주는 것이 지금 가장 자신에게 필요한 일이라면 남은 단계는 그냥 건너뛰고, 당신의 화는 자연스럽다는 사실을 상기하면서 지금까지 수년간 안고 살아온 아픔에 대해 스스로에게 친절하게 대합니다.

부드러운 감정

- 다음으로 넘어가는 것이 괜찮다면, 그 화와 분노의 딱딱한 감정을 벗기고서 그 이면에 무엇이 있는지 봅니다.
  그 딱딱한 감정 이면에 어떤 부드러운 감정들이 있나요?

- 상처? 두려움? 외로움? 슬픔? 비탄?

- 부드러운 감정을 발견하면 마치 사랑하는 친구를 지지해주듯이 부드럽고 이해하는 목소리로 이름을 붙여봅니다. "오, 슬픔이구나." "두려움이구나."

- 만일 필요하다면, 당신은 이 지점에 계속해서 머물러도 괜찮습니다. 무엇이

당신에게 더 적절하게 느껴지나요?

충족되지 않는 욕구

■ 다음 단계로 넘어갈 준비가 되었다고 느끼면, 상처를 주었던 사람과 사건을 잠시나마 내려놓을 수 있는지 봅니다. 어쩌면 당신은 옳고 그르다는 생각을 하고 있을 수도 있습니다. 잠시 그런 생각을 옆에 치워두고, 스스로에게 물어봅니다.

"나는 어떤 인간의 기본 욕구를 가지고 있는가? 그 당시에 어떤 충족되지 않은 욕구를 가지고 있었는가? 그 욕구는… 알아줌? 들어줌? 안전함? 연결됨? 존중받음? 특별함? 사랑받음?"

■ 충족되지 않은 당신의 욕구는 무엇인가요?

■ 다시 부드럽고 이해하는 목소리로 그 욕구에 이름을 붙여봅니다.

연민으로 반응하기

■ 다음 단계로 넘어가도 좋다면, 위로가 되는 방식으로 손을 몸에 얹고 당신 자신에게 따뜻함과 친절함을 보냅니다. 감정을 사라지게 하기 위해서가 아니라 그러한 감정이 일어났기 때문에 이렇게 하는 것입니다.

■ 타인에게 돌봄과 지지를 받기 위해 외부로 뻗었던 갈망의 손으로 이제는 당신에게 필요한 돌봄과 지지를 줄 수 있게 되었습니다.

■ 당신의 욕구를 다른 사람이 채워주기를 원했지만 그 사람은 여러 가지 이유로 그렇게 할 수 없었습니다. 그러나 우리는 우리 자신이라고 하는 또 다른 자원이 있어서 그러한 욕구들을 더 직접적으로 채워줄 수 있습니다.

  ○ 만일 당신을 알아주는 것이 필요하다면, "내가 너를 알아" "내가 돌볼게" 라고 말합니다.

  ○ 만일 연결감을 느끼는 것이 필요하다면, "내가 너를 위해 여기에 있어" "너

는 소속되어 있어"라고 말합니다.

○만일 사랑받고 있다는 느낌이 필요하다면, "나는 너를 사랑해" "너는 나에게 중요해"라고 말해줍니다.

다시 말해, 오랜 세월동안 당신이 다른 사람에게서 받기를 갈망해왔던 것을 지금 당장 자신에게 줄 수 있는지요?

■ 이러한 말들을 당신이 받아들일 수 있는지 살펴봅니다. 어쩌면 다른 사람이 당신의 욕구를 채워줄 수 없는 것에 대해 실망할 수도 있습니다. 하지만 이 순간 곧바로 당신 자신을 위해 스스로의 욕구를 충족시켜주는 것이 가능한지요?

■ 만일 이렇게 하는 것이 어렵다면 우리의 가장 깊은 욕구가 충족되지 않을 때 인간으로서 갖는 아픔에 대해 연민을 가질 수 있는지요?

■ 이제 실습을 내려놓고 그저 당신의 경험 안에서 휴식합니다. 있는 그대로의 이 순간과 있는 그대로의 자신이 되게 합니다.

비추어 보기

당신의 화를 인정해주는 것이 어떻게 느껴졌나요? 화의 이면에 있는 부드러운 느낌을 발견할 수 있었나요? 충족되지 않은 욕구도 발견할 수 있었나요? 충족되지 않은 욕구에 대한 약간의 자기연민을 경험하고 그 욕구를 직접적으로 채워줄 수 있었나요?

이 실습을 당신에게 알맞는 정도까지만 진행하셨기 바랍니다. 어떤 사람들은 과거에 있었던 일로 인한 화의 감정과 접촉하면서 그 이면에 있는 부드러운 감정과 욕구를 드러나게 할 준비가 되어 있지 않습니다. 이런 경우에 할 수 있는 가장 연민적인 것은 그저 화 자체를 인정하고 거기에 머무는 것입니다. 또 어떤 사람들은 화 이면에 있는 부드러운 감정과 충족되지 않은 욕구를 발견할 수 있었지만, 자신의 욕구를 직접 충족시켜주려고 했을 때 작은 목소리가, "나는 내 욕구를 충족시켜주기 싫어. 나는 ○○가 그 욕구를 충족시켜주기를 원해!"라고 말할 수도 있습니다. 그런 경우, 대개는 상처받은 감정이 아직 인정받지 못했다는 것을 의미합니다. 아니면 단순히 사과받고 싶은 자연스러운 바람이 있는지도 모릅니다. 그러나 그런 축복의 날이 올 때까지는 자신에게 급하게 필요한 것을 스스로 충족시켜줄 수도 있다는 것을 고려해보기 바랍니다.

실습
격렬한 연민

자신이나 타자의 고통을 완화시키기 위해 또는 정당한 화를 낼 때 그것을 '격렬한 연민'이라 부릅니다. 마틴 루터 킹 주니어(Martin Luther King Jr.)와 같이 위대한 역사 속 인물들은 보편적인 존중과 생생한 연민의 불꽃을 유지하면서 사회개혁을 촉진하기 위해 불의에 저항하는 분노를 불러일으켰습니다. 다시 말해서, 연민은 우리를 약하게 하거나 수동적이게 하거나 잘못된 것과 옳은 것을 구분하는 능력을 잃어버리게 하는 것이 아닙니다. 연민은 일어나고 있는 것을 명료하게 볼 수 있게 도와주고, 사람들이 하고 있는 행동의 복합적인 원인을 있는 그대로 이해할 수 있게 도와줍니다. 연민은 사람들을 선과 악으로 분류하지 않고 우리가 해로운 행동을 멈추기 위한 적절한 행동을 취할 수 있게 합니다. 반응으로서의 화와는 반대로, 격렬한 연민은 비난이나 미움을 통해 나쁜 상황을 더 나쁘게 만들지 않으면서 부당한 것에 항거할 수 있도록 도와줍니다.

- 심호흡을 두세 번 하고 잠시 눈을 감고 고요하게 마음의 중심을 잡아봅니다. 지지와 자기친절의 몸짓으로 손을 가슴 또는 다른 위로가 되는 곳에 올려놓습니다.
- 당신이 강력하게 반대하는 특정한 사회적 또는 정치적 상황에 대해 생각해봅니다. 그것에 대해 화를 내는 대신에 격렬한 연민의 마음가짐으로 그것에 대

해 생각하고 느끼는 것을 상상해봅니다. 누구도 악마로 만들지 않는 방식으로 그 상황을 묘사해볼 수 있나요? 그런 상황을 만든 사람들이 끼친 피해와 변화해야 할 필요성을 인식하는 동시에, 그들 또한 자기가 할 수 있는 최선을 다하고 있는 인간 존재라는 사실을 이해할 수 있는지요?

■ 격렬한 연민의 관점에서 그 상황을 변화시키기 위해 당신이 취하고 싶은 어떤 행동이 있나요?

■ 이번에는 당신의 개인적 삶에서 당신이 강력하게 반대하는 상황, 즉 배우자, 아이들, 친구 또는 직장 동료 같이 당신이 알고 있는 사람들이 주로 일으킨 상황에 대해 생각해봅니다. 마찬가지로, 화를 내는 대신 격렬한 연민의 마음가짐으로 그것에 대해 생각하고 느끼는 상상을 해봅니다. 누구도 악마로 만들지 않는 방식으로 그 상황을 묘사할 수 있나요? 그 상황을 만든 사람들이 끼친 피해와 변화의 필요성을 인식하는 동시에, 그들 또한 자기가 할 수 있는 최선을 다하고 있는 인간 존재라는 사실을 이해할 수 있나요?

_____

_____

_____

_____

_____

■ 사나운 연민의 자리에서 그 상황을 변화시키기 위해 당신이 취할 수 있는 어떤 행동들이 있나요?

_____

_____

_____

_____

_____

_____

비추어 보기

많은 사람들이 격렬한 연민에 대한 생각을 통해 자유로워짐을 발견합니다. 격렬한 연민은 화나 비난의 함정에 빠지지 않게 하고, 행동을 취하거나 변화의 동기를 부여합니다. 격렬한 연민은 그것을 추구하는 것이 이상적으로 유용하지만, 화는 자연스러운 반응이고 우리가 종종 오래된 반응패턴에 빠져드는 자신을 발견하는 것 또한 사실입니다. 그런 일이 일어날 때, 타자를 향해 화를 내고 있는 우리 자신에게 화를 낼 필요가 없습니다. 그 대신 우리 자신의 인간적인 측면에 대해 연민을 가지고, 우리가 갖고 있는 자애롭고 연결된 현존의 중심을 발견하고, 다시 노력해봅니다.

21

자기연민과 용서

Self-Compassion and Forgiveness

• • •

용서는 보편적인 인간경험에 대한 명료한 자각이 있어야 가능하다. 우리는 모두 완벽하지 않은 인간 존재로서 우리의 행위는 우리 자신과는 비교할 수 없는 거대한 상호의존적인 조건으로 짜여진 그물망에서 비롯된다.

누군가가 우리를 해롭게 해서 계속 화가 나고 괴로울 때, 때로 우리가 할 수 있는 가장 연민적인 행동은 상대를 용서하는 것이다. 용서는 우리를 해롭게 하는 누군가에 대한 화를 내려놓는 것이다. 그러나 용서하기 위해서는 화를 내려놓기 전에 그 화에서 오는 슬픔을 먼저 다루어야 한다. 용서수행의 핵심은 우리가 경험하고 있는 상처를 먼저 다루지 않고는 타인을 용서할 수 없다는 것이다. 마찬가지로 자신을 용서하기 위해 우리는 먼저 아픔, 후회, 다른 사람들에게 상처를 주었던 것에 대한 죄책감을 다루어야 한다.

용서는 나쁜 행동을 용서하거나 해로움을 일으킨 관계를 다시 재개한다

> 용서는 우리에게 또는 우리들에 의해 야기된 상처에 개방할 수 있는가에 달려있다.

는 의미가 아니다. 만일 어떤 관계에서 계속 해를 입고 있다면 용서하기 전에 우리 자신을 보호해야 한다. 만일 우리가 다른 사람과의 관계에서 해로움을 끼치고 있으면서 자신의 나쁜 행동을 변명하는 수단으로 용서를 이용하고 있다면, 우리는 자신을 용서할 수 없다. 우리는 먼저 그 행동을 멈춰야 한다. 그런 다음에 우리가 일으킨 해로움을 인정하고 책임을 져야 한다.

또한 해로움을 주는 행위는 대개 시간을 거슬러 과거의 인연과 상호작용하는 우주적인 산물이라는 사실을 기억하는 것이 도움이 된다. 우리가 가진 기질의 일부는 우리 부모와 조부모에게서 물려받은 것이고, 우리의 행위는 아동기의 역사, 문화, 건강 상태 그리고 현재 사건들 등에 의해 형성된다. 그러므로 우리는 순간순간 우리가 말하

고 행동하는 것을 철저하게 완전히 통제하지 못한다.

때로는 우리의 의도와 상관없이 삶에서 아픔을 겪게 되고, 그런 아픔이 생긴 것에 대해 안타깝게 생각할 수 있다. 예를 들어, 우리가 새로운 삶을 시작하기 위해 멀리 이사를 갈 때는 친구나 가족을 두고 떠나야 하고 혹은 직장생활을 하다 보면 연로한 부모님을 잘 돌보지 못할 수도 있다. 이러한 아픔은 그 누구의 잘못도 아니지만, 그럼에도 그 아픔을 인정해줄 수도 있고 자기연민으로 치유할 수도 있다.

용서는 보편적인 인간경험에 대한 명료한 자각이 있어야 가능하다. 우리는 모두 완벽하지 않은 인간 존재로서, 우리의 행위는 우리 자신과는 비교할 수 없는 거대한 상호의존적인 조건으로 짜여진 그물망(인드라망)에서 비롯된다. 다시 말해서, 우리는 우리의 실수를 지나치게 개인적인 것으로 받아들일 필요가 없다는 의미다. 이런 식으로 역설적으로 이해하게 되면 정서적으로 좀 더 안전하게 느끼기 때문에 우리가 하는 행위에 대한 책임을 더 잘 받아들일 수 있다. 한 연구에서, 참가자들에게 시험에서 컨닝을 했거나 연인에게 거짓말을 했거나 해로운 말을 하는 것과 같이 그 행동을 생각하면 자신에 대해 나쁜 느낌이 일어나고 죄책감을 느끼게 하는 최근의 행위를 떠올려보라고 요청했다. 한 연구에서는 자기가 한 잘못에 대해 자기연민을 할 수 있도록 도움을 받은 참가자들이 그렇지 않은 참가자들에

> 우리는 천성적으로 완전하지 않은 인간 존재다. 그러므로 우리 자신에게 관대하지 못할 이유가 없다.

비해 자신의 잘못된 행동에 대해 사과하고자 하는 마음이 더 강하게 일어났고, 그 행동을 반복하지 않으려는 결심을 더 잘한다는 사실을 발견했다.

아네카는 친구이자 직장 동료인 힐드에게 꺼져버리라고 엄청나게 화를 낸 이후에 그런 자신을 용서하려고 정말로 애를 많이 썼다. 아네카는 새로운 고객들과 계약을 유지하기 위해 일에 대한 압박을 엄청나게 받고 있는 상태였고, 고객들이 초대한 저녁식사에서 거의 계약을 성사시키기 직전의 상태였다. 고객들이 상당히 보수적이었기 때문에 아네카는 정시에 도착해서 마지막까지 실수 없이 그들의 신뢰를 받아야 한다는 사실을 알고 있었다. 그런데 약속 장소까지 태워주기로 한 힐드가 약속된 시간에 나타나지 않았다. 아네카는 힐드에게 "이 미친 ○○야! 어디에 있니?"라고 말했다. 힐드는 약속을 까맣게 잊고 있었고, "아, 미안해"라는 말을 성의 없이 던졌다. 아네카는 욕을 퍼붓고 언짢은 말을 하고 나서 전화를 끊고 택시를 탔다. 아네카의 기분은 최악이었다. '이게 친구라니!' 힐드가 의도적으로 해롭게 한 것은 아니었다. 그녀는 그냥 약속을 잊어버린 것뿐이고, 아네카는 너무 바빠서 힐드가 태워주기로 한 사실을 상기시킬 겨를도 없었다. 아네카는 계약을 성사시키는 일에 너무 노심초사하느라 이성을 잃고 과잉반응을 했던 것이다.

용서하는 과정에는 다음의 다섯 단계가 있다.

1. **고통에 자신을 개방하기**: 일어난 일로 인한 고통과 현존하기.
2. **자기연민**: 고통을 일으킨 원인이 무엇이든, 고통에 대한 공감으로 우리의 가슴이 녹을 수 있도록 허용하기.
3. **지혜**: 그 상황 자체가 전적으로 개인적인 것이 아니라, 상호연결된 많은 원인과 조건들의 결과라는 사실을 인식하기.
4. **용서하려는 의도**: "내가[그들이] 고의든 고의가 아니었든 그들에게[나에게] 고통을 준 것에 대해 나 자신[다른 이]을 용서하기

시작하기를."

5. **보호에 대한 책임**: 똑같은 실수를 반복하지 않기 위해 결심하기. 해로운 방식과 거리를 두고 능력껏 최선을 다하기.

처음에 아네카는 그런 행동을 한 자신을 심하게 질책했지만, 자신을 못살게 구는 것이 더 이상 도움이 되지 않는다는 것을 알고 있었다. 대신에 아네카는 누구나 잘못을 하듯 잘못을 저지른 자신을 용서해야 했다.

아네카는 MSC 과정을 통해 용서를 하는 다섯 단계에 대해 배웠다. 그러므로 자신이 무엇을 해야 하는지 알고 있었다. 첫째, 아네카는 자신이 힐드에게 했던 행동 때문에 느끼게 된 아픔을 수용해야 했다. 그것은 아네카에게 정말로 힘든 작업이었다. 왜냐하면 결국 계약이 성사되지 않았기 때문이다. 아네카는 계약이 무산된 것이 모두 힐드 때문이라고 생각하면서 힐드에게 모든 비난을 돌리고 싶었다. 그러나 아네카는 진실을 알고 있었다. 힐드에게 그런 식으로 모든 책임을 돌릴 만한 근거는 없었다. 그것은 옳지 않았다.

아네카는 힐드의 입장에서 친구라고 여겨왔던 누군가에게 그런 말을 들은 것이 어떤 느낌인지 뼛속 깊이 느껴보았다. 아네카는 너무나 마음이 좋지 않았기 때문에 그러한 시도를 하는 데 상당한 용기가 필요했다. 그런 다음, 아네카는 사랑하는 사람에게 준 상처로 괴로워하는 자기 자신에게 연민을 주었다. "누구나 실수를 한다. 네가 그런 식으로 친구에게 상처를 준 것은 참 안타깝다. 하지만 네가 깊이 후회하고 있는 거 알고 있어"와 같이 자기 자신에게 위로와 연민을 줌으로서 약간의 심적 여유를 가질 수 있었고, 자기가 엄청난 스트레스를 받고 있다는 것을 인정할 수 있었다. 아네카는 자신의 행동을 용서하려고 시도했다. "내가 사랑하는 친구 힐드에게 의도하지 않게 상처를 준 나 자신을 용서하기 시작하기를." 또한 아네카는 화가 났을 때는 말하기 전에 적어도 한 번 심호흡을 하자고 자신과 약속했다. 아네카는 이것을 실천하려면 다소 시간이 걸린다는 사실을 알고 있었다. 왜냐하면 화가 날 때 항상 자각하지 못했기 때문이었다. 그러나 스트레스를 받는 상황에서는 더 적게 반응할 수 있도록 노력하겠다고 결심했다.

다음의 두 가지 수행은 타인과 우리 자신을 용서할 수 있도록 하는 용서의 다섯 단계로 안내할 것이다. 다시 말하지만, 용서의 핵심은 먼저 우리가 상처를 받았거나 타자에게 준 상처에 우리 자신을 개방하는 것이다. 타이밍이 아주 중요하다. 왜냐하면 다른 사람에게 상처를 준 것에 대한 죄책감을 느끼거나 또 다시 상처받기 쉬운 양가감정 상태에 있기 때문이다. 속담에서 말하듯이, 우리는 "더 나은 과거에 대한 모든 희망을 버려야" 한다.

일상수행
타인 용서하기

● 마음을 가라앉히고 자신에게 집중하기 위해 잠시 눈을 감고 심호흡을 두세 번 합니다. 지지와 자기친절의 의미로 손을 가슴 또는 다른 위로가 되는 곳에 올려 놓습니다.

이제 당신에게 고통을 주었던 사람이지만 용서할 준비가 된 어떤 사람을 떠올려봅니다. 그런 다음, 그 관계에서 약간 마음에 방해가 되는, 그 강도가 1∼10 사이의 척도상 3 정도 되는 특정한 사건에 대해 생각합니다. 이 실습에서는 당신이 진정으로 용서할 준비가 된 사람이나 행위를 선택하는 것이 중요합니다. 화나 원망이 남아 있는 경우는 당신에게 불필요한 상처를 주기 때문입니다. 시간을 갖고 당신이 선택한 사건을 있는 그대로 떠올려봅니다.

_____

_____

_____

_____

_____

_____

- 이 실습을 할 때, 마음이 일으키는 드라마에 휩쓸리지 않고 내면에서 일어나는 것들을 자각합니다. 호기심을 가지고 실습을 진행하되, 무엇을 경험하든지 충분한 마음의 여유를 갖도록 노력합니다. 지나치게 불편함을 느끼기 시작하면 실습을 그만두고 언제든지 돌아올 수 있습니다.

고통에 개방하기

- 마음으로 당신에게 이러한 고통을 일으킨 사람과 접촉하고, 몸에서도 그 고통을 느끼면서 가능한 생생하고 구체적으로 기억합니다.
- 단지 그 고통에 접촉할 뿐이기 때문에 그 고통에 압도되지 않게 합니다.

자기연민

- 마치 사랑하는 친구에게 말하듯이 그 고통을 인정해줍니다. "당연히 그렇게 느낄 수 있어. 상처를 받았구나." "아프다!"
- 손을 가슴 또는 다른 위로가 되는 곳에 얹고 친절이 당신의 손을 통해 몸속으로 흘러들어가게 하면서 계속해서 자신에게 연민을 제공합니다. 또는 자신에게 "내가 안전하기를" "내가 강해지기를" "내가 나 자신에게 친절하기를"과 같은

연민문구를 제공합니다.

- 이제 "내가 이 사람을 용서할 준비가 되어 있는가?"라고 스스로에게 물어봅니다. 만일 아니라면 계속해서 당신 자신에게 연민을 보냅니다.

지혜

- 당신이 만일 진정으로 용서할 준비가 되어 있다면, 이 사람이 나쁘게 행동하도록 만든 원인을 이해할 수 있는지 봅니다. 인간이기 때문에 실수할 수 있다는 사실을 인식하면서, 그 일이 일어나게 된 어떤 환경적 요인들, 즉 당신이 예상하지 못했던, 당신과 그 사람의 힘을 넘어서는 요인들이 있었는지 생각해봅니다. 예를 들면, 당시에 그 사람이 엄청난 스트레스를 받고 있었나요? 또는 이 사람을 그렇게 만든 어떤 어려움, 힘든 아동기, 낮은 자존감, 문화적 요인이 있었는지요? 대부분의 사람은 자신의 삶을 최선을 다해 살려고 노력합니다. 하지만 어떤 원인이 개입되었든 관계없이 당신은 여전히 상처받았을 것입니다.

용서하려는 의도

- 이제 용서하는 것이 옳다고 느낄 경우에만 "당신이 고의였든 아니든 나에게 고통을 준 것에 대해 내가 당신을 용서하기 시작하기를"이라는 문구를 말하면서 그 사람을 용서하기 시작합니다.
  이 문구를 세 번 반복합니다.

보호에 대한 책임감

- 준비되었으면 마지막으로 자신과 약속합니다. 즉, 이 사람이든 다른 누구이든 적어도 똑같은 방식으로 상처받지 않기 위해 최선을 다하겠다고 결심합니다.

비추어 보기

당신이 경험했던 과거의 아픔과 다시 연결되는 것이 어떤 느낌이었나요? 당신 자신에게 연민을 줄 수 있었나요? 어떤 저항이 있었는지요?

그 사람이 상처를 주는 행위를 하게끔 만드는, 당신이 이전에 알지 못했던 어떤 요인들을 확인할 수 있었습니까? 용서문구를 사용하는 것이 어떤 느낌이었습니까? 앞으로는 당신 자신을 보호하겠다고 다짐할 때의 느낌과 접촉할 수 있었는지요?

어떤 사람들은 이 실습을 할 때 아직 용서할 준비가 되어 있지 않다는 것을 발견합니다. 용서하고 싶지 않다는 것은 그 자체로 중요한 학습 경험입니다. 만일 당신의 경우가 그랬다면 실제로 용서하려고 애쓰지 말고, 용서하고자 했던 의도를 존중하고, 용서문구로 시작하는 말에 초점을 맞추어봅니다. 가슴이 자유를 느낄 때 우리는 용서했다는 것을 알게 됩니다. 그러나 용서하는 것이 무겁게 느껴진다면 아직 준비가 안 된 것입니다.

일상수행
우리 자신 용서하기

- 마음을 가라앉히고 자신에게 집중하기 위해 잠시 눈을 감고 심호흡을 두세 번 합니다. 지지와 자기친절의 의미로 손을 가슴 또는 다른 위로가 되는 곳에 올려놓습니다.

- 이제 당신이 고통을 주었던 사람에 대해 생각해봅니다. 지금은 후회하고 있고 당신 자신을 용서하고 싶은 관계에서 일어난 어떤 특정 사건에 대해 생각해봅니다. 이 실습을 처음 하는 경우라면 1~10의 척도상에서 3정도 되는 비교적 쉬운 상황을 선택합니다. 이 작업을 하기에 좋은 상황을 발견하기 위해 시간을 갖습니다.

_____

_____

_____

_____

_____

아픔에 개방하기

- 당신의 행동이 다른 사람에게 어떤 영향을 미쳤는지 잠시 생각할 시간을 갖고 우리가 다른 사람을 아프게 했을 때 자연스럽게 일어나는 죄책감과 후회를 느껴봅니다. 이 실습은 용기가 약간 필요할 수 있습니다.

  죄책감과 관련된 몸의 감각을 느껴보는 것이 도움이 될 수 있습니다. 몸에서 일어나는 신체 감각을 느낄 수 있는 공간을 만들어봅니다.

  (당신이 느끼고 있는 것이 죄책감이 아니라 수치심이라면 17장 '수치심 다루기' 실습을 다시 해볼 수도 있습니다.)

자기연민

- 당신이 잘못했다고 느낀다면, 죄책감은 인간경험의 일부분이며 그것은 부분적으로는 인간이라서 할 수 있는 실수라는 것을 인식합니다.
- 당신이 겪은 고통에 대해 스스로에게 연민을 제공합니다. "내가 나 자신에게 친절하기를, 내가 있는 그대로의 나를 수용하기를"과 같은 문구를 말할 수도 있습니다. 원한다면 손을 가슴 또는 다른 곳에 올려놓고 친절이 당신의 손을 통해 몸속으로 흘러들어가게 합니다.
- 잠시 동안 그 상태로 머물고 싶다면 그렇게 합니다. 더 나아가야 할 필요는 없습니다.

지혜

- 준비가 되었다면, 무엇이 당신으로 하여금 실수하게 했는지 이해해봅니다. 한때 당신에게 영향을 미쳤던 어떤 환경적인 요인이 있었는지 시간을 갖고 생각해봅니다. 이를테면 스트레스를 많이 받고 있었는지요? 불합리하게 촉발시키는 어떤 성격적인 측면이 있어서 과거의 단추가 눌러졌는지요? 잠시 시간을 내어 당신 자신과 이 상황에 대한 당신의 개인적인 해석 너머를 바라봅니다.
- 당신은 실제로 실수를 한 것이 아닐 수도 있고, 단지 당신이 알고 있는 최선의 방식으로 인생을 살려고 애쓴 것은 아닐까요?

용서하려는 의도

- "내가 고의든 아니든 이 사람을 아프게 한 것에 대해 나 자신을 용서하기 시작하기를"이라는 문구를 말하면서, 이제 당신 자신을 용서할 수 있는지 봅니다.

보호에 대한 책임감

- 준비가 되었으면, 적어도 당신이 할 수 있는 최선을 다해 다시는 그런 식으로 아무에게도 상처주지 않기를 다짐합니다.

비추어 보기

당신 자신을 용서하는 것과 타인을 용서하는 것 중 어느 것이 더 쉬웠습니까? 다른 사람에게 상처를 주었다는 아픔에 개방할 수 있었습니까?

당신이 그럴 자격이 없다는 느낌에도 불구하고 당신 자신에게 연민을 제공할 수 있었는지요? 당신이 그렇게 행동하게 이끌었던 요인을 확인하는 것이 도움이 되었는지요? 용서문구를 말하는 느낌은 어땠습니까? 다시는 그와 같은 방식으로 다른 사람들에게 상처를 주지 않겠다는 결심을 했을 때, 그 느낌과 접촉할 수 있었습니까?

누군가에게 상처를 주었다는 사실을 깨달았을 때 일어나는 죄책감과 후회에 개방하기 위해서는 특별한 용기가 필요합니다. 우리가 그러한 불편한 감정을 연민심으로 유지할수록 우리의 실수를 반복하지 않으려는 결심 또한 더 강해질 것입니다. 어떤 사람들은 자기 자신을 용서하는 것이 자신이 한 행동에 대한 책임회피로 이어질까 봐 걱정합니다. 그러나 진정한 자기용서는 효과적인 변화를 위한 선행조건입니다.

22

선함 포용하기

Embracing the Good

● ● ●

감사는 우리의 건강이나 가족과 같이 인생에서 중요하고 소중한 것에 초점이 맞춰질 수 있지만, 감사의 효과는 버스가 시간 맞춰 도착했다든지 또는 찜통같이 더운 여름에 에어컨이 잘 작동된다든지 하는 사소한 것에 맞추었을 때 훨씬 더 강력할 수 있다.

기연민의 가장 큰 이점은 단순히 부정적인 정서를 극복하도록 돕는 것이 아니라, 적극적으로 긍정적인 정서를 생성한다는 것이다. 우리 자신 그리고 우리의 경험을 사랑과 연결된 현존으로 포용할 때 좋은 기분을 느끼게 된다. 그것은 달콤하게 기분이 좋아지거나 또는 나쁜 느낌에 저항하거나 회피하는 것이 아니다. 자기연민은 우리로 하여금 쓴 것과 단 것 모두를 경험하도록 허용한다.

그러나 우리는 전형적으로 우리 인생에서 잘된 것보다는 잘못된 것에 더 많이 주의를 기울이는 경향이 있다. 예를 들어, 당신은 직장에서 연간 실적을 평가받았을 때 칭찬받은 것과 비난받은 내용 중에 어느 것을 더 많이 기억하는가? 혹은 백화점에 쇼핑을 가서 친절한 점원 다섯 명과 불친절한 점원 한 명을 만났다면 어느 쪽이 당신 마음에 더 오래 남아 있는가?

이런 현상을 심리학적 용어로 부정적 편향(negativity bias)이라고 부른다. 릭 한슨(Rick Hanson)은 우리 뇌가 "나쁜 경험에 대해서는 찍찍이 테이프 같고, 좋은 경험에 대해서는 테프론 같다"고 말했다. 우리가 부정적 편향을 가지고 있는 이유에 대해 진화적으로 말하자면, 하루를 마무리하면서 어제 있었던 하이에나 무리들이 어디에 있을지, 내일은 또 어디에 돌아다닐지 걱정하면서 초조하고 불안해했던 우리 조상들이 긴장을 풀고 이완했던 조상들보다 더 살아남을 가능성이 높았기 때문이다. 이것은 진화적으로 우리

> 부정적인 측면에 초점을 맞추는 것은 우리 조상들을 위험으로부터 보호했다. 그것은 오늘날 우리들에게 비균형적, 비현실적인 자각으로 남아 있다.

가 신체적인 위협에 직면했을 때 적응된 것이다. 그러나 오늘날 우리들이 직면하는 위험의 대부분은 우리의 자아감각(sense of self)에 대한 위협이기 때문에, 현실을 왜곡하는 이러한 부정적 편향을 바로잡는 것이 바로 자기연민이다.

우리는 부정적으로 편향되지 않고 더 현실적으로 균형잡힌 자각을 발달시키기 위해 의도적으로 긍정적인 경험을 인식하고 흡수해야 한다. 마음챙김과 자기연민이 훈련으로써 가능하듯이 이것도 어느 정도 훈련이 요구된다. 아픔에 자신을 개방하는 연민수행을 지지하기 위해서도 긍정적인 경험에 초점을 맞추어 힘을 북돋아야 한다.

또한 긍정적인 경험에 초점을 맞추는 것에는 중요한 이점이 있다. '확장-수립' 이론을 계발한 바바라 프레드릭슨(Barbara Fredrickson)은 긍정적인 정서에 대한 진화론적인 목적은 주의를 확장시키기 위한 것이라고 상정했다. 다시 말해서, 사람들은 안전감과 만족감을 느낄 때 음식, 주거지, 휴식을 위한 기회에 주의를 기울이면서 자신의 환경에 호기심을 갖고 탐색하기 시작한다. 이것은 우리들로 하여금 알아차리지 못할 수도 있는 기회를 이용할 수 있게 해준다.

행복의 문 하나가 닫히면 또 다른 문이 열린다.
그러나 우리는 흔히 닫힌 문을 너무 오래 쳐다보기 때문에
우리를 위해 열려 있는 또 하나의 문을 보지 못한다.
-헬렌 켈러-

최근 심리학에서는 사람들이 긍정적 정서를 배양하도록 돕는 데 가장 효과적인 방법을 발견하는 것에 초점이 맞춰진 운동이 일어났다. 지금까지 확인된 두 가지 강력한 수행방법은 음미하기와 감사

하기다.

음미하기

음미하기(savoring)는 삶의 긍정적
인 측면에 주의를 기울이고 감사하는
활동으로, 긍정적인 측면들을 취하고,

음미하기는 긍정적인 경험에 대
한 마음챙김이다.

그것들에 머물고, 그런 다음 내려놓는 것이다. 음미하기는 즐거움을
넘어서서 즐거운 경험에 대한 마음챙김적 자각을 포함한다. 달리 말
해서, 즐거움이 일어나는 동안 좋은 어떤 것이 일어나고 있음을 알
아차리는 것이다.

좋은 것은 지나쳐버리고 잘못된 것에 초점을 맞추는 우리의 자연
스러운 경향을 고려할 때 우리는 즐거움을 주는 것에 더 주의를 기
울이려고 노력해야 한다. 다행히 음미하기는 어렵지 않은 수행방법
으로, 상큼하고 과즙이 풍부하고 신선한 사과의 맛, 당신의 뺨을 스
치는 부드럽고 선선한 바람, 직장 동료의 온화한 미소, 당신의 손을
부드럽게 잡아주는 파트너의 손 등을 알아차리는 것이다. 연구에 의
하면, 단순하게 이러한 종류의 긍정적인 경험을 알아차리고 잠시 머
무는 시간을 갖는 것만으로도 행복감이 엄청나게 증가할 수 있다고
한다.

감사

감사(gratitude)는 우리 삶 속에서 좋은 것을 인식하고 수용하고 감
사하는 것이다. 우리가 원하지만 가질 수 없는 것에만 초점을 둔다

년, 우리는 부정적인 마음 상태에 머물게 될 것이다. 그러나 우리가 가지고 있는 것에 초점을 두고 감사할 때 우리는 우리의 경험을 완전히 재구성하게 된다.

음미하기가 일차적으로 체험적 수행인 반면에, 감사는 지혜수행이다. 지혜는 모든 것들이 어떻게 상호의존적으로 발생하는가에 대한 이해와 관련이 있다. 아주 단순한 사건이 일어나기 위해 필요한 요소들의 융합은 매우 놀랍고 경외감과 숭배의 태도를 불러일으킬 수 있다. 감사는 우리 인생에 좋은 것들이 있기까지 기여한 무수히 많은 사람들과 사건들을 인식하게 한다. 언젠가 한 MSC 참가자가 말했듯이 "지혜의 질감은 감사다."

감사는 우리의 건강이나 가족과 같이 인생에서 중요하고 소중한 것에 초점이 맞춰질 수 있지만, 감사의 효과는 버스가 시간 맞춰 도착했다든지 또는 찜통같이 더운 여름에 에어컨이 잘 작동된다든지 하는 사소한 것에 맞추었을 때 훨씬 더 강력할 수 있다. 또한 관련 연구는 감사가 행복과 강하게 연결되어 있다는 것을 보여준다. 철학자 마크 네포(Mark Nepo)가 썼듯이, "기쁨을 아는 한 가지 열쇠는 쉽게 즐거워하는 것이다." 우리는 명상 지도자 제임스 바레즈(James Baraz)가 그의 책,《기쁨 일깨우기Awakening Joy》에서 들려준 감사의 힘에 대한 멋진 이야기를 그의 허락하에 여기에 소개하고자 한다.

> 감사라고 부르는 지혜수행은 우리 인생의 좋은 것들은 우리 주변의 다양한 사람과 사건으로부터 일어난다는 것에 대해 아는 것을 의미한다.

어느 해에 나는 81세가 된 나의 어머니를 방문하면서 감사의 유익한 효과에 관한 논문이 실린 잡지 한 권을 가지고 갔다. 저녁을 먹으면서 나는 내가 발견한 것에 대해 어머니에게 설명했다. 어머니는 그 기사에 감동했다고 하면서, 당신은 평생 유리컵의 반이 비어 있는 부분을 바라보는 습관이 있었노라고 인정했다. "나는 내가 운이 좋고 감사할 만한 많은 것들을 가지고 있다는걸 안단다. 하지만 사소한것들이 나를 폭발하게 만들지." 어머니는 그 습관을 바꾸고 싶어 했지만 그 가능성을 의심했다. "나는 잘못된 것을 더 많이 지켜보곤 한단다"

"엄마, 감사의 열쇠는 우리가 어떤 상황을 진심으로 받아들이는 방식에 있어요." 나는 계속 말을 이었다. "예를 들면, 갑자기 엄마의 TV가 화질이 좋지 않다고 가정해보세요."

"그런 시나리오는 가능하지." 엄마는 알겠다는 표정으로 미소를 지으며 동의했다. "엄마의 경험을 기술하는 한 가지 방식은, '비명을 지를 만큼 엄청 짜증나!'라고 말씀하시는 거지요. 아니면 '엄청 짜증나네…. 근데 내 인생은 진짜 축복받았어'라고 말씀하실 수도 있어요." 어머니는 이 둘 중에 어느 방식으로 반응하느냐에 따라 큰 차이가 있다는 사실에 동의했다.

"그러나 내가 실제로 어떻게 했는지는 기억을 못하겠다"라고 하면서 엄마는 한숨을 쉬셨다.

그래서 우리는 함께 엄마의 기억을 상기시키는 감사게임을 만들었다. 엄마가 뭔가에 대해 불평을 할 때마다 나는 단순히 "그리고…"라고 말하고, 엄마는 "그리고 내 인생은 매우 축복받았어"라고 덧붙이는 것이었다. 나는 엄마가 기꺼이 시도하려는 것을 보고 신이 났다. 비록 그냥 재미있는 게임으로 시작했지만, 한참 후에 그것이 진짜 효과를 발휘하기 시작했다. 우리가 함께한 몇 주 동안 엄마의 기분은 더 밝아졌고, 감사로 채워졌다. 나의 기쁨과 즐거움을 위해, 엄마는 계속해서 그것을 실천했고, 그 변화는 혁명적이었다.

일상수행
감각하고 음미하며 걷기

이 음미하기 실습은 정원이나 나무 숲속과 같이 아름다운 자연환경에서 행할 때
특별히 행복감을 줍니다. 그러나 이 실습은 남의 시선을 느끼지 않는 곳이면 어디
에서나 가능합니다.

- 15분 정도 바깥에서 느긋하게 걸을 수 있게 시간을 확보합니다. 걷는 목적은
  천천히 한 번에 하나씩 당신의 모든 감각들, 즉 시각, 후각, 청각, 촉각, 가능한
  미각까지도 사용해서 무엇이든 끌리는 대상이나 긍정적인 내적 경험을 알아
  차리고 음미하기 위한 것입니다.
- 그렇게 하는 목적은 당신 자신을 즐기거나 뭔가 일어나게 하기 위한 것이 아
  닙니다. 그냥 무엇이든 당신 자신에게 즐거움을 주는 것, 즉 무엇이든 당신에
  게 다가오는 것을 알아차리고, 그곳에 젖어들고, 그것과 함께 머물고, 그 다음
  내려놓도록 허용하는 것입니다.
- 당신은 걸으면서 얼마나 많은 아름답고 매력적이고 영감을 주는 것들을 알아
  차렸나요? 당신은 소나무 향기, 따스한 햇볕, 아름다운 잎, 돌의 생김새, 미소
  짓는 얼굴, 새의 노랫소리, 발바닥으로 느껴지는 땅의 감촉 등을 즐겼나요?
- 뭔가 기분이 좋거나 즐거운 것을 발견하면 거기에 젖어봅니다. 진정으로 그것
  을 음미해봅니다. 예를 들어, 신선한 풀 냄새를 맡아보거나 나뭇가지의 질감
  을 느껴볼 수 있습니다. 마치 그것이 이 세상에서 존재하는 유일한 것처럼 그
  경험에 당신 자신을 맡겨봅니다.
- 당신의 흥미가 줄어들어서 뭔가 새로운 것을 발견하고 싶을 때 그것을 내려
  놓고 다시 당신의 관심을 끌거나 기분 좋게 하는 것을 발견할 때를 기다립니
  다. 이 꽃에서 저 꽃으로 날아다니는 꿀벌처럼 되어봅니다. 하나에서 완전하
  게 채워졌을 때, 또 다른 것으로 옮겨갑니다.

■ 시간을 가지고 천천히 움직이면서 무엇이 당신에게 다가오는지 봅니다.

비추어 보기

긍정적 경험에 선택적으로 주의를 기울이는 경험이 어떤 느낌이었습니까? 당신이 일상적으로 간과했던 뭔가를 알아차렸는지요? 즐거움과 아름다움에 머물면서 빠져들 수 있었는지요?

이 실습을 하기 전과 비교해서 지금 느낌은 어떤가요?

대부분의 사람들은 긍정적인 경험에 흠뻑 젖는 것이 자신을 더 행복하게 만든다는 사실을 발견합니다. 또한 이 실습은 우리의 경험에 대한 정신적인 재잘거림이 어떻게 음미하는 것을 방해하는지 드러내볼 수 있습니다. 그러나 우리가 다시 아름다움에 대한 우리의 직접적인 경험에 초점을 맞출 때 색깔은 더 밝아지고, 소리는 더 명료해지고, 냄새는 더 향기로워지는 등 우리의 감각이 향상됩니다. 에밀리 디킨슨(Emily Dickinson)이 썼듯이, "산다는 것은 너무나 놀라운 것으로, 다른 일을 위한 여지를 거의 남기지 않습니다."

일상수행
음식 음미하기

음식 음미하기는 마음챙김에다 먹는 경험 즐기기를 덧붙인 것입니다.

■ 먹을 음식을 선택합니다.

■ 잠시 시간을 갖고, 그 음식이 당신에게 어떻게 보이는지 즐겨봅니다. 그런 다음, 그 음식의 냄새를 음미하고 촉감이 어떻게 느껴지는지 음미합니다.

■ 이 음식이 당신의 입으로 오기까지 거친 수많은 손길, 농부, 트럭 운전기사, 식품점 주인…에 대해 생각해봅니다.

■ 이제 음식에 손을 뻗치기 전에 먼저 침이 나오는 것을 알아차리고, 음식을 입

으로 가져가고, 입술을 통과할 때, 씹을 때, 음식 향이 새어나올 때, 삼키기 시작할 때를 알아차리면서 아주 천천히 먹습니다.

- 이런 식으로 계속해서 먹으면서 마치 당신 인생에 있어서 처음이자 마지막 식사인 것처럼 당신 자신이 먹는 경험의 모든 순간들을 즐기도록 온전하게 허용합니다.

- 먹기가 끝났을 때, 끝났음을 알아차리고, 당신의 입속에 그 향기가 어떻게 남아 있는지 알아차립니다.

비추어 보기

시간을 갖고 음식을 즐기도록 자신에게 허용했을 때 음식 맛이 달랐나요? 이런 식으로 먹는 것이 어떠했나요?

음식 음미하기는 대개 즉각적인 만족을 주고 삶의 질을 높여줍니다. 역설적이게 도 마음챙김을 하지 않고 먹게 되면 보통 우리는 음식을 전혀 즐기지 못하고 흔히 과식을 합니다. 마음챙김을 하면서 먹게 되면 우리가 체중을 유지하고 배가 부를 때 멈추도록 도와준다는 연구 결과도 있습니다.

실습
크고 작은 것들에 감사하기

당신 인생에서 당신에게 아주 중요하고 당신이 감사하게 여기는 것 다섯 가지를 적어봅니다. 예를 들면, 건강, 자녀, 경력, 친구 같은 아주 중요한 것들이 될 수 있습니다.

1. _____

2. _____

3. _____

4. _____

5. _____

이제 당신의 삶 속에서 당신이 감사하게 여기는 작고 사소한 것들, 대개는 간과하게 되는 것 다섯 가지를 적어봅니다. 예를 들면, 단추, 자전거, 타이어 펌프, 따뜻한 물, 순수한 미소, 돋보기 안경 등이 될 수 있습니다.

1. _____

2. _____

3. _____

4. _____

5. _____

비추어 보기

당신이 적은 목록에 당신을 놀라게 한 어떤 것들이 있었나요? 크고 대단한 것들과 작고 사소한 것들 가운데 어느 것에 감사하는 것이 더 쉬웠습니까? 이 실습을 하고 난 후 이전과 비교해서 당신은 어떻게 느끼고 있나요?

아침에 눈을 떴을 때나 침대 밖으로 나오기 전에 또는 저녁에 불을 끄고 잠들기 전에 이 실습을 할 수 있습니다. 당신이 감사하는 큰 것 다섯 가지와 사소한 것 다섯 가지를 양 손가락을 사용해서 세어봅니다. 1~2분 밖에 걸리지 않지만, 당신의 '축복을 세는 것'은 당신의 정신 건강에 커다란 영향을 줄 수 있다는 연구 결과가 있습니다.

23

자기감사

Self-Appreciation

● ● ●

지혜와 감사는 자기감사의 핵심이기도 하다. 이러한 특질은 우리가 넓은 맥락에서 우리의 좋은 특질을 볼 수 있도록 돕는다.

대부분의 사람들은 타인에 대해 감사를 표현하는 것이 중요하다는 것을 인식하고 있다. 그러나 우리 자신에 대해서는 어떤가?

특별히 우리 자신을 향해서는 부정적인 편향이 강하다. 자기감사를 단지 자연스럽지 않다고 느낄 뿐만 아니라 완전히 잘못된 것이라고 느끼기도 한다. 우리의 경향성은 우리가 가지고 있는 장점을 고마워하기보다 우리의 부족함에 초점을 맞추기 때문이다. 우리는 흔히 우리가 어떤 사람인지에 대한 왜곡된 관점을 갖고 있다. 다음 질문에 대해 생각해보라. 당신이 칭찬을 받을 때 당신은 그 칭찬을 받아들이는가, 아니면 거의 즉각적으로 튕겨내는가? 우리는 보통 우리 자신의 좋은 특질에 대해 생각하는 것만으로도 불편함을 느낀다. 즉각적으로 반론이 일어난다. "내가 항상 그렇지는 않다" 또는 "나는 좋지 않은 특질도 많이 가지고 있어"라고 반응한다. 이러한 반응이 부정적 편향을 보여주는 예다. 왜냐하면 우리가 유쾌하지 않은 피드백을 받을 때 제일 먼저, "맞아, 그렇지만 내가 항상 그런 것은 아니야" 또는 "당신은 내가 가지고 있는 좋은 특질을 모두 알고 있나요?"라고 반응하지는 않기 때문이다.

우리 가운데 많은 사람은 실제로 우리 자신의 좋은 점을 인정하는 것을 두려워한다. 몇 가지 공통된 이유는 다음과 같다.

> 우리 대부분은 우리 자신에게 감사하는 것은 잘못된 것이라고 느낀다.

- 내가 교만해지는 바람에 내 친구와 멀어지고 싶지 않다.
- 나의 좋은 특질은 내가 고쳐야 할 문제가 아니기 때문에 그것에 초점을 맞출 필요가 없다.
- 나 자신을 추켜세웠다가 금방이라도 나락으로 떨어질까 봐 두렵다.
- 그것은 내게 우월감을 줘서 타인들과 분리시킬 것이다.

우리에게 좋은 특질뿐 아니라 좋지 않은 특질도 함께 가지고 있다는 사실을 단순하게 인정하는 것과, 우리가 완벽하다든지 남보다 낫다고 말하는 것 사이에는 커다란 차이가 있다. 우리의 장점을 고마워할 뿐 아니라 우리의 약점에 연민심을 갖는 것 또한 중요하다. 그렇게 함으로서 우리 자신 전체를, 정확히 말해서 있는 그대로의 우리 자신을 포용하는 것이다.

우리는 자기연민의 세 가지 요소, 즉 자기친절, 보편적 인간경험 그리고 마음챙김을 우리의 긍정적인 특질과 부정적인 특질 둘 다에 적용할 수 있다. 이 세 가지 요소는 모두 우리들로 하여금 건강하고 균형 잡힌 방식으로 우리가 우리 자신에게 감사하는 것을 허용한다.

자기감사

자기친절: 우리 자신을 친절하게 대하는 것은 우리가 좋은 친구에게 하듯이 우리의 좋은 특질에 대해 감사를 표현하는 것과 관련 있다.

보편적 인간경험: 좋은 자질을 갖고 있는 것이 인간적 특징의 일부임을 기억한다면, 우리는 동떨어져 있거나 다른 사람보다 낫다는 느낌 없이 우리의 장점을 인정할 수가 있다.

마음챙김: 자신에게 감사하기 위해 우리는 우리의 좋은 특질을 당연하게 받아들이기보다는 그것에 주의를 기울여야 한다.

자기감사를 실습하는 것은 이기적이거나 자기중심적인 것이 아니라는 것을 인식하는 것이 중요하다. 오히려 좋은 특질 또한 인간 특징의 일부분이 라는 사실을 단순하게 인식하는 것이다. 어떤 아이들은 자기들의 성취를 의식하지 않는 것이 겸손한 것이라는 신념을 갖도록 키워지지만, 그러한 접근은 아동의 자기개념에 해가 되고 그들 자신을 제대로 아는 데 방해가 될 수 있다. 자기감사는 우리 자신에 대한 부정적 편향을 교정하는 방식이고, 우리 자신을 하나의 전체적인 인간으로서 분명하게 바라보는 방식이다. 또한 자기감사는 정서적 회복탄력성과 타자에게 베푸는 데 필요한 자기확신을 제공한다.

> 인간 존재는 나쁜 특질뿐 아니라 좋은 특질도 포함하고 있기 때문에 자기감사는 실제적인 것이지 이기적인 것이 아니다.

베스트셀러 작가이자 영적인 스승인 메리안 윌리암슨(Marianne Willamson)은 "우리는 어린아이들이 그러하듯이 모두 빛난다.…그리고 우리 자신을 빛나게 할 때 우리는 무의식적으로 다른 사람들도 똑같이 빛나는 것을 허용한다. 우리가 우리 자신의 두려움에서 해방될 때 우리의 현존은 자동적으로 다른 사람들까지 해방시킨다."

지혜와 감사는 자기감사의 핵심이기도 하다. 앞 장에서 논의했던 이러한 특질은 우리가 넓은 맥락에서 우리의 좋은 특질을 볼 수 있도록 돕는다. 우리 자신에게 감사할 때 우리는 모든 원인과 조건들 그리고 맨 처음에 우리가 그러한 좋은 특질들을 개발하도록 도움을 준 사람들―친구들, 부모 그리고 선생님들을 포함해서―에게도 감사하게 된다. 이는 우리 자신의 좋은 특질을 너무 개인적인 것으로만 받아들일 필요가 없다는 것을 의미한다.

> 우리 자신을 존중할 때 우리에게 자양분을 주고 지지해온 모든 사람들도 공경하게 된다.

앨리스는 겸손과 자기를 드러내지 않는 것을 기본적인 규범으로 여기는 엄격한 개신교 집안에서 자랐다. 엘리스가 여덟 살 때 3학년 철자 맞추기대회에서 우승한 트로피를 들고 집으로 돌아오자, 그녀의 어머니는 눈썹을 치켜뜨고는, "너무 잘난 척하지 말아라"라고 말했다. 엘리스는 무엇을 성취할 때마다 그것을 대단하게 여기지 않아야 한다고 느끼거나 자기 가족에게 인정받지 못한다고 느꼈다.

후에 엘리스는 그녀가 아름답고 친절하고 영리하고 멋지다고 표현하기 좋아하는 데오라는 남자와 데이트를 시작했다. 데오의 찬사는 그녀를 움츠러들게 할 뿐 아니라 불안하게 만들었다. "데오가 내가 완벽하지 않다는 것을 발견하면 어떻게 하지? 내가 데오를 실망시키면 무슨 일이 일어날까?" 엘리스는 데오가 좋은 말을 하면 계속 그의 말을 무시함으로써 데오를 당황스럽게 하고 보이지 않는 벽을 느끼게 만들었다.

엘리스는 자기연민 실습에 능숙해지고 있었다. 특히 자신의 개인적인 부적절함을 보편적인 인간성의 일부분으로 바라보기 시작했다. 자기감사는 엘리스에게 일단 개념적으로는 일리가 있어 보였지만 아직 갈 길이 멀게 느껴졌다. 먼저 엘리스는 하루 중에 자기가 한 모든 좋은 것들, 즉 친절의 순간, 성공, 작은 성취 등을 마음속으로 떠올렸다. 그런 다음 "잘했어, 엘리스!"라고 말하면서 그 일에 대해 뭔가 고마워하는 말을 하려고 시도했다. 엘리스는 자신에게 이런 말을 했을 때 아동기 때 했던 보이지 않는 계약을 위반하는 느낌이 들어 불편했지만 지속해나갔다. "나는 내가 다른 사람보다 낫다거나 완벽하다고 말하는 것이 아니야. 나는 단순히 이것 또한 사실이라고 인정하는 거야." 마침내 엘리스는 데오가 자신에게 주는 진심어린 칭찬을 받아들이고 음미하기로 결심했다. 데오는 자기가 선물한 연민팔찌 덕분에 엘리스가 속으로 '나는 완벽하진 않지만 내 일부분은 탁월하다'고 말하게 된 것에 대해 매우 기뻐했다.

나를 사랑하기로 했습니다
마음챙김 자기연민 워크북

실습
나의 좋은 특질과 어떻게 관계할 것인가?

가능한 한 솔직하고 정직하게 다음의 질문에 대해 생각해봅니다.

■ 당신은 칭찬받을 때 어떻게 반응합니까? 기쁘게 또는 감사하게 받아들이나
  요? 아니면 긴장하고, 회피하거나 묵살해버리는지요?

■ 당신만의 사적인 순간에 당신의 좋은 특질에 감사하는 것은 편안한가요? 아
  니면 불편한가요?

- 만일 당신의 좋은 특질에 대해 감사하는 것이 불편하다면 그 이유에 대해 생각해봅니다. 교만해질까 봐, 기반을 잃게 될까봐, 안주하게 될까 봐, 다른 사람들과 다르다고 느낄까 봐 또는 다른 어떤 이유가 있나요? 자신이 가지고 있는 좋은 특질에 감사하는 것이 당신에게는 어떤 느낌인가요?

_____

_____

_____

_____

비추어 보기

많은 사람들이 이 실습에서의 핵심이 자기연민이 아니라 자기감사라는 것을 발견합니다. 자신의 결점과 부적절함을 인정하는 것은 어느 정도 괜찮은데, 자신의 장점과 성취를 인정하는 것은 어떤가요? 윽! 하는 것이 당신의 경우라면, 당신이 일상에서 자기감사를 의식적으로 실습하게 되면 정말로 유익할 수 있다는 것을 의미합니다.

 실습
자기감사

이 실습은 당신이 자신에 대해 감사하는 특질을 발견하는 데 도움을 줄 것입니다. 특히 당신 삶에서 좋은 특질을 발달시키도록 도움을 준 것들에 대해 인식하면서 하면 더욱 좋습니다. 만일 이 실습 도중에 어떤 불편함을 경험한다면 무엇을 느끼든지 약간의 여유 공간을 만들고, 있는 그대로의 당신 자신이 되게 합니다.

- 두세 번 심호흡을 하고 자신을 안정시키고 중심을 잡기 위해 잠시 눈을 감습니다. 지지와 자기친절의 몸짓으로 손을 가슴 또는 다른 위로가 되는 곳에 올려놓습니다.
- 이제 당신 자신에 대해 감사하는 것을 세 가지에서 다섯 가지 정도 생각해봅니다. 처음에는 마음에 떠오르는 것들이 다소 피상적일 수도 있습니다. 당신이 정말로 마음속 깊이 자신에 대해 좋아하고 감사하는 것에 마음을 열 수 있는지 시간을 가지고 정직하게 하기 바랍니다.

- 이제 긍정적인 특질에 대해 한 번에 한 가지씩 떠올리면서, 그러한 선물을 받은 것에 대해 감사하다는 내면의 끄덕임을 제공합니다.

- 당신의 좋은 특질에 대해 생각할 때 어떤 불편함이 느껴지는지 알아차리고 그것에 대해 공간을 마련하고 당신의 경험을 있는 그대로 허용합니다. 당신은 그런 좋은 특질을 항상 보여주어야 한다거나 다른 사람들보다 당신이 더 낫다고 말하는 것이 아님을 기억합니다. 당신은 단순하게 그것 또한 사실이라는 것을 인정할 뿐입니다.

- 이제 당신의 좋은 특질을 발달시키도록 도움을 준 누군가가 있는지 생각해봅니다. 어쩌면 친구들, 부모들, 선생님들, 당신에게 긍정적인 영향을 준 책들의 저자일 수도 있습니다.

- 이러한 긍정적인 영향을 준 분들에 대해 하나하나 생각하고 그들 각각에게 감사와 고마움을 보냅니다.
- 이 순간만이라도 자신에 대한 좋은 느낌을 음미합니다. 그 느낌에 온전히 젖어봅니다.

비추어 보기

당신의 좋은 특질에 대해 생각해낼 수 있었습니까? 자신에 대해 감사할 때 느낌은 어땠습니까? 자기감사 보다 다른 사람에 대한 감사를 떠올리기가 더 쉬웠는지요?

이 실습의 재미있는 부분은, 자신이 가진 좋은 특질들과 다른 사람들의 삶과 공헌이 어떻게 서로 얽혀 있는지를 깨달을 때 많은 사람들이 자신의 좋은 특질을 훨씬 더 쉽게 수용할 수 있다는 것입니다. 우리가 다른 사람들을 감사의 원 안에 포함시키면서 우리자신에게 감사의 빛을 비추면, 우리는 덜 자기초점적이 되고, 혼자라는 느낌도 적어지는 듯 합니다.

상당히 많은 사람들이 이 실습에서 어려움을 느낍니다. 특히 아동기 외상으로 인해 고통을 겪거나 나쁜 환경에서 자란 사람들은 자기가 이룬 성취에 자부심을 느끼는 것에 어려움을 겪습니다. 때로는 우리 자신의 좋은 특질에 대해 감사하려고 할 때, 우리의 좋은 특질이 얼마나 인정받지 못했는지 떠올리게 되거나 그다지 좋지 않은 특질이 더 두드러지게 드러나기도 합니다. 그것이 역류입니다(8장 참조). 만일 당신에게서 이런 일이 일어났다면 역류는 긍정적인 변형(transformation) 과정의 일부라는 사실을 기억하고, 더 부드럽고 연민적으로 당신 자신과 함께합니다. 또한 역류는 이 실습이 당신에게 유익하다는 것을 알리는 신호이고, 인내심을 가지고 천천히 하라는 신호입니다. 당신의 전체적인 자기(whole self), 즉 좋은 부분과 나쁜 부분 모두를 인정하도록 스스로를 허용할 때 당신은 더 충만하고 진실된 삶으로 가는 문을 열게 될 것입니다.

나를 사랑하기로 했습니다
마음챙김 자기연민 워크북

24

앞으로 나아가기

Taking It Forward

● ● ●

마음챙김과 자기연민 수행은 평생에 걸친 여정으로, 결코 도달이란 없습니다.
매 순간이 수행을 위한 기회라는 사실을 깨달으며 삶의 매 순간을 더 소중하게
만들기 때문에 좋은 일입니다.

이 워크북은 이제 거의 끝나가고 있다. 당신은 자기연민을 키우는 원리와 수행방법에 대해 광범위하게 학습했다. 당신은 어쩌면 지금까지 배운 것을 어떻게 당신의 일상적인 삶에 통합시키고 앞으로 몇 달 뒤, 몇 년 뒤까지 어떻게 수행을 계속해야 하는지 궁금할 것이다.

이따금 이런 질문이 떠오를 것이다. "나에게 맞는 수행방법은 무엇일까?" 최상의 대답은 명상지도자인 샤론 샐즈버그(Sharon Salzberg)에게 들을 수 있다. "당신이 가장 열심히 해온 것이다!" 우리는 오직 다 지나고 나서야 가장 전념해온 수행방법이 무엇인지 발견할 수가 있다. 좋은 출발은 가장 쉽고 가장 즐길 수 있는 수행법부터 시작하는 것이다. 그게 무엇일까? 당신은 다음과 같이 그것에 대해 성찰할 수 있다.

> 당신에게 가장 좋은 실습은 당신이 가장 전념했던 것이다.

어떤 수행이 당신에게 특별히 의미가 있고 도움이 되었는지 아는 것이 중요하다. 어쩌면 당신은 어떤 성장의 끝자락에서 역류와 부딪혔을지도 모른다. 그러나 당신은 바로 그 모퉁이 어딘가에 자유가 있다는 것을 감지했을 것이다. 만일 당신이 그렇다면, 그것에 대해 유념하면서, 당신이 수행하는 방식에 대해 계속 자기연민적인 태도로 지내다가, 그렇게 할 준비가 되었다고 느낄 때 다시 그 실습으로 돌아온다.

다음은 수행을 지속하는 데 도움이 되는 몇 가지 방법이다.

◇ 즐겁게 수행하라. 그래서 자기강화가 되게 하라.

◇ 작은 것부터 시작하라. 작은 실습이 큰 차이를 만든다.

◇ 자기연민이 가장 필요할 때 그러한 일상 가운데서 자기연민을 수행하라.

◇ 수행하는 것을 잊어버린 것에 연민적이 되고, 그냥 다시 시작하라.

◇ 올바른 방식으로 수행하기 위해 불필요하게 애쓰지 말고, 그냥 당신 자신을 따뜻하고 친절하게 대하라.

◇ 매일 수행할 수 있는 일정한 시간을 선택하라.

◇ 수행에 장애가 되는 것을 확인하라.

◇ 마음챙김과 자기연민에 관한 책을 읽어라.

◇ 당신의 수행경험에 대해 일지를 써라.

◇ 공동체 속에서 유대를 갖고 수행하라.

◇ 이 워크북에 포함된 안내명상을 활용하라.

◇ MSC 프로그램에 참가하라. 마음챙김―자기연민센터(미국본부 www.centerformsc.org, MSC 한국지부 한국명상심리상담연구원 www.ikmp.org)에서는 MSC 과정을 안내하고 있으며, 미국본부의 경우, 전 세계에서 열리는 MSC 과정에 대한 안내뿐 아니라 전 세계 지도자 명단 및 MSC 온라인 훈련코스도 제공하고 있다.

 실습
나는 무엇을 기억하고 싶은가?

이 책을 끝내기 전에 당신은 아마도 배운 모든 것들을 되돌아보고 싶을 것입니다. 또한 당신은 너무 많은 새로운 것들을 배워서 압도되었을 수도 있습니다. 그러므로 "나는 무엇을 기억하고 싶은가?"라는 질문을 던져봅니다. 다음 두 가지 질문에

나를 사랑하기로 했습니다
마음챙김 자기연민 워크북

대답해봅니다. 하나는 가슴에게 묻는 질문이고, 다른 하나는 수행과 관련된 질문입니다.

가슴에게 묻는 질문

- 잠시 눈을 감고 이 워크북으로 공부하는 동안에 가졌던 당신의 경험을 되돌아봅니다. 당신의 가슴 부위를 살피고 가슴을 느끼면서 스스로에게 질문합니다. "무엇이 나에게 감동적이었고 내 마음을 움직였는가, 무엇이 내 내면을 전환시켰는가?" 당신의 기억에 지지를 보내면서 당신은 이 책이나 따로 노트에 메모해놓은 것을 들여다볼 수도 있습니다.

  그 어떤 것도 좋습니다. 어쩌면 놀람, 깨달음 또는 통찰? 아니면 당신을 위로했거나, 당신에게 도전적이었거나, 사기가 올라가게 했던 무엇인가일 수도 있고, 또는 그 과정 중에 당신을 변화시킨 무엇일 수도 있습니다.

  시간을 가지고서 무엇을 기억하고 싶은지 당신 마음에 떠오르는 것을 적어봅니다.

수행과 관련된 질문

- 다음으로는 당신이 기억하고 싶고, 앞으로 반복해서 수행하고 싶은 수행방법을 적어봅니다. 도움이 되는 어떤 공식적인 수행이나 일상 중에 수행하고 싶은 비

공식적인 수행이 있는지 살펴봅니다. 수행에 대한 당신의 기억을 돕기 위해 이 워크북을 뒤적거려봅니다. 특히 당신에게 가장 쉽게 공명을 일으켰거나 아니면 당신에게 가장 강력한 영향을 주었던 수행방법을 유념하여 살펴봅니다.

덧붙이는 말

마음챙김과 자기연민의 길에 우리와 함께해준 당신에게 진심으로 감사드립니다. 우리가 제시한 인간적인 경험에 온전히 자신을 개방하기 위해서 용기와 결심이 필요했다는 것을 알고 있습니다. 당신의 노력으로 인해 당신의 가슴이 좀 더 가벼워지고 행복해졌기를 바랍니다. 수행은 역설적이어서, 우리가 마음챙김과 연민을 가지고 고통에 더 깊이 들어갈수록 우리의 가슴은 더 많이 자유로워집니다. 물론 인내가 필요합니다.

마음챙김과 자기연민 수행은 평생에 걸친 여정으로, 결코 도달이란 없습니다. 매 순간이 수행을 위한 기회라는 사실을 깨달으며 삶의 매 순간을 더 소중하게 만들기 때문에 좋은 일입니다. 우리는 특히 공동체 내에서 함께 이 훈련을 수행할 수 있는 것에 감사하고 있습니다. 우리는 당신이 자신을 우리의 성장하고 있는 공동체의 일부로 여겨주기를 희망합니다.

마지막으로, 우리가 함께 이룬 노력의 결실이 모든 존재들을 위해 공헌할 수 있기 바라며, 또한 우리 자신을 그 위대한 연민의 원 안에 포함시키는 것을 결코 잊지 않기를 바랍니다.

이 책은 명상이 무엇이며, 어떻게 하는 것이고 왜 해야 하며 언제, 어디서 해야 하는지 상세하고 친절하게 설명하고 있습니다. 그런 의미에서 명상초보자는 물론이고 명상을 지도하는 전문가에게도 꼭 필요한 명상 안내서입니다.

여기서 소개된 명상 안내를 따라가다 보면, 오랜 세월 삶의 그림자로 늘 우리와 함께 했던 고통, 불안, 우울, 분노 등 가정과 일터, 인간관계에서 오는 아픔들이 위로받고 달래지는 것을 느끼게 될 것입니다. 마치 하루의 끝자락에서 따뜻한 욕조 안에 지친 몸을 담그는 순간의 느낌처럼 그렇게 고요하고 이완된 쉼의 순간을 맛보게 될 것입니다. 그런 의미에서 이 책은 의도하지 않은 치유서이기도 합니다.

무엇보다 우리가 우리 자신을 인정하고 사랑해 줄 수 있는 방법을 고대 전통의 마음수행과 현대의 정신치료, 뇌과학을 융합하고 버무려서 누구나 이해하기 쉽고 실천하기 쉬운 방법으로 설명해주고 있습니다.

우리의 일상의 습관적 행위들, 커피/차 마시는 것, 샤워, 양치질, 운전, 걷는 것, 말하는 것, 보고, 듣고, 느끼고, 생각하고, 통화하는...이런 모든 행동들을 통해 어떻게 우리의 신체, 정신, 인간관계, 세상과의 관계를 건강하고 아름답게 가꾸어갈 수 있는 가를 따뜻하고 애정어린 목소리로 안내합니다.

일상의 스트레스 순간, 삶의 한가운데서도 부담 없이 그리고 즐겁게 수행하는 방법을 가르쳐줍니다. 그런 의미에서 이 책은 집착으로부터 자유로운 삶의 길로 안내하고 자기성장, 자기초월을 가리키는 인생의 지혜로운 스승입니다.

그리고 행복을 그저 말로 주장하지 않습니다. 행복과 고통의 메커니즘을 과학과 정신치료 연구를 통해서 설명하고 임상연구로 그 근거를 제시해 줍니다. 또한 오늘날 우리들의 취향과 능력에 맞게 고대 불교의 마음수행방법을 완전히 재구성해서 누구나 쉽게 따라할 수 있게 보여 줍니다.

그저 기대 없이 단순하게 읽어 보세요.
당신의 마음에서 새로운 공간,
여유롭고 따뜻한 공간을 발견하게 될 것입니다.

나를 사랑하기로 했습니다
마음챙김 자기연민 워크북

그리고 마지막 장을 넘길 즈음에는
당신 자신을 사랑하게 될 것입니다.

세상의 모든 이들이 자신의 존귀함을 깨달을 수 있기를~~
세상의 모든 이들이 자신을 사랑하며 살기를 ~~

역자 일동

나를 사랑하기로 했습니다

마음챙김 자기연민 워크북

초판 1쇄 발행 2020년 2월 25일
초판 5쇄 발행 2024년 11월 20일

지은이 크리스틴 네프 · 크리스토퍼 거머
옮긴이 서광 · 효림 · 이규미 · 안희영
발행인 김진환

발행처 (주)학지사
발행처 이너북스   **주소** 서울특별시 마포구 양화로 15길 20 마인드월드빌딩
대표전화 02-330-5114   **팩스** 02-324-2345
출판신고 2006년 11월 13일 제313-2006-000265호
홈페이지 http://www.hakjisa.co.kr

ISBN 978-89-92654-56-2 03180
정가 16,000원

출판미디어기업 **학지사**

간호보건의학출판 **학지사메디컬** www.hakjisamd.co.kr
심리검사연구소 **인싸이트** www.inpsyt.co.kr
학술논문서비스 **뉴논문** www.newnonmun.com
교육연수원 **카운피아** www.counpia.com
대학교재전자책플랫폼 **캠퍼스북** www.campusbook.co.kr